歴史文化ライブラリー

329

〈新〉弥生時代

500年早かった水田稲作

藤尾慎一郎

目次

1　第二次炭素14年代革命——プロローグ

先史考古学における黒船

二〇一〇（平成二二）年のNHK大河ドラマ「龍馬伝」の主人公である坂本龍馬は、米国東インド艦隊司令官マシュー・C・ペリーの率いる四隻の黒船に大きな衝撃を受ける。これを契機に二六〇年余りにわたって太平の平和をむさぼってきた江戸日本は、西洋の軍事力を背景とした国際社会の圧力によって鎖国の扉をこじ開けられ、近代という荒海にこぎ出したのである。

日本考古学にも黒船に匹敵する海外からの衝撃があった。その一つが本書で扱う炭素14年代だ。戦後の日本考古学は少なくとも二回の衝撃を受けている。一度目は一九五九年に起こった、縄文土器の出現年代を数千年もさかのぼらせた衝撃。そして二度目が本書の扱う水田稲作の開始年代を五〇〇年もさかのぼらせた衝撃である。

実はこの炭素14年代という黒船、日本を訪れる前にヨーロッパ先史考古学にも二回にわたって大きな衝撃を与えている。イギリスの考古学者、C・レンフリューはこれらの衝撃を第一次炭素14年代革命（イギリスのストーンヘンジがエジプトのピラミッドよりも古いことを明らかにした）、第二次炭素14年代革命（ストーンヘンジがエーゲ文明よりも古いことを明らかにした）と名づけている。これを機にヨーロッパ先史考古学は、型式学と伝播論を理論的柱とするG・チャイルドの考古学からプロセス考古学とよばれるC・レンフリューらの新しい時代にはいる。

本書でもこれにならって縄文土器の出現年代を大きくさかのぼらせた衝撃を第一次炭素14年代革命、水田稲作の開始年代を五〇〇年もさかのぼらせた衝撃を第二次炭素14年代革命とよんで話を進めることにしよう。

黒船の正体

アメリカからやって来たこの黒船、正体は炭素である。炭素（元素記号でC：Carbon の頭文字）には、化学的性質を等しくする仲間が三つある（図1）。三つの中で、陽子六、中性子六、電子六から構成される炭素12（^{12}C）が一般的で自然界にもっとも多く存在している。あとの二つは中性子が七の炭素13（^{13}C）、中性子が八の炭素14（^{14}C）である。このように中性子の数を異にして化学的な性質を同じくする仲間を同位体という。炭素同位体の中で黒船の正体は炭素14である。炭素14は、炭素12の一兆

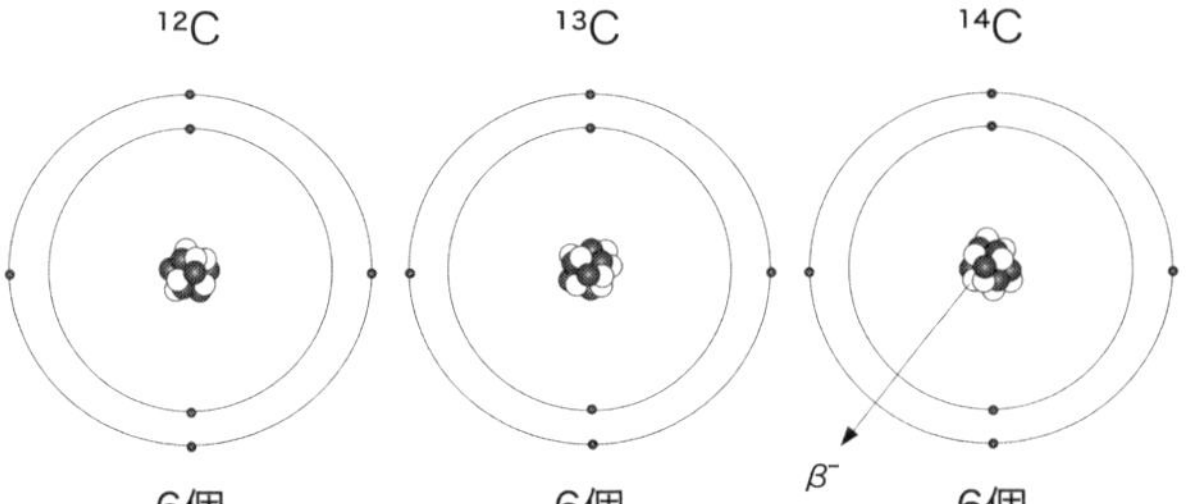

	^{12}C	^{13}C	^{14}C
電子(・)	6個	6個	6個
陽子(●)	6個	6個	6個
中性子(○)	6個	7個	8個
存在度	1	1/100	1/1,000,000,000,000

図1　原子の構造

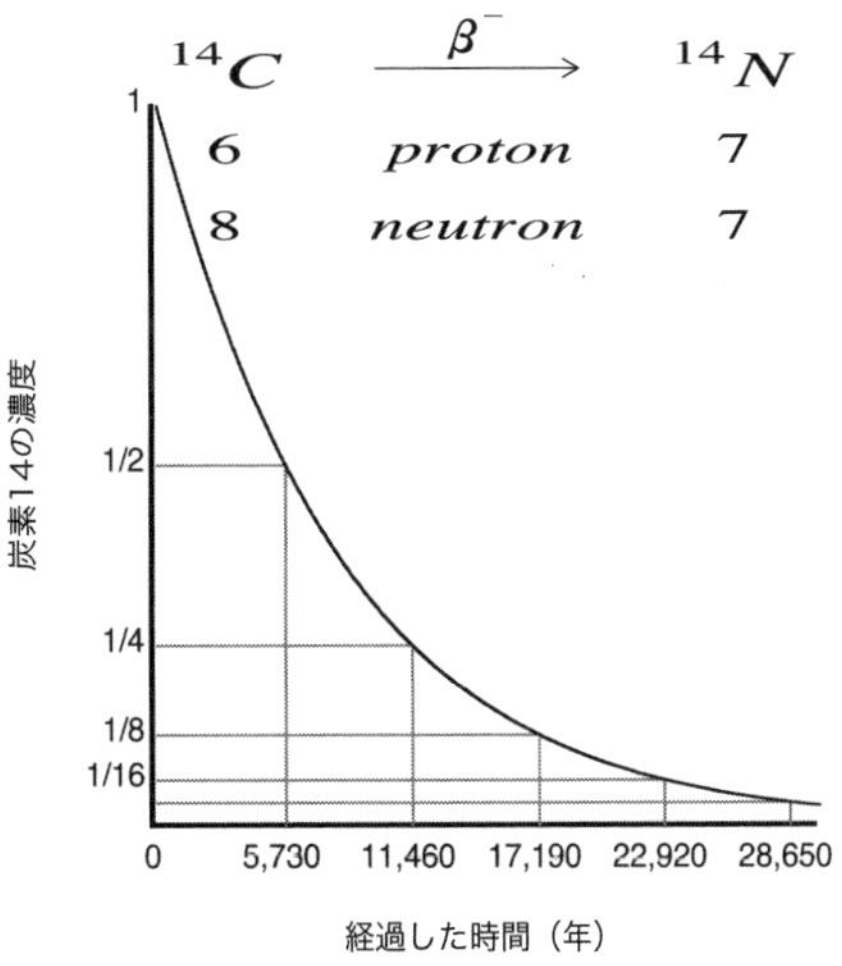

図2　時間の経過と炭素14濃度の減少

分の一というきわめて少ないながら、次に述べる性質のために年代測定に使われているのである。

炭素の同位体の中で炭素12と炭素13は時間がたっても安定していて性質が変わらないので安定同位体というが、炭素14だけは放射線を出しながらチッ素14に変わっていく（放射壊変《かいへん》）ために放射性炭素とよばれる。壊変する速度は一定していることから、この性質を利用して年代を測定する方法が炭素14年代測定法である。

測定の原理

炭素14は、およそ五七三〇±四〇年で濃度が半分になるので、遺跡から出土する木炭や炭化したコメに含まれる炭素14の濃度を測れば、濃度が減り始めてから何年ぐらいたっているのかがわかる（図2）。つまり何年前のものかを知ることができるのである。

樹木も稲も動物も生きている間は光合成や食物摂取、呼吸などを通じて外界から炭素を取りこんでいるので、体内の炭素14濃度は空気中の炭素14濃度と変わらない。しかし枯れたり死んだりした時点で外界から炭素を取りこめなくなると、体内の炭素14濃度は減り始める。今村峯雄《いまむらみねお》氏によるとその割合は約八〇年で一％だという。もうおわかりのように炭素14年代法が測定しているのは、木炭の元となる樹木が枯れたり、炭化したコメの元ともなる稲が収穫されたり、狩りで獲物を仕留めたのが何年前か、ということなのである。

測定法と試料

炭素14濃度を測るには二つの方法がある。一つは壊変時に放射されるベータ線の量を測るベータ線計数法、もう一つが測定対象に含まれる炭素14の数を直接数える、加速器質量分析法、略してAMSである。

二つの方法には、試料の量、測定時間、そして測定誤差という三つの点に違いがある。ベータ線計数法では比較的多くの炭素を必要とし、時間をかけて測定する必要がある。AMSは〇・一グラムの炭素を十数分で、数十サンプル同時に測ることができ、最近の測定精度は炭素14年代に対してプラスマイナス二〇年程度である。このようにAMSの方がごく微量の試料を効率よく、短い時間で、精度よく測ることができるというメリットがある。したがって貴重な試料やわずかな量しかない試料を測定する場合にはAMSの方が向いている。一九六〇年代以降、考古学の世界に導入された炭素14年代は、木炭や炭化米など試料の量が多いものに限られていたが、現在では土器に着いているススやコゲ、ウルシ塗膜など、かつては測定できなかったものまで測ることができるようになった。

国立歴史民俗博物館（以下、歴博）年代研究グループが注目したのは、調理用の土器である甕《かめ》の表面に着いたススである。ススはごく微量なのでAMSによって初めて測れるようになった試料である。ススを測って得られる年代とはマキなど燃料材の元となった樹木や稲ワラが枯れた年代である。つまり、土器が調理に使われた年代と燃料材の元となった樹木が枯れたり伐採されたりした年代との間には、それほど時間差がないので土器が使用された年代と見なすことができるという前提に基づいている。

ススの年代と土器の使用年代は同時と見なせるという私たちの前提に対して疑問を唱える人びとがいる。たとえば、樹齢五〇〇年の樹木の中心部分（芯材）をマキにすれば、土器の使用年代とススの年代は五〇〇年ずれるではないか、という発言である。いや芯材をマキにしたとまでは言わないけれども、五〇〇年前に建てられた建物の廃材を燃料材にした場合や、樹齢五〇〇年の樹木を柱に使った建物を解体した際に出た廃材を燃料材にした場合でも五〇〇年ずれるではないか、という疑問である。

的外れな批判

このように古い廃材を利用した場合や樹齢の大きな木を測定した場合には、知りたい年代よりも古い年代が出ることがあるが、これを古木効果という。

こうした疑問は、理論上はありうるが、私たちは次のような理由から現実的には可能性が少ないと考えている。

まず樹齢五〇〇年の樹木を新たに伐採して、その芯材を抜き出してマキにすることはあり得ない。建物の柱に使うならまだしも、わざわざマキのためにそんな無駄なもったいないことはしない。さらにこれがその証拠です、という考古資料を示すことができない。

次に五〇〇年前に建てられた建物の廃材利用だが、水田稲作が始まる五〇〇年前と言えば従来の年代観で縄文晩期が始まったころにあたる。したがって晩期が始まったころに建てられた建物の廃材を調達してマキにする必要がある。板付《いたづけ》遺跡の周辺で晩期の遺跡といえば十数キロ離れたところにあるので、そこから持ってきたことを想定する必要があるが、これも現実的にはありえない。廃材利用をするなら、そんなに遠くから持ってくるよりも同じ遺跡にあった建物に使われていた、樹齢の大きな木で作られた柱などの廃材利用の方が可能性としては高い。

三つの例のうち最後の例が現実的に起こる可能性のある唯一のケースである。これについては次のように反論しよう。まったくなかったとはいえないが、弥生開始五〇〇年遡上説が崩れるほどの頻度で起こりうるとは考えられないということである。

例を挙げよう。炭素14年代測定の結果、たとえば弥生時代が始まったころと同時期の東北の縄文晩期後半、朝鮮半島青銅器時代前期終わりの土器の年代も、五〇〇年古くなっているからである。もし廃材利用をしているとすれば、同じ時期の東北も朝鮮半島も同じような廃材を利用していることになるからである。

さらに年代がさかのぼっているのは弥生開始年代だけではなく、弥生前期の始まりも五〇〇年、中期の始まりも二〇〇年古くなっているので、その時には樹齢五〇〇年、二〇〇年の廃材利用を行わなければならない。しかしこうした希有な例で崩れるような私たちの説ではない。なぜなら歴博年代研究グループでは、当該期の資料を数十点も測定しているからである。またこうした希有なケースよりも、小枝や稲ワラなどを利用する方が圧倒的に多いと考えられるからである。

最後に、古木効果の可能性を主張する人は、証拠となる考古資料を示して欲しい。福岡市橋本一丁田《はしもといっちょうだ》遺跡や唐津市菜畑《なばたけ》遺跡など、弥生早期の水田が見つかっている遺跡で、測定結果が紀元前一〇世紀を示す木炭と紀元前五世紀を示す木炭が同時に存在することを示して欲しい。他の説を批判する場合には自ら証拠を示して疑問を提示するのが学問の常道である。理論的な可能性だけを示唆して批判するのは研究者としていかがなものであろうかと筆者は考える。

炭素14年代、較正年代、実年代

AMSやベータ線係数法で測定された炭素14年代は、たとえば二〇〇〇±四〇^{14}C BPといった形で報告される。BPは西暦一九五〇年を基準とする年代の表記法だが、二〇〇〇という数字は炭素14濃度を機械的に換算したものである。したがって一九五〇年から二〇〇〇年前の紀元前五〇年、という計算はできない。

そこで、炭素14年代を私たちが認識できるような年代に修正する必要がある。それは年代のわかっている試料の炭素14年代と比較して正す方法で、較正《こうせい》（キャリブレーション）

とよばれる。較正して得られた年代を較正年代という。

較正する際に用いられるのが年輪年代法などで年代の判明した試料の炭素14年代を集めた較正曲線である。年輪年代法とは、主にスギやヒノキなどの樹木を用い、暦年の確定した年輪幅のパターンにあわせて、年代の不明な年輪の暦年を明らかにする方法である。樹木年輪で樹皮に近い部分が残っていれば伐採年代を知ることができるので、柱や木棺が作られた年代を知ることができる。

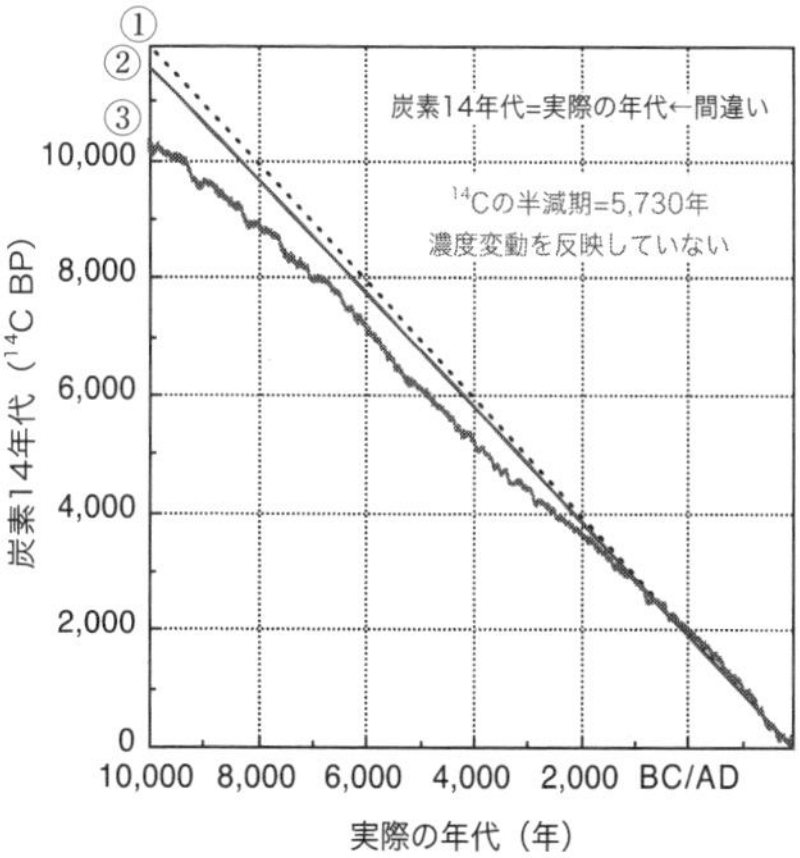

図3　較正曲線と実際の年代

一般的に用いられている較正曲線は国際学会を中心に作成されたイントカル（インターナショナル・キャリブレーション・カーブ）とよばれるもので、最新版は二〇〇九年に改訂されたイントカル09である。

大気中の炭素14濃度は過去一定（図3：①^{14}Cの半減期＝五七三〇年の場合、②^{14}Cの半減期＝五五六八年の場合）でなく、年代がさかのぼるほど較正曲線は炭素14年代＝実際の年代と仮定した直線から次第に外れていく（図3：③較正曲線（INTCAL 98））。また細かいところでは、急激に落ちるところ、急激に上がるところ、ほぼ水平になるところなどをみることができる（図4）。弥生早期から中期前半にかけては特に較正曲線が不規則なところにあたっているため、年代を絞り込むのが難しい。

二八〇〜五〇 cal BPと表記された較正年代は、試料の実年代が紀元前二八〇年から紀元前五〇年の間にはいる確率が九五％であることを意味している。これは、この範囲から外れる可能性は二〇点中、一点ときわめて低いことを表している。較正年代の範囲は較正曲線の形に左右され、較正曲線が急激に落ちるところではもっとも絞り込むことができる。弥生早期後半（図4上のグレーの部分）や前期末がその時期に相当する。較正曲線が急激に上がる中期初頭から中期前半にかけての時期や、ほぼ水平になる前期中ごろから後半にかけての時期（図4下）は、グレーで示したように数百年にわたってしまい、較正年代を絞り込むことは難しい。

第二次炭素14年代革命がさかのぼらせたのは水田稲作の開始年代だけではない。弥生前期の開始年代を約五〇〇年、中期の開始年代を約二〇〇年さかのぼらせたため、これまで、ほぼ二〇〇年の存続期間で推移していた前期や中期は、一・五倍から二倍近く長くなり、弥生時代全体にいたっては約二倍の一二〇〇年間も続いたことが明らかになったのである（図5の最下段のグラフ）。

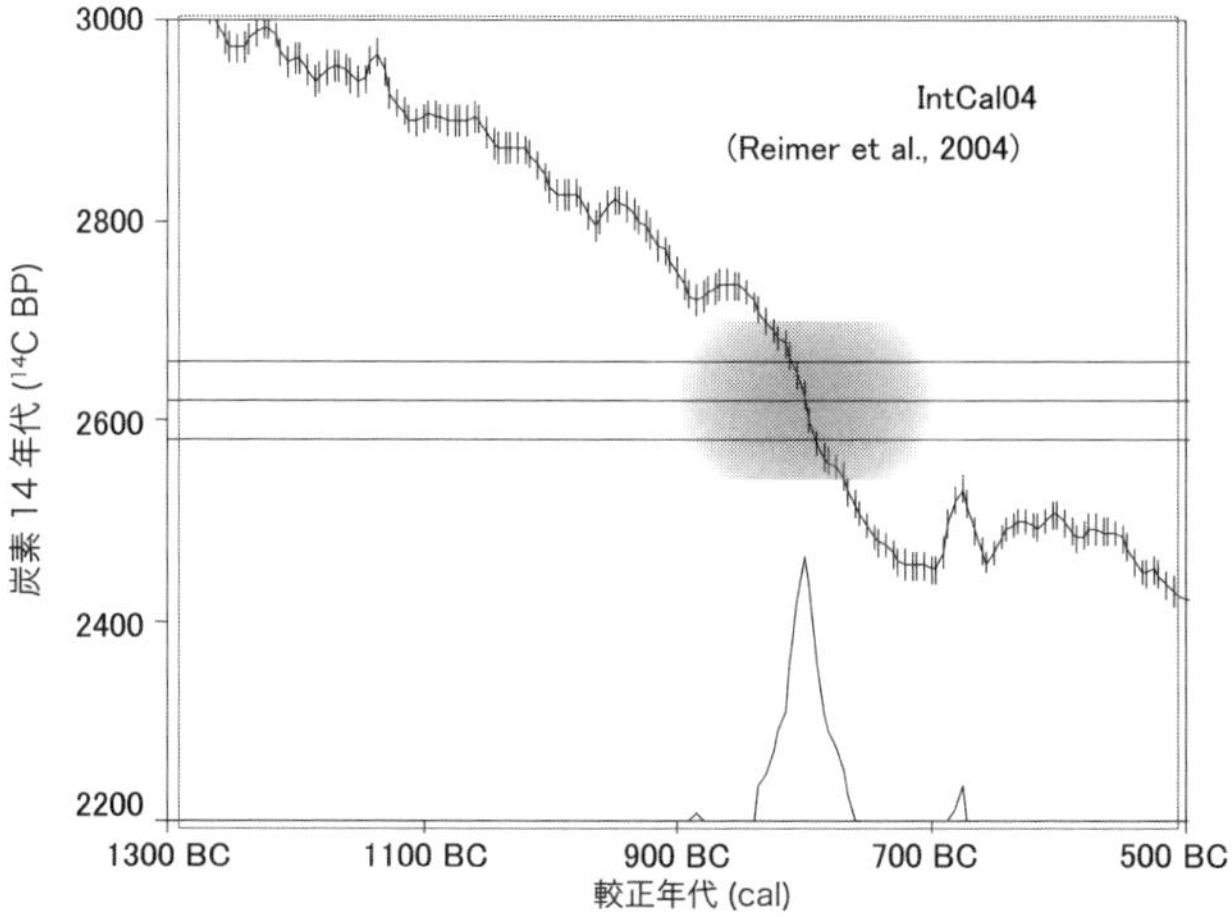

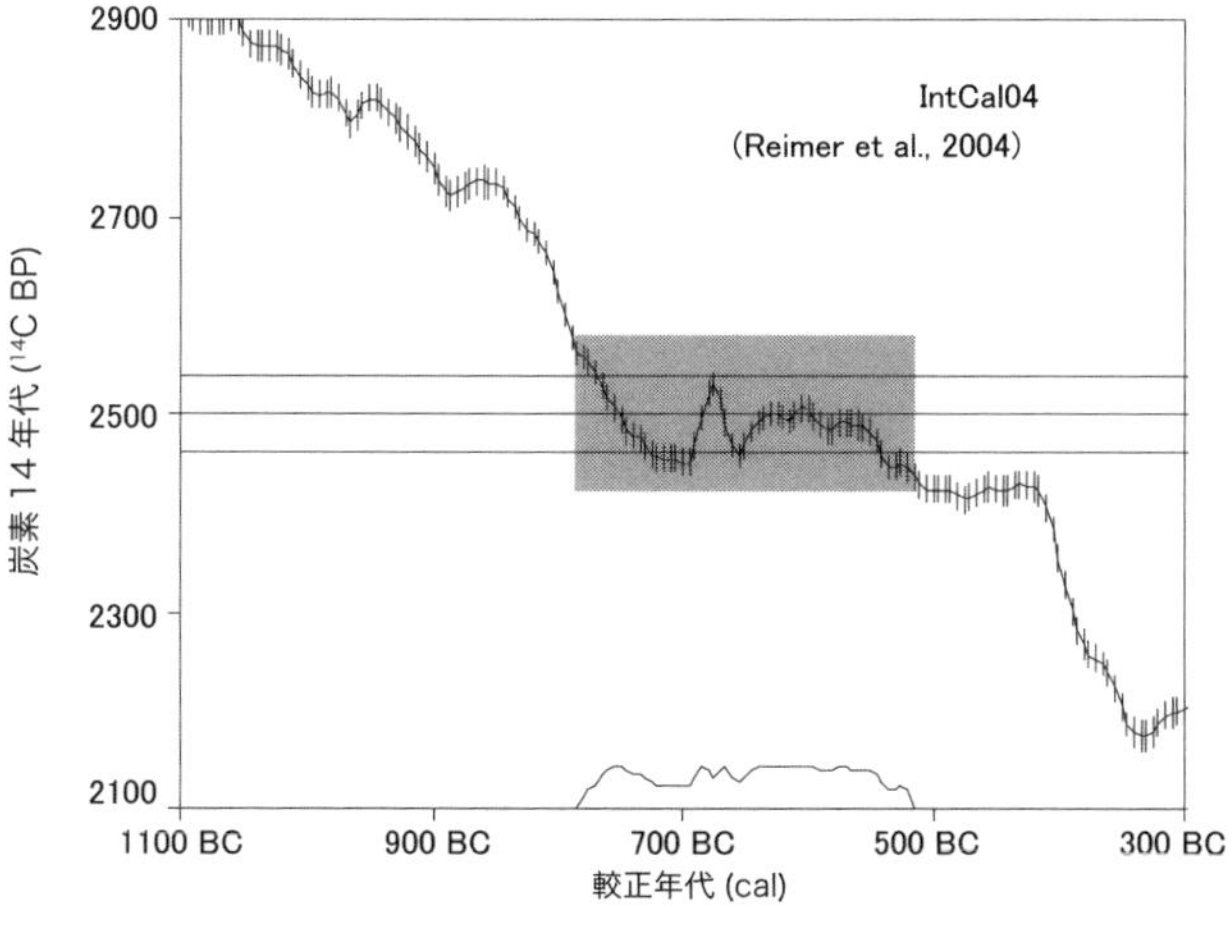

図４　較正曲線と較正年代の関係

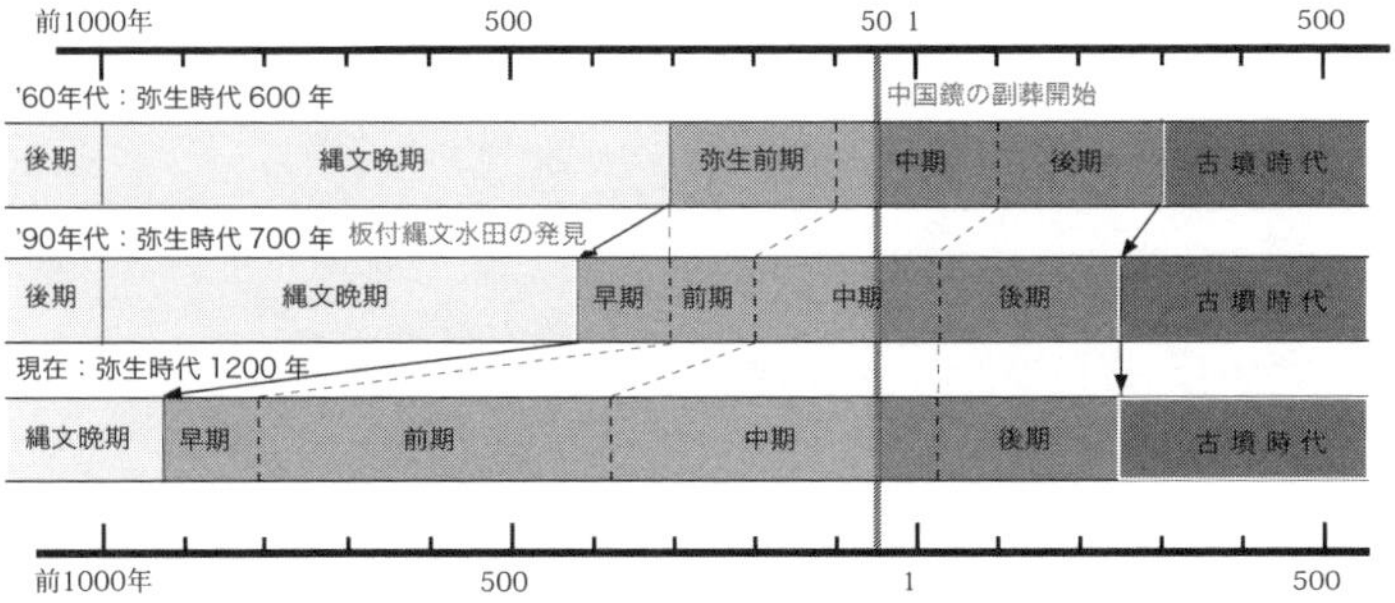

図５　弥生開始年代の遡上

炭素14年代法によって古くなった弥生文化の開始年代や長くなった存続期間は、教科書で習った私たちの弥生像にどのような影響をあたえるのであろうか。

水田稲作の始まりが五〇〇年さかのぼると紀元前一〇世紀に弥生文化が始まったことになるので、発表当初は弥生文化が中国の殷周《いんしゅう》革命の頃に始まったという点に関心が集まったが、そう単純な話ではない。私たち考古学者がこれまで行ってきた弥生時代研究の拠り所というか、根本的な部分が大きく変わることになるので深刻な影響を与えることになるのだ。難しいことは後回しにしてまずは、現行の教科書を例に現在の一般的な弥生文化像についておさらいしておこう。

教科書に書かれた弥生文化

二〇〇九（平成二一）年に話題となった『もう一度読む山川日本史』（五味文彦・鳥海靖編、山川出版社）で、古代担当の平野邦雄氏は弥生文化に相当する部分を「農耕社会の誕生」と「小国の時代」に分けて執筆している。そこに書かれた弥生文化の内容は私が高校生の頃に習った弥生文化の内容とほとんど変わっていない。しかし今、私たち歴博年代研究グループが考えている弥生文化の内容とはかなり異なっている。どこが違うのか簡単に指摘しておこう。とくに大きく異なるのは「農耕社会の誕生」が扱う紀元前二世紀以前の弥生文化である。「弥生文化」・「水稲と鉄器」という小見出しごとにみてみよう。まず最初に山川版を、続いて歴博版を記す。

①弥生文化

【山川版】

「日本でも大陸文化の影響をうけて、紀元前四世紀ころ、九州北部に水稲農耕と青銅器と鉄器を特徴とする農耕文化がおこった。（中略）それはちょうど漢民族の勢力が東方にのびる時期にあたっており、おそらくこのころに朝鮮半島から多くの人々が渡来したものと考えられる」（八頁）。

【歴博版】（変更部分に傍線を付けた）

「日本でも大陸文化の影響をうけて、紀元前一〇世紀ころ、九州北部に水稲農耕を特徴とする農耕文化がおこった。（中略）それはちょうど中国では西周王朝が中原地域に興った時期に、朝鮮半島南部では農耕社会が成立したころにあたる。おそらくこのころに朝鮮半島南部から多くの人々が渡来したものと考えられる」。

第一の変更点は、農耕文化がおこった時期が「紀元前四世紀ころ」、から「紀元前一〇世紀ころ」、に約五〇〇年古くなっていることである。

第二の変更点は、農耕文化の特徴が「水稲農耕と青銅器と鉄器」から「水稲農耕」だけになり、金属器が抜け落ちたことである。この問題は本書の「鉄器のない水田稲作の時代」で考える。

第三の変更点は、農耕文化がおこった時期が、「漢民族の勢力が東方にのびる時期」から、「中国では西周王朝が中原地域に興った時期、朝鮮半島南部では農耕社会が成立したころ」にあたることである。本書ではまずこの問題から「前一〇世紀に水田稲作を伝えたのは誰か」で考えることから始めることになる。

これら三つの変更点はいずれも日本列島において農耕文化の始まった時期がさかのぼったことと関係がある。第一の変更点はまさにそのことを直接さすが、第三の変更点は約五〇〇年さかのぼった結果、時間的に併行する中国の時代が紀元前五〜前四世紀ごろの戦国時代から紀元前一〇世紀ごろの西周時代に変わることになる。第二の変更点も五〇〇年さかのぼった結果、青銅器や鉄器がまだ出現していない石器だけの段階で農耕文化が始まったことを意味する。

逆に五〇〇年さかのぼっても水田稲作が始まった時期に朝鮮半島出身の人びとが渡来した、という点は変わっていない。

九州北部で農耕文化がおこった時期が五〇〇年さかのぼっただけで、教科書に書かれた弥生文化の記述が、どれほど大きく変わるのかがおわかりいただけたであろう。

②水稲と鉄器

【山川版】

「九州地方にはじまった水稲耕作は、一〇〇年ほどのあいだに近畿地方にまでひろまり、紀元前後には関東地方から東北地方南部に、二世紀ごろには東北地方北部にまでおよんで、それまでの狩猟・漁労の生活を大きく変化させた」（八～九頁）。

【歴博版】

「九州地方にはじまった水稲耕作は、三〇〇年ほどのあいだに近畿地方にまでひろまり、紀元前四世紀ごろには東北地方北部、紀元前二世紀ごろには関東地方にまでおよんで、それまでの狩猟・漁労の生活を大きく変化させた」

第一の変更点は九州地方にはじまった水稲作が近畿地方まで広まる年数が「一〇〇年ほど」から「三〇〇年ほど」に長くなったことである。

第二の変更点は、近畿地方から東へ水田稲作が広まっていく順番が、先にもっとも遠い東北地方に広まってから最後に関東地方におよんだこと。およびその時期が東北地方では四〇〇年ほど、関東地方では一〇〇年ほど古くなったことである。

ここから読み取れるのは、水田稲作が近畿地方にまで広まるのに従来考えていたよりも三倍の時間がかかっていることと、西日本に広まった水田稲作は関東地方よりも先に東北地方へと広まり、関東地方では九州北部に遅れること約八〇〇年もたって本州でもっとも遅れて始まったことである。その背景には水田稲作をすぐに採用せず、それまでの採集・狩猟・漁撈の生活をなかなか変えなかった縄文人の姿が見え隠れするけれども、逆に水田稲作を東日本で最初に受け入れたのは地理的に西日本に近い関東地方ではなく亀ケ岡《かめがおか》文化の中心でもっとも保守的と考えられがちな東北北部であった点など、相反する点も見られる。

水田稲作が伝わると列島各地の縄文人はすぐに水田稲作を受け入れて、農耕社会がまたたくまに成立したというこれまでの考え方から、水田稲作を行い狩猟・漁撈の生活を大きく変化させた東海地方以西の人びとと、水田稲作をなかなか受け入れず狩猟・漁撈を中心とした生活をなかなか変えなかった東日本の人びとという考え方に一八〇度変わる。さらに生活を変えた人びとと変えなかった人びとが八〇〇年もの長きにわたって日本列島の東と西に並存していたことになる。本書の「弥生文化の輪郭」で扱う四番目の大きな問題である。

以上、新しい年代観に基づいて変更される四つの問題点で変わる弥生時代像とはどのようなものなのであろうか。次章で解き明かしていく手立てとなる本書の構成を示そう。

新しい弥生の世界へ

新しい年代観が変えるもの——本書の構成と視角

土器型式の存続幅が変わる

新しい年代観のもとでは従来の弥生時代観に六つの大きな変更を行うことになる。まず土器型式の存続幅が大きく変わることである。考古学者は土器を使って住居や墳墓《ふんぼ》の時期を決めている。前期の初め、とか、中期の終わりとか、聞かれたことのある読者も多いことだろう。土器は考古学者の時計がわりなのである。水田稲作の始まりが五〇〇年さかのぼるということは弥生開始期の土器だけでなく、前期や中期の土器の時期もさかのぼり存続幅が長くなることは先にも述べた。前期や中期の存続幅が長くなっても土器型式の数は変わらないので土器型式のなかには自動的に存続幅が長くなる土器型式が出てくることを意味する。特に弥生早期から中期前半までの土器型式にはその影響が強く現れる。逆に中期末以降の年代は変わらないので土器型式の存続幅も変わらない。このことがさまざまな方面に大きな影響を与えることになるのである。

東アジアの国際情勢が変わる

「前一〇世紀に水田稲作を伝えたのは誰か」では、紀元前一〇世紀に九州北部で水田稲作が始まった理由を考える。これまでは戦国の七雄の一つである燕《えん》の東方進出という、中国戦国末期の混乱した前五世紀頃の国際情勢を背景に、朝鮮半島の水田稲作民が九州北部へ渡来したことが契機になったと説明してきたが、五〇〇年さかのぼるとどうなるのか。日本列島から遙かに遠く離れた中原では前一〇二七年に西周王朝が興るが、当時の日本列島や朝鮮半島、遼寧《りようねい》地方のある北東アジアはまだ古代国家のない世界なので、国家の興亡とは無関係に朝鮮半島の水田稲作民は海を渡ったことになる。一九九〇年代以降、韓国考古学の急速な進展によって明らかにされつつある弥生文化成立期の朝鮮半島南部における農耕社会成立の状況をみながら、朝鮮半島の水田稲作民を渡海させた要因は何かを探ってみることにしよう。

弥生開始期に鉄器がなくなる

「鉄器のない水田稲作の時代」では弥生文化と金属器との関係を考える。弥生文化といえば農業が始まった時から鉄器が使われていた、世界で唯一の文化として知られていた。しかし水田稲作の始まりが前一〇世紀までさかのぼることになれば、中国における鉄器の普及度からみて水田稲作が始まってからの最初の数百年間、日本列島は鉄器がない時代になる。つまり弥生時代は石器時代として始まったことになる。しかも石器だけの時代が弥生時代の約半分にあたる六〇〇年あまりも続くことになるわけである。こうなるとこれまで「イネと鉄」の時代と考えられてきた弥生像は見直しが必要である。本論ではまず「イネと鉄」の時代という弥生文化像は前三〇〇年に弥生時代が始まったことに規定され、形成されたことを述べる。次に「イネと鉄」という時代像は一九八〇～九〇年代に再考すべき矛盾が明らかになりつつあったにもかかわらずその機を逃し、新年代の発表によって矛盾が一気に露呈した事実を述べる。最後に弥生文化が始まってからの六〇〇年間に鉄器がなかったことの意味を考え、鉄に対してどのような弥生像が新たに描けるのか考えてみよう。

水田稲作の広がる速度が遅くなる

「なかなか広まらなかった水田稲作」では、水田稲作が広がるスピードの意味について考える。これまで九州北部で始まった水田稲作は二〇〇年足らずで九州南部や四国、本州の各地へ広がると考えていたが、新年代では東北地方に到達するのに約六〇〇年、近畿地方まで広がるのにさえ三〇〇年あまりかかっていたことがわかった。先述したようにこれまで考えていたよりも約三倍の時間がかかっている。

広がるのに時間がかかるとすれば見直さなければならないことが二つ出てくる。一つは縄文人が水田稲作という生業をなかなか受け入れなかったことの理由である。なぜなら、縄文人は貧しくて食うや食わずの生活をしていたから水田稲作を知るやいなや、すぐに受け入れたと習ってきたことと著しく反するからだ。

二つ目はそんなに時間がかかったのであれば、水田稲作を行う人びとと、行わない人びとが一つの平野の中に存在していた可能性が出てくる。いわゆる住み分け問題である。生業を異にする人びとが住み分けていたとしたら両者はどのような関係にあったのか。交流していたのか、それはどのような意味を持つのか、などの問題について考えておく必要があろう。

よってここではこの二つの問題を考える手がかりとして福岡平野と大阪平野で想定されている平野単位の住み分けをとりあげ、狩猟採集民が水田稲作を受け入れていく過程を復原しながら時間がかかった理由について考えたい。

またこれとは逆に四〇〇年続けた水田稲作を放棄して元の狩猟採集民に戻ってしまう人びとが前一世紀の東北北部には存在する。なぜそうしたことが起こったのか、その理由を考えることは、人びとが水田稲作を行うということがどういうことを意味するのか、考え直す機会となろう。

「変わる弥生村のイメージ」は、弥生の村や墳墓の景観が変わるという話である。弥生文化の存続期間が倍の一二〇〇年になってもこれまで見つかっている住居や墳墓の数は変わらない。するとどうなるのであろうか。仮に同じ土器型式に属す一〇〇棟の住居跡が見つかっていたとしよう。従来の年代観なら一つの土器型式の存続幅は三〇年程度なので、一〇〇棟の住居が同時に建てられたと仮定して当時の人口や社会構造を考えてきた。一棟に五人住んでいれば、この村の人口は五〇〇人ということになる。

村の景観が変わる

これが新年代で計算すると一つの土器型式の存続幅が一〇〇年を超えるものも出てくるので、一〇〇年の間に通算一〇〇棟の住居が建てられた場合も想定される。一〇〇年といえばお爺さんから孫まで、下手をするとひ孫までの代に相当する長さなので、住居の耐用年数を考えても一〇〇棟の住居が同時に建っていたと考えることは難しくなってくる。

つまり土器型式の存続幅が二倍、三倍に延びるということは、住居や墓の同時存在の認定基準を変えざるを得なくなるということである。土器型式の存続幅の中で同時に存在した住居や墓の数が減るとすれば、一時期当たりの住居や墓の数が減少することになるので、一〇〇年にわたって少しずつ建てられて結果的（累積効果）に一〇〇棟になったと考えることもできれば、一〇〇棟全部が同時に造られ、あとの数十年間は新たな住居がまったく建てられなかったと考えることもできるため、どちらの説を採るかで描かれる村や墓の景観は変わることになる。

遺跡公園として復元・公開されている佐賀県吉野ヶ里《よしのがり》遺跡のなかでも前期や中期の村の景観が大幅に変わる可能性は否定できないのである。

よってここでは炭素14年代法に基づく新しい年代観の採用によって土器型式の存続幅が長くなった場合の同時存在遺構の認定法や、累積結果と考えた場合に集落構造や墓の構造から何を読み取れるのか、といった、これからの弥生集落論について考えてみたい。

弥生文化の輪郭が変わる

「弥生文化の輪郭」は弥生文化の範囲についてである。縄文文化を採集経済段階にある文化であるという視点で見れば、沖縄諸島から北方領土までの広い範囲をほぼ一つの文化でくくることができるが、九州・四国・本州で水田稲作が始まると、北海道では採集狩猟生活を続ける続縄文文化が前四世紀頃に始まり、奄美《あまみ》・沖縄諸島では採集狩猟生活を続ける貝塚文化後期が前一〇世紀頃に始まる。藤本強《ふじもとつよし》は、このように日本列島が三つに分かれる状態を「北の文化」・「中の文化」・「南の文化」とよんだ（藤本『もう二つの日本文化』UP選書、東京大学出版会、一九八八）。しかし新しい年代観によると前一〇〇〇年紀の日本列島は複数の文化に分かれていた可能性が出てくる。水田稲作を行うものの、環壕《かんごう》集落が作られなかったり青銅器祭祀が行われなかったりした文化の存在である。

よって紀元前一〇〇〇年紀の日本列島の上には複数の多様な文化が展開しており、それは北海道や奄美・沖縄などこれまで指摘されていた北や南の文化のみならず、本州島の東半分においても五〇〇年以上にわたって弥生でも縄文でもない文化が展開していたことを明らかにしてみたい。

それでは「前一〇世紀に水田稲作を伝えたのは誰か」にはいる前になぜ五〇〇年も水田稲作の開始年代がさかのぼることになったのか、という疑問に答えておこう。

方法論の行き違い

五〇年前のボタンの掛け違え

「なぜ水田稲作の開始年代が五〇〇年も古くなったのでしょうか」という質問をよく受ける。この発言の裏には「考古学っていい加減な学問なのですね」という諦めみたいなものが見え隠れしている。二〇〇三（平成一五）年五月二〇日、朝日新聞夕刊『素粒子』には、「考古学と農政が覆されるためにあること。大雑把にしていい加減だから、弥生期の始まりは五〇〇年さかのぼり、国敗訴の川辺川訴訟は上告を断念。ともにつじつまを合わせてとぼけるほかにはないか」、と書かれている。

今回、大きく変わった最大の要因は炭素14年代法の導入によるが、実は炭素14年代法を使った弥生開始年代の追求は今回が初めてではない。今をさかのぼること五〇年あまり前の一九六〇年代に開始年代を前三世紀に求めたときにも炭素14年代の測定結果が大きな役割を果たしたという経緯がある。

「すると五〇年前も現在も同じ測定を行っているのにどうして五〇〇年も年代が違うのか」という疑問が当然わいてくる。五〇年もたてば技術革新によって測定精度が上がることは理解できるが、それにしても五〇〇年違うとはあまりにも差がありすぎる。実は問題は考古側にあったのである。二つの原因をあげることができる。

炭素 14 年代	現在の知見
2400±90	板付Ⅱａ式～Ⅱｂ式
2560±100	板付Ⅰ式
2370±50	板付Ⅱｃ式～城ノ越式
2240±50	須玖Ⅰ式
2680±80	夜臼Ⅱａ式
2620±60	夜臼Ⅱａ式
2375±50	板付Ⅱｃ式

まず、弥生開始期に属すると思って測定した試料の考古学的な時期比定が違っていた可能性である。一九六〇年代に測られた試料の測定値をみると、弥生前期のもっとも古い時期に相当する測定値をもつ試料は福岡県板付《いたづけ》遺跡周溝内出土貝殻一点しかみられない（表1：Gak-2360）。他は弥生前期の中頃（板付遺跡出土の木炭）とか、極端な例では弥生中期の年代（宇木汲田《うきくんでん》遺跡の木炭：KURI-0054）を示す測定値までみられる。つまりもともと測定した試料の所属時期が間違っていた可能性がある。

次が誤換算である。弥生前期初頭の試料として五〇年

表1　過去の測定値（β法）

遺跡名	測定機関番号	試料名	出土遺構	時期
板付	Gak-2358	木炭	周溝内	板付Ⅰ式
板付	Gak-2360	貝殻	周溝内	板付Ⅰ式
宇木汲田	KURI-0053	木炭	6区南端貝層中	夜臼Ⅱa式
宇木汲田	KURI-0054	木炭	6区西端貝層中	板付Ⅰ式
菜畑	N-4230	木炭	第10～11層	山ノ寺式
菜畑	N-4229	木炭	第8層	夜臼Ⅱa式
斎藤山	KURI-0143	貝殻	？	

前に測られた宇木汲田遺跡の測定値の中に二二四〇±五〇という測定値がある。一九五〇年から二二四〇という炭素14年代値をそのまま引くと、紀元前二九〇年という数字が出てくるから、これが紀元前三世紀弥生開始説の根拠の一つとなったと考えられる。だがこれは先に述べたように方法的に間違っている。二二四〇という値は炭素14年代値であって、一九五〇年という西暦とは別の性格をもつ値なので足したり引いたりすることができない。炭素14年代値を西暦に直すための較正をしていなかったのである。

そもそも二二四〇という炭素14年代値自体が、弥生前期の値ではなく弥生中期前半の須玖《すぐ》Ⅰ式土器の値であることが今ではわかっている。このようにサンプルの時期比定の間違いと誤換算が重なって得られた年代が紀元前三〇〇年だったのである。

欧米の考古学では一九六七年ごろから較正年代が使わ

れ始めており、第二次炭素14年代革命とよばれる現象を引きおこす。

日本でも浜田知子《はまだともこ》が、当時七〇〇〇年前まで知られていた樹輪年代によって炭素14年代を補正することで、三〇〇〇BPあたりから炭素14年代は著しく若く出る傾向を示し、五〇〇〇BPでは実に八〇〇〇年も樹輪年代より若く出ることを指摘している（「樹輪年代による炭素14年代の補正―ノーベル・シンポジウムを中心に―」『考古学ジャーナル』六九、一九七二）。佐原真《さはらまこと》はこれを受けてそれまで測定されていた弥生時代の炭素14年代の補正を行っている（「農業の開始と階級社会の形成」『岩波講座日本歴史』一、一九七五、一二八頁の表1）。たとえば、板付遺跡の環溝内から出土した木炭の炭素14年代値二四〇〇±九〇BP（Gak-2358）の場合、半減期を五七三〇年とした場合、四五〇BP±九〇という炭素14年代値が補正の結果、四七七±九〇とされている。これは一九五〇年から二四〇〇炭素年をそのまま引いて、さらに補正をかけたものと考えられる。

したがって七〇年代になると、一九五〇年から直接炭素14年代値を引いても樹輪年代よりも古く出て、合わないために補正をかけなければ使えないことが一部では知られるようになっていたと推定できる。しかし、すでに紀元前三〇〇年に始まることが確定していた弥生時代の開始年代を炭素14年代から再検証するまでにはいたらなかった。こうした経緯が弥生時代の開始年代を五〇〇年もさかのぼらせることにつながった原因の一つといえるのである。なんとこのボタンの掛け違いは、実に半世紀近くにわたって弥生文化研究に影響を及ぼしてきたのである。

一九八〇年代に入っても誤換算は続いている。岡崎敬《おかざきたかし》の「宇木汲田のカーボンデーティングは夜臼層がいまより二三七〇年前、板付I式が二二四〇年前ぐらいですけど……」という発言がある（岡崎敬・森貞次郎・永井昌文・佐原真「座談会　縄文から弥生へ」『歴史公論』八―一、一九八二：二二頁）。これは表1の数字そのままであることがおわかりになるであろう。

考古学的な年代決定法とは

そもそも文献のない時代の年代を考古学ではどのように求めてきたのであろうか。土器や石器には西暦何年製作とは書いてないので、製作年代がわかっている資料を手がかりとするしかない。大体作られた年代がわかっている考古資料を使って年代を求める方法が交差年代法である。もっとも有効な資料は西暦五七年に後漢の光武帝《こうぶてい》が奴国王《なこくおう》に下賜した金印がある。しかし残念なことに金印は使えない。なぜなら、どの時期の弥生土器に伴って出土したのかがよくわからないからで、弥生中期なのか後期なのかを決めることができない。

金印以外で製作年代がほぼわかっているものといえば、中国製の鏡である（図6）。紀元前一世紀前半の前漢で作られた鏡が、九州北部にあった伊都《いと》国王や奴国王の墓と考えら

図６　前１世紀の前漢で作られた鏡（複製，国立歴史民俗博物館．原品，飯塚市歴史資料館）

れている甕棺墓《かめかんぼ》から見つかるので、これらの墓に鏡が副葬された年代は鏡が作られた紀元前一世紀前半よりも古くならないことがわかる。これらの鏡は、考古学者が中期末とよんでいる時期より古い時期の甕棺からは見つからないので、中期末が紀元前一世紀前半より古くならないこともわかる。これが交差年代法で決められる弥生時代の最も古い確実な年代である。

中期末が紀元前一世紀前半より古くならないとすれば、弥生開始年代はいつまでさかのぼるのであろうか。先ほど説明したように一九七〇年ごろまでには炭素14年代法によって紀元前三〇〇年が上限になるという認識が当時の考古学者の間に芽生えていたから、紀元前三〇〇年を上限として中期末の紀元前一世紀末までの土器型式を均等に割り振って、土器型式ごとの年代を決めていったものと考えられる。それは実に論理的にできていて、初めてこの方法を知った時には驚いたことを覚えている。

炭素14年代法も用いることで最初に弥生開始年代が決定され、その上で考古学的に確実な中期末の年代（紀元前一世紀末）までの間を均等に決めていったことがわかった。もともと誤換算で設定された紀元前三〇〇年という上限年代を前提に、中期末以前の年代を土器型式の数で均等に割り振ってできあがった年代観とずれてしまったことはこれで明らかである。もともとの前提に問題があったことに、五〇〇年古くなった今回の要因を求めることができるのである。

先に決まっていた弥生時代の開始年代

従来の年代観にもとづいて考古学的な諸事象が矛盾のないように五〇年かけて組み立てられ、説明されてきた弥生像を修正するのはそう簡単なことではないが、新しい年代観に基づく弥生像を構築することこそ、歴博年代研究グループの責務であろうと考える。

前一〇世紀に水田稲作を伝えたのは誰か
——朝鮮半島青銅器前期社会の人びと

九州北部の水田稲作が五〇〇年早く始まっていたとしたら何が変わるのか。ここでは水田稲作を九州北部に伝えた人びとにまず焦点を絞ってみよう。これまで前五〜前四世紀の朝鮮半島の人びとが伝えたと考えていたが、新年代では前一〇世紀の朝鮮半島の人びとに代わる。彼らは朝鮮半島のどのあたりの人びとで、どういう文化に属す人びとだったのか。そもそも彼らはなぜ海を渡ったのか、などの問題について考えてみよう。

まずは彼らが伝えた水田稲作の実態から見ていく。

縄文時代の水田と鉄？

一九七八（昭和五三）年、福岡国際空港の近くにある福岡市板付《いたづけ》遺跡で縄文時代でもっとも新しい土器（夜臼《ゆうす》Ⅰ式土器、図7）に伴う水田（図8）が見つかった。水田は給排水の機能を持つ堰《せき》などの灌漑施設を備えた本格的なものであった。水田を耕す際に必要な鍬《くわ》や鋤《すき》などの木製農具、これらを作るために必要な工具である伐採用の石斧や加工用の手斧《ちょうな》などからなる大陸系《たいりくけい》磨《ま》製石器《せいせっき》、稲穂を摘み取るための石庖丁《いしぼうちょう》など、弥生文化に特徴的な農工具が基本的にそろっていた。

図7　弥生最古の土器（夜臼Ⅰ式土器）（福岡市埋蔵文化財センター）

図8　福岡市板付遺跡の水田（復原）

一九八〇年、今度は佐賀県唐津《からつ》市菜畑《なばたけ》遺跡でも縄文時代でもっとも新しい土器（山ノ寺式土器）に伴う水田（図9）と農工具・武器類が（図10）、さらに一九七九年には福岡県二丈町《にじょうまち》（現糸島市）曲《まが》り田《だ》遺跡からは縄文時代でもっとも新しい土器に伴う鉄器（七五頁、

図9　唐津市菜畑遺跡の水田（唐津市教育委員会）

図10　唐津市菜畑遺跡の農工具・武器（唐津市教育委員会）

図19）が見つかったのである。

水田と鉄器は弥生土器と並んで弥生文化を構成する三大指標といわれているものだけに、水田や鉄器が縄文時代の一番新しい段階に存在していたということは、縄文文化の特徴を書き換えること（縄文文化の最後の段階になると本格的な農業を始めて鉄器を使い始める）につながるのか、それとも弥生文化の始まりがさかのぼること（この段階を縄文文化から切り離して弥生時代の頭にもってくれば弥生時代がさかのぼる）を意味するのか、非常に重要な時代区分上の問題をはらんでいた。この問題をめぐって学界を二分する一大論争が巻き起こった。

縄文か弥生か

水田や鉄器に伴った土器（山ノ寺式土器や夜臼Ⅰ式土器）は縄文時代最後の縄文土器なので、水田も鉄器も縄文時代の最後に現れる要素である、と解釈する研究者は九州北部（特に九州大学の出身者）に多い。それに対して、水田や鉄器は弥生文化の重要な要素なのだから縄文時代の最後に現れると理解するのではなくて、弥生文化の所産と理解すべきとする研究者は近畿（なかでも京都大学出身者）に多かった。

この両者、そもそも弥生時代の定義が完全に異なっているのである。前者は弥生土器の時代を弥生時代とする一九三〇年代からある考え方で、一九六〇年代以降、板付Ⅰ式土器の成立を弥生時代の始まりと見るようになった弥生前期開始説を採る。後者は一九七〇年

図11　板付遺跡の板付Ⅰ式土器（福岡市埋蔵文化財センター）

代の中ばになって示された、「日本で食糧生産を基礎とする生活が開始された時代」を弥生時代の定義（佐原「農業の開始と階級社会の形成」『岩波講座日本歴史』一、一九七五）とする考え方で、一九八〇年代以降、板付遺跡で見つかった突帯文《とつたいもん》土器単純段階の水田を指標とするようになった弥生早期開始説である（佐原「弥生土器入門」『弥生土器』Ⅰ、ニューサイエンス社、一九八三）。なにやら禅問答のような話だが、要は、土器で時代や文化を決めるのか、水田稲作という弥生文化にとって最も重要な要素で弥生文化かどうかを決め、その時に使われていた土器を弥生土器と見なすのかという違いである。

図11は、板付遺跡で縄文晩期末の水田が見つかるまで最古の弥生土器であった板付Ⅰ式土器である。一九六〇年代にこの土器に水田稲作と鉄器が伴うこと、さらに最後の縄文土器（突帯文土器が最後の縄文土器であることは戦前に山内清男《やまのうちすがお》によって規定されていた）が伴

うことがわかったので、弥生時代の上限と水田稲作や金属器の上限が一致することが確かめられたのである。この板付Ⅰ式を最古の弥生土器とするという指標の変更を一切認めないのが、弥生土器の時代を弥生時代と考える立場の人たちである。

一方、土器では時代を区別できないと主張するのが佐原真である。例えば弥生時代のはじまりの場合は、図7の土器と図11の土器は見た目がまったく異なるので土器で区別することは不可能ではない。しかし古墳時代のはじまりの場合は、最後の弥生土器である庄内式《ないしき》土器と最古の古墳時代の土器である布留式《ふるしき》土器を、製作技術の上で区別することはほとんど不可能な段階にいたっている。よって現状では時代を土器と無関係に定義し、酸素の燃焼が十分な状態で焼成《しょうせい》される酸化焔《さんかえん》で焼かれた土器のうち、縄文時代の土器を縄文土器、弥生時代の土器を弥生土器、古墳時代の土器を土師器《はじき》とよぶ方が実情に適しているとして、佐原は時代をもっとも特徴づける指標、すなわち弥生時代の場合は水田稲作という指標で縄文時代と区分しようと提案したのである。

黒船説

ここで筆者には忘れられないエピソードがあるので紹介しよう。一九八〇年代のある日、九州大学考古学研究室に、当時、奈良国立文化財研究所の所長であった坪井清足《つぼいきよたり》氏が訪れて時代区分の話になったことがある。板付遺跡や菜畑遺跡で見つかった水田は縄文時代のものか弥生時代のものか、という議論である。縄文時代であると答えた先輩に、厳しく詰め寄る坪井氏の言葉が今でも頭から離れない。「ではあなたは、弥生時代をどのように定義するのか？」と。弥生時代が水田稲作の時代であることに同意するなら、板付遺跡で見つかったような本格的な水田でコメを作っていた段階は弥生時代ではないのか？という趣旨である。

当時、九州大学考古学研究室の主任教授であった岡崎敬《おかざきたかし》先生は、「黒船説」を唱えていた（前掲書岡崎他一九八二）。幕末（縄文時代末）に黒船（渡来人）が来て、その影響を直接受けた場所ではパンを食って（コメを食って）ビール（サケ）を飲んでいるかもしれないけれども、それ以外のところは依然として昔通りの生活（採集狩猟生活）を営んでいるという、たとえ話である。

つまり幕末や縄文末という過渡期には新旧二つの要素が地域的な跛行性《はこうせい》を見せるが、この段階を明治（弥生）とよぶか幕末（縄文）とよぶかは結局、何を指標にするかによって決まるということである。

岡崎先生ご自身は水田稲作がある程度広がって定着・普及した時をもって、すなわち板付I式土器の成立をもって弥生時代とする、というお立場であったと理解している。

このあと「なかなか広まらなかった水田稲作」で詳しく説明するが、前一〇世紀に水田稲作や鉄器が出現するのは、九州北部でも福岡平野や唐津平野など玄界灘に面する限られた平野の中の、さらに限られた一部の集団に限定されている。つまりこの段階を弥生時代とよぶならば、理屈では一九世紀の横浜は明治時代となるが、この段階を縄文文化とよぶならば一九世紀の横浜も幕末としなければならない。

時代区分論争

筆者は、その時代に特徴的で、重要で、その後普遍的になる考古資料が出現した時点をもって新しい時代にはいったと見なす、という近藤義郎《こんどうよしろう》の時代区分に対する考え方（「時代区分の諸問題」『考古学研究』三二―二、一九八五）を採用している（藤尾「縄文から弥生へ―水田耕作の開始か定着か―」『日本民族・文化の生成』六興出版、一九八八）。弥生時代なら水田稲作、古墳時代なら前方後円墳がその要素にあたるので、九州北部に水田稲作を行う人びとが現れた時点で弥生時代にはいった、と見なすのである。ところが明治時代の場合は大政奉還という政治的事件を出来事を指標とするので、パンを食べてビールを飲んでいたとしても大政奉還以前の横浜はやはり幕末ということになる。

もし板付遺跡の水田や曲り田遺跡の鉄器を縄文文化の所産と理解するなら弥生時代の開始年代は紀元前三世紀のままでよく、その結果、水田稲作が弥生時代より一〇〇年ぐらい早く始まることになるので、弥生時代の開始年代と水田稲作の開始年代はずれることになる。

逆に弥生文化の水田や鉄器と理解するなら弥生時代の開始年代と水田や鉄器の出現年代はずれることなく、いずれも一〇〇年ぐらいさかのぼった前五～前四世紀に始まったことになる。弥生早期説が世に出てからまもなく三〇年、いまだに両論併記されていることも多く、決着がついているわけではない。しかし現在の学界はどちらかというと先に示した山川出版社の本にも書いてあるように弥生早期説を設ける考えの方が優勢である。弥生前期説が多かった九州でも、二〇一一年二月にオープンした新九州歴史資料館の展示には、弥生早期説が採用されており隔世の感がある。

歴博では二つの理由から弥生早期説を採っている。一つは、先に紹介した佐原真の弥生時代の定義を採用していること。もう一つは水田稲作が始まった時期の土器である夜臼Ⅰ式土器も、板付Ⅰ式土器と同様、農民の土器と考えているからである。農民の土器とは、火にかける、捧げる、盛りつける、水をくむ、たくわえる土器など数器種からなり、特に高坏《たかつき》や器台など捧げる土器の発達は農耕祭祀の発達と階級社会への歩みが土器に反映したもの、という佐原の定義（佐原前掲一九七五）にしたがったものである。夜臼Ⅰ式には種籾を蓄える壺や捧げる高坏などがすでに出現していることから直前の黒川式《くろかわしき》土器とは明確に区別することが可能である。

弥生時代が「食糧生産を生活の基礎とする生活が始まった時代」である以上、九州国立博物館には最古の木製農具として福岡市橋本一丁田《はしもといっちょうだ》遺跡出土の資料が展示されているので、水田稲作を行っていることは確実である。したがって橋本一丁田遺跡から出土した図12に示したような土器も、見た目は縄文土器であっても水田稲作民の土器、すなわち最古の弥生土器、ということになる。

ここに書いた前五〜前四世紀という年代は弥生前期初頭の年代である前三〇〇年に、土器一〜二型式分の存続幅である約一〇〇年（当時）を継ぎ足して考古学的に仮に求めた年代にすぎなかった。

歴博の年代研究

二〇〇一（平成一三）年当時、歴博の年代研究グループは、縄文土器約七〇〇点の測定を通じて成果を上げていたAMS—炭素14年代法を弥生時代の資料にも適用して、弥生開始年代を検証する必要があると考えていた。

水田稲作が始まった時期を知るには最古の水田に伴う炭化物を測定すればよい。私たちが注目したのは山ノ寺式土器や夜臼Ⅰ式土器など弥生最古の土器の表面に付着したススやお焦げなどの炭化物である。二〇〇一（平成一三）年から測定を始めて、現在では夜臼式土器を中心として型式ごとに一〇点ぐらいの測定値を得ており、それらを解析した結果、最古の水田に伴う土器は前九六〇年から前九三五年の間のどこかで出現している可能性が高いことを突き止めた（藤尾「土器型式を用いたウィグルマッチ法」『国立歴史民俗博物館研究報告』第一三七集、二〇〇七、詳細は本書一八〇頁参照）。弥生時代が前一〇世紀後半に始まったとする根拠である。

弥生最古の土器

図12は現状でもっとも古い測定値（二七六〇±三〇）をもつ最古の弥生土器である。波状口縁《はじょうこうえん》土器といって口縁部が波打つ特徴を持つところに名前の由来がある。上から見たら方形なので方形浅鉢《あさばち》ともいう。「何だ、縄文土器じゃないか！」という声が聞こえてきそうだが、確かにいかにも縄文土器のような形をしている。この土器が出土した橋本一丁田遺跡では水田こそ見つかっていないが、この土器に伴った農工具から見て水田稲作を行っていたことは間違いないと考えられていることから、最古の弥生土器の一つと判断したものである。坏部外面に付いていたススを測定した。

波状口縁を持つ浅鉢は、菜畑遺跡のように水田が見つかった遺跡でも、兵庫県口酒井《くちさかい》遺跡のように水田稲作をまだ行っていない段階の遺跡からも出土することが知られている。同じ土器なのに一方は最古の弥生土器、もう一方は最後の縄文土器と評価が完全にわかれてしまっている。もし年代測定を行わなければ、考古学者は水田稲作以前の口酒井遺跡の波状口縁土器の方が古く、水田稲作を行う橋本一丁田遺跡や菜畑遺跡の波状口縁土器の方を新しいと判断してしまうだろう。これは考古学の限界である。

しかしここに炭素14年代を導入するとどうなるであろうか。二つの波状口縁土器が同じ測定値を示せば、口酒井遺跡では水田稲作を行っていない人びとが使用し、橋本一丁田遺跡や菜畑遺跡では水田稲作民が使用したことになり、生業を異にする人びとが使用した同時期の土器ということになる。

つまり考古学的には別の時期とせざるを得ない（時期差と考えざるを得ない）土器でも、炭素14年代を測定すると、同じ時期でしかも生業を異にする人びとが使う土器であることがわかるのだ。二つの土器が時期差なのか、生業差なのかを判別できるようになるのであ

図12　福岡市橋本一丁田遺跡出土の最古の弥生土器（福岡市埋蔵文化財センター）

る。たとえば長崎県島原半島や鹿児島県大隅半島で出土する、見た目は弥生早期といえる土器を測ると、測定値が九州北部の弥生前期の土器と同じ値を示す土器がいくつか知られている（藤尾「弥生時代の実年代」『弥生農耕のはじまりとその年代』新弥生時代のはじまり第四巻、雄山閣、二〇〇九、二三頁）。型式学の限界を超えた炭素14年代法の効用の一つといえよう。

具体性のない歴博批判

歴博の年代観についてはいまだに批判が多い。最古の弥生土器の表面に前一〇世紀のススが着いていたことは認めるとしても、それが前一〇世紀に着いたかどうかは別の問題であるとして反対する人がいる。先述したような古木効果を根拠にあげる批判に加えて海洋リザーバー効果をあげる人びともいる。海洋リザーバー効果とは陸上生物に比べて古い炭素を保有している海に生きる生物を食料とした場合、それが焦げた炭化物を測定した場合、測定値は古く出ることがある。これらは炭素14年代法の有効性は認めるものの、いろいろなケースが考えられるので前一〇世紀に弥生時代が始まったと断言することは時期尚早でないか、という批判である。

こうした古木効果や海洋リザーバー効果ではないかという疑問に対する歴博年代研究グループの考え方については次のように考える。

山ノ寺式や夜臼Ⅰ式土器など最古の弥生土器の炭素14年代は、二七〇〇^{14}C BP台を示す。

この値は西周前期（前一一～前九世紀）のお墓に葬られた人の骨から得られた炭素14年代と同じ値を示すのである（『夏商周断代工程―一九九六～二〇〇〇年階段成果報告』世界図書出版公司北京公司、二〇〇〇）。

また佐賀県梅白《うめしろ》遺跡で見つかった弥生早期後半（夜臼Ⅱa式）の水路に打ち込まれた樹齢一五年ほどの杭の炭素14年代は二六〇〇 14C BP台の値を示す。いかがだろうか。ご納得いただけるだろうか。もはや弥生最古の土器が紀元前一〇世紀前後に比定されることは揺るがないであろう。

前五～前四世紀の北東アジア世界

従来の弥生開始年代である前五～前四世紀の北東アジア世界はどういう時代だったのか見てみよう。前四九四年に山東半島付近にあった趙《ちょう》という国が滅亡したり、今の北京付近にあった燕《えん》という国が現在の中国・遼寧《りょうねい》省にあたる遼東地域に進出し朝鮮半島西北部と接するようになるなど、前五～前四世紀代の北東アジア世界は、初めて古代国家が登場したり滅亡したりするまさに戦国時代のまっただ中にあった。こうした大陸における戦乱期の混乱を避けた諸民族の政治的移動や、弥生の小海退に伴う寒冷化によって遼東地域の人びとが暖かい土地を求めて南下して朝鮮半島に及ぶ。すると朝鮮半島の人たちが玉突きで押し出されるように海を渡り、九州北部に水田稲作や鉄器を伝えたとこれまでは説明されてきた。

この説明から見えてくるのは、遼東地域における古代国家の興亡や寒冷化が引き金になって中国の人びとが移動して朝鮮半島に達し、その影響で朝鮮半島の人びとは結果的に海を渡ることになるという、主人公はあくまでも中国の人びとであって、朝鮮半島の人びとはそのあおりを受けたにすぎないことになる。しかし水田稲作の始まりが前一〇世紀までさかのぼると、北東アジア世界はまったく異なる世界になる。

前一一～前一〇世紀の北東アジア世界

紀元前一〇二七年、中原では商（殷）が周の武王に滅ぼされて滅亡する。文献ではここまでしかわからないので、あとは考古学的な知見から描き出してみよう。古代国家はまだ中原《ちゅうげん》地域にしか存在せず、現在の中国東北部から朝鮮半島にいたる地域には、中原系（殷後期）の青銅器文化を持ち、畑作を行う諸民族が暮らす世界が広がっていた。そのうちの一つが夏家店《かかてん》下層文化である。

中原系の青銅器文化は、北京市瑠璃《るり》河《か》に西周燕国が建設され、その強力な支配圏の拡大過程で本格的な青銅器文化が北東アジアの各地に開花することになった（甲元眞之『東北アジアの青銅器文化と社会』同成社、二〇〇六）。遼西地域にも地方色の強い青銅器文化が発達して、前一一世紀後半には青銅製武器が使用されるまでに至っていたと考えられている。

これらの青銅器文化を経済的に支えていたのは稲作を含むアワやキビなど雑穀を主体と

する畑作である。朝鮮半島で水田稲作が始まるのは紀元前一一世紀のおわり頃、青銅器時代前期後半にあたる。稲作は灌漑施設を持つ水田で行われて、石庖丁、扁平片刃石斧や柱状片刃石斧などの大陸系磨製石器を伴う。その起源は前二〇〇〇年紀後半の山東半島煙台地区や膠東半島に見られた湧水型水田（河川から水路を引いて給水するのではなく、湧き水や雨水を利用した原初的な水田）に求められており、遼東半島を経由して朝鮮半島に伝えられたものと考えられている（宮本一夫『農耕の起源を探る―イネの来た道』吉川弘文館、二〇〇九）。

朝鮮半島の青銅器時代（早期）はすでに前一五〜前一三世紀に始まっているので、青銅器が副葬されるようになる前期後葉（駅三洞式）までの約五〇〇年で朝鮮半島では社会の階層化がかなり進んだと考えられている。具体的に見てみよう。

朝鮮半島の青銅器社会

一九八〇年代以降、韓国における発掘調査は急増し、特に一九八八年のソウルオリンピック以降、広大な面積を調査対象とした大規模な発掘調査が全国的に行われるまでになった。一九八九（平成二）年には韓国初の環壕集落（図13）が見つかったのを皮切りに、日本の縄文時代後・晩期や弥生時代早期には見られないような目を見張る調査成果が明らかになっている。

例えば水田稲作が始まる数百年前に三ヘクタールにも及ぶ広大な畑が存在していたこと

図13　蔚山・検丹里環壕集落（釜山大学校博物館）

図14　漁隠遺跡１地区（慶南大学校博物館）

である。河川沿いの河岸段丘面を利用した広大な畑での穀物栽培が、縄文後・晩期と同じ時期に行われていたこと示す事実として日本の考古学界に衝撃を与えた（図14）。水田稲作よりも前には、より原始的で小規模な焼畑農耕ぐらいしか行われていなかったという当時の常識を覆し、大規模で本格的な畑作農耕の存在を知らしめることになったのである。

鎮安顔子洞一号支石墓は青銅器時代前期の墓である（図15）。構造をみると、外側から埋葬主体部にかけて高さを増してやや墳丘状に築造されている。遺体をおさめる埋葬主体部もある程度地上に露出した半地上式の構造をしている。周溝墓のような墳丘や封墳の効果を狙ったのであろう。磨製石剣《ませいせっけん》と磨製石鏃《せきぞく》が副葬されていた（図16）。

近年、韓国の南部地域で見つかり始めた区画墓とよばれる墳墓の存在は首長の出現を物語っていると考えられている。生前の住居のかたちをそのまま映して死後の墓域を造営したもので、長さが二〇メートルに達するものもある。内部に置かれた棺には青銅製の剣や磨製石剣、赤色磨研土器などの副葬品を納める。これらの墓の起源は中国東北部に求められている。二〇一〇（平成二二）年にも京畿道駅洞遺跡で、遼寧式銅剣が副葬された墓が見つかっており、出土した木炭と人骨のＡＭＳ―炭素14年代を測定したところ、前一二世紀という測定結果が得られている。

これらのことからわかるように、九州北部で水田稲作が始まる二～三〇〇年前の朝鮮半島南部には、広大な畑でコメや雑穀を栽培し、環壕集落を造り、何十メートルの規模をほこり、青銅器をはじめとした副葬品を持つ墳墓に葬られた首長のいる農耕社会がすでに成立していたことが明らかになりつつあるのである。

図15　鎮安・顔子洞支石墓

図16　鎮安・顔子洞支石墓出土石器

海を渡ったのは誰だ？

東国大学校の安在晧《アンジェホ》は、前一一世紀（青銅器時代前期末）に朝鮮半島で起こった首長による地域共同体の再編成によって圧迫を受けた人びとが新たな土地を求めて海を渡り、その後、数百年にわたって断続的な渡海が行われたと主張する（「松菊里文化成立期の嶺南社会と弥生文化」『弥生時代の考古学』一、同成社、二〇〇九）。安は日韓両国で見つかる土器の共通性を根拠に、慶尚南道の南江地域や釜山・洛東江下流域こそ渡海した人びとのふるさとだと考えている。

九州北部の土器と同じ時期に属する朝鮮半島南部の土器はわかっている（土器型式の併行関係が固まっている）ので、弥生開始年代がさかのぼると、韓国青銅器文化の年代観もさかのぼらなければならなくなる。二〇〇八年段階では弥生開始年代を紀元前八〇〇年ごろと考えていた韓国青銅器時代研究の第一人者である安在晧は、二〇一〇年、ついに弥生開始年代を紀元前一〇世紀まで引き上げた。弥生最古の土器と型式学的に同じ時期と考えられる先松菊里式土器の炭素14年代を自ら測定したところ、弥生最古の土器と測定値が一致したことを自ら確認して、歴博が主張する年代の正しさを認めるに至ったからである。

以上のように九州北部で水田稲作が始まった年代が前五〜前四世紀から前一〇世紀に約五〇〇年古くなると、朝鮮半島の青銅器時代人の果たした役割が実質的に大きかったことが予想されるようになったのである。もちろん、九州北部に直接水田稲作を伝えた人たちが朝鮮半島南部の出身者であるという位置づけはこれまでと変わらないのだが、彼らがなぜ渡海するに至ったのか、その原因が大きく変わることになる。すなわち朝鮮半島南部の青銅器社会自体の発展に伴って発生した社会矛盾を解消するために青銅器時代人が自ら海を渡ったという説である。これまでのように亡命中国人に圧迫されて仕方なく渡海したのではなく、青銅器時代人が自らの意志で渡海したことになり、青銅器時代人が果たした役割がより主体的になる。

そこには中国における古代国家間の戦争による大量の難民流入によってはじき出されるように仕方なく故郷をあとにしなければならなくなった朝鮮半島の人びとの姿はもはや見られない。

ボート・ピープルからニュー・フロンティアへ

二〇年ほど前、九州北部に水田稲作を伝えた人びとを、ベトナムから国外に逃れようと南シナ海へ漕ぎだしていた難民になぞらえてボート・ピープルとよんだ日本の研究者に対して、「私たちの祖先はボート・ピープルですか?」と厳しい目で応えた韓国の先生のまなざしを今でも覚えている。今やそのような比喩はあたらず、新しい土地を求めて自らの意志で朝鮮海峡を渡った開拓者たち、そう、彼らはニュー・フロンティアだったのである。

九州北部に渡ったフロンティアである青銅器時代人がどのように水田稲作を始めたのか、もともとこの地域で暮らしていた在来の人びと（縄文人）とどのように接触し、交流したのか。青銅器時代人と在来の九州北部の人びととの交流については「なかなか広まらなかった水田稲作」でみていくことにしよう。

鉄器のない水田稲作の時代

「イネと鉄」から「イネと石」の弥生文化へ

前三世紀に始まった「イネと鉄」の弥生文化

弥生文化の鉄問題

水田稲作の始まりが五〇〇年あまりさかのぼると、これまでの常識がもっとも大きく変わることになるのが弥生文化の鉄問題である。弥生早期や前期など弥生文化の開始期に属すると考えられてきた四〇点弱の鉄器の出土状況を調べ直したところ、前期後半以前に時期を特定できる鉄器が一点もないという衝撃の事実が明らかにされたのである。もしこれが認められると弥生文化の前半の約六〇〇年は石器だけの世界になってしまう。

弥生文化一二〇〇年間の前半分が石器だけの世界となれば、弥生文化をこれまで通り「イネと鉄」の文化と規定しておいてよいのか。「イネと鉄」の時代から「イネと石」の時代へとイメージを変えなくてもよいのであろうか、という疑問が生まれる。ここでは弥生文化の後半にしか鉄器が認められない弥生時代の鉄文化をどのように位置づければよいのか、またそのことが弥生文化像に与える影響とは何か、について考える。

以下、新年代の発表以前と発表後に分けて弥生文化の鉄研究の歴史を検証して、最後に目的に迫ることにする。

まず「イネと鉄」という弥生文化像がどのように形成されてきたのか、研究史を三つの時期に分けて振り返る。そもそも古墳文化のイメージであった「イネと鉄」というイメージが、弥生文化のイメージに変わっていった理由が、前三世紀に弥生文化が始まると考えられたことにつきることを述べる。その後、幾度か弥生文化の鉄のイメージを修正する機会があったにもかかわらず、見直されるまでには至らず、いくつかの問題を解決しないまま新年代の発表を迎えることになる。

次に二〇〇三年の新年代の発表と同時に始まった弥生文化の鉄を主な根拠とする較正年《こうせい》代批判が、逆にそれまで顕在化していなかった鉄の問題点を顕在化させることになり、結果、弥生文化の鉄を全面的に再検討せざるを得ない状況に至った経緯を述べる。

最後に弥生文化の後半にしか鉄器が認められない弥生文化の鉄に関するイメージを再定義してみよう。

鉄は古墳時代の利器として出発

鉄器と農業は古墳時代から始まった、というのが明治時代の古代史の常識であったことを読者はご存じだろうか。なぜか。理由を述べる前に明治時代の古代史観について説明しておく必要があるであろう。

そもそも日本人の祖先である天孫族《てんそんぞく》（日本神話に出てくる、大和王権を作った人びとの総称）が渡ってくる前の日本列島には『古事記』や『日本書紀』の神話に出てくる土蜘蛛《つちぐも》などが暮らしていた。彼らは農業を行うことはなく鉄器を使うこともない未開な人びとであった。それに対して農業を行い、鉄器を使う文明的な生活を送っていた天孫族こそ日本人の祖先であった。水戸の黄門様が一七世紀に発掘調査した栃木県上車塚《かみくるまづか》、下車塚《しもくるまづか》こそ私たちの祖先が遺したお墓であって、こうしたお墓が数多く造られた時代が高塚古墳の時代、今の古墳時代と考えられていた。

よって日本列島で最初に農業を行い、鉄器を使用したのは、私たち日本人の祖先である古墳時代の人びとだった。農業も鉄器も古墳時代の指標だったのである。

こうした皇国史観《こうこくしかん》とよばれる考え方にもとづいて組み立てられた古代史観が支配する明治時代に、初めて近代考古学による発掘調査が東京の大森貝塚で行われたのは、一八七二（明治五）年のことである。大森貝塚から見つかった縄文土器や石器、骨角器は狩猟採集生活を送っていた人びとが使っていた道具で、いわゆる石器時代人、今でいう縄文時代人の持ち物であった。縄文人は神話に出てくる土蜘蛛のような日本列島にもともと住んでいた人びと、つまり先住民と考えられた。農業も金属器も知らない未開な人びとである彼らは、文明的に進んだ古墳時代人（日本人の直接の祖先）によって東へ北へと追いやられていく。日本の古代史観は神武天皇の東征神話のごとく、『古事記』『日本書紀』の枠組みの中で語られていたのである。

では弥生人はどこにいるのか？残念ながらまだその存在自体が知られていない段階である。大森貝塚の調査から最初の弥生式土器が見つかるまでの約一〇年間、古墳時代は「イネと鉄」の時代であり続けたのである。

図17　弥生町出土土器（復原複製，国立歴史民俗博物館）

弥生式土器の発見とその使用者

一八八四（明治一七）年、東京帝国大学に隣接する向《むこう》ケ《が》丘《おか》弥生町貝塚で発見された土器（図17）は、その後、弥生式土器と名付けられる。当時の研究者の関心はこの土器が石器時代の土器なのか、古墳時代の土器なのかという点、つまり先住民が遺したものか、日本人の祖先が遺したものなのか、という点にあった。

縄文土器が先住民の土器、土師器《はじき》や須恵器《すえき》など古墳時代の土器が日本人の祖先の土器と考えられていたなかで弥生式土器は見つかったので、縄文式土器に近い土器と判断されれば先住民の土器となるし、土師器に近い土器と判断されれば日本人の祖先の土器になる。このように弥生式土器を研究することは日本人の起源を研究することと同じことを意味していた。

二〇世紀になるまでは主に土器の形態や文様を手がかりにどちらに近い土器なのかを議論していたが、次第に弥生式土器には石器に伴うものと金属器に伴うものの二者があることがわかってくる。まず磨製《ませい》石器を伴う弥生式土器があることが名古屋市熱田《あつた》貝塚の調査で明らかになった。しかも中国東北部やモンゴルで見つかる磨製石器とよく似ていたことから、縄文式土器に伴う磨製石器とは別物で、石器に伴う弥生式土器は大陸に由来するという考え方が芽生える。のちに鳥居《とりい》龍蔵《りゅうぞう》の「固有日本人論《こゆうにほんじんろん》」（石器時代に朝鮮半島をへて日本列島に渡来した人びとが固有日本人である。彼らは水田稲作を行い、鉄器を使用し、弥生式土器を遺した人びとで、縄文人にとって代わっていく）へとつながっていく考えである。

次に九州地方の甕棺《かめかん》には青銅器や鉄器が副葬されるもののあることが知られるようになる。甕棺も弥生式土器なので、金属器が伴う弥生式土器も存在することが明らかになったのである。

弥生式時代の設定

この二つの事実から二つの可能性が出てきた。まず大陸と共通性をもつ磨製石器を伴う弥生式土器と金属器が伴う弥生式土器が、それぞれ石器（縄文）時代と金属器（古墳）時代に伴うとすれば、弥生式土器には時期差をもつ二つの土器があった可能性。もう一つは弥生式土器が使われていた時代を一つの時代にくくれば、弥生式土器の時代には磨製石器だけを使う人びとと、磨製石器と金属器の両方を使う人びとが存在していた可能性である。

最終的には一九一〇年代に浜田耕作《はまだこうさく》（大阪府国府《こう》遺跡の発掘成果で、縄文式土器、弥生式土器、土師器が層位的に分かれて出土することを確認し、弥生式時代を金属器も石器も使う金石併用時代と認識）や山内清男《やまのうちすがお》（縄紋式の文化は九州から東北地方までの広い範囲でほぼ同じ頃に終焉を迎え、弥生式の文化に置き換わったとして縄紋式と弥生式を時期差と位置づけた）が、弥生式土器を石器時代や古墳時代とは完全に時期差となる一つの独立した時代の土器として設定した。弥生式土器の時代が石器時代と古墳時代の間に存在したことが研究者の共通認識になったのである。

弥生式土器の発見から三〇年、ようやく弥生式土器は一つの独立した時代を指標とする土器として注目を浴び始め、森本六爾《もりもとろくじ》によって「弥生式時代」と命名された。

一九三〇年代当時の弥生式時代の鉄器をめぐる代表的な意見を見てみよう。弥生式土器に伴う鉄器はまだ九州北部の弥生中期の甕棺から副葬品として見つかる武器しか知られていなかったが、弥生式時代と鉄器との関係について言及した山内清男、森本六爾、小林《こばやし》行雄《ゆきお》の説を紹介する。

山内は、鉄製の農具（鍬《くわ》）が使われるようになるのは古墳時代からと考えた。石の道具しかない弥生式時代の農耕は本格的な農業ではなく女の仕事として農業が行われた程度の即ち耨耕《どうこう》と考えて、「原始農耕」であったと説いている。またこの文化は青銅器・鉄器を輸入あるいは製作しているので金石併用時代といえる部分をもつと考えている。そして石器の出土量が減ることは鉄器が普及して＝鉄器時代になったことを意味するという考え方を初めて示して、古墳時代前半が鉄器時代にあたると考えた。

山内と対極に位置するのが森本と小林である。森本は弥生式時代を稲作農業を生産基盤とする生産経済の時代と位置づけ、弥生後期には石製農具から鉄製農具への交替が起こって農業技術を著しく発達させたと説いた。つまり弥生式時代を原始的農業社会と位置づけ、弥生後期には農具が鉄器化することで鉄器時代になるという時代像を示したのである。

小林も弥生後期を完全に鉄器化した段階と見ており、鉄器時代に見合うだけの専門工人が存在する社会的分業が発達した統一国家形成過程にあったと位置づけている。

これらの議論は水田稲作を行っている遺跡で鉄器がまだ見つかっていない段階に行われたので決着はつかなかったが、森本や小林の考えは弥生時代＝鉄器時代説の嚆矢となり、ついに一九三八（昭和一三）年から始まった一つの発掘調査で水田稲作と鉄器は結びつくことになる。奈良県唐古《からこ》遺跡の調査である。

弥生式土器と鉄器との接点

唐古遺跡の調査では鉄器そのものが見つかったわけではない。前期の遺物にサビのような物質が付着していたり、鉄器でしか加工できないような前期の木製品（高坏《たかつき》）の存在が確認されたりなど、鉄器が存在していたのではないかという状況証拠を根拠に前期から鉄器が存在したと推定されたのである。また弥生後期には石器がなくなることも確認されたので鉄器に置き換わったと推定された（末永雅雄・小林行雄・藤岡謙二郎『大和唐古弥生式遺跡の研究』京都帝国大学文学部、一九四三）。小林は前期の鉄器の使用が限られた範囲にとどまっていたとしても、その役割を過小評価すべきではないともすでに述べていて、この考えは六〇年代に引き継がれていく。

一九四三（昭和一八）年から調査が始まった静岡市登呂《とろ》遺跡でも、弥生後期の水田（日本で初めて確認された水田遺跡）の畦畔《けいはん》に打ち込まれた矢板《やいた》の表面に、鉄器で加工されたことを示す鉄の刃の痕が数多く認められた反面、石器は見られなかった。よって弥生後期になると鉄器が石器に置き換わって普及していた、という森本や小林の考えが間接的に確認されたのである。

一九五〇年代になると刃の幅が六〜七㌢の金属製器具で掘削したと思われる痕跡が福岡市板付遺跡で見つかった環壕《かんごう》の溝底に多数確認され、それらは硬い花崗岩《かこうがん》の風化土壌を鉄の器具で掘削したときの痕と考えられた。そしてついに一九五五（昭和三〇）年、最古の弥生式土器である板付《いたづけ》Ｉ式土器に伴う鉄器が熊本県斎藤山《さいとうやま》遺跡で見つかったのである（図18）。板付遺跡と斎藤山遺跡の調査成果は、弥生式文化の前期の初めから、つまり水田稲作の始まりと同時に鉄器が存在し、しかも壕を掘削するための土木用の鉄器がある程度の量をもって普及していたことを意味していた。のちに農業と同時に鉄器が出現すること、最初から土木用鉄器が普及していたという調査成果は、弥生式文化の世界史的意義を論じるにあたっての重要な根拠となる。

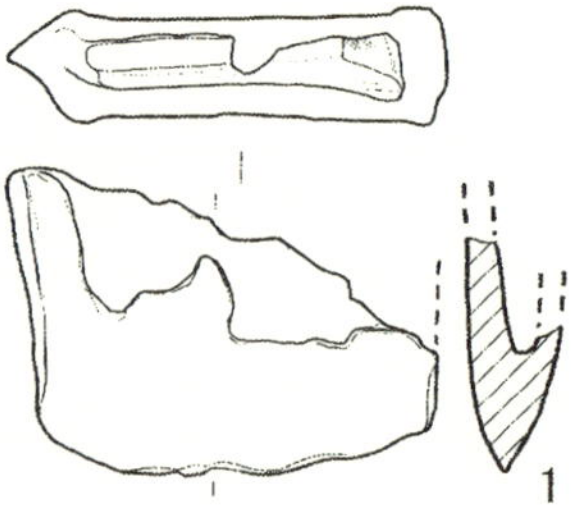

図18　斎藤山遺跡出土鉄斧
（野島2008より転載）

ここに、山内によるイネと鉄の時代＝古墳時代説と、森本・小林によるイネと鉄の時代＝弥生時代説との対立はようやく解消され、戦前に森本や小林が想定していた前期における鉄器の限定的な使用と、鉄器の後期普及説の妥当性が証明されたのである。

本格的農業と鉄器が同時に出現する

磨製石器を利器（実用の道具）とする新石器時代に農業が始まり、その後、青銅器時代、鉄器時代という順に金属製の利器が現れるのが世界の先史文化の一般的な特徴である。しかし弥生式文化は農業の開始と同時に鉄器が使われており、青銅器は前期末になってようやく墳墓の副葬品として現れた。つまり新石器時代と鉄器時代の利器が農業の開始と同時に現れ、遅れて青銅器時代の指標が現れるという、他の世界の先史文化には見られない特徴を弥生式文化は持っていた。この点を重視した杉原荘介《すぎはらそうすけ》、近藤義郎《こんどうよしろう》、和島誠一《わじませいいち》、石母田正《いしもだしょう》は農業と鉄器が同時に出現・成立した世界で唯一の先史文化として弥生式文化を位置づけたのである。

日本列島では青銅器より先にどうして鉄器が現れたのであろうか。それは弥生式文化が始まった前三世紀ごろの東アジアが、すでに秦・漢を盟主とする東アジア金属器文化圏にあったことと関係している。この文化圏は利器としての鉄器と祭具・礼器として青銅器が使い分けられていた世界。弥生式文化も当然その影響を受けることになる。ゆえに水田稲作に利器としてセットになっていた鉄器が先に現れ、一定の社会発展を遂げていないと祭器や礼器として保有できない青銅器は、農業が発達して農耕社会が完成してから現れることになったと考えられたのである。

弥生式文化が前三〇〇年ごろに成立していたことは一九六〇年代のおわり頃までに研究

者の共通認識になっていた。すでに鉄器時代に入っていた前三〜前二世紀の秦・漢世界という大きな枠組みの中で、当初から農業と鉄器が出現した文化という弥生式文化の位置づけは抵抗なく受け入れられたようである。

ただ環壕を鉄の器具を使って掘削していたなら鉄器が普及していたと考えられても不思議ではなかったが、後で述べるように弥生前期の鉄器は補助的な役割を与えられていたにすぎなかった。

次に一九六〇年代までに行われた発掘調査の成果を受けてできあがった「イネと鉄」という弥生式文化像の実態をみてみよう。以下の四つのうち①から③はまさに前三世紀に弥生式文化が成立したことと関係がある。すなわち、①弥生鉄文化の世界史的意義、②弥生式文化の鉄器の材質、③農具の鉄器化と国産化、④鉄器の普及と古墳時代の成立である。したがって①から③は弥生開始年代が前一〇世紀に上がると大きな影響を受け再考を余儀なくされることになる。

弥生鉄文化の世界史的意義

九州北部で水田稲作が始まった前三〇〇年ごろの東アジアは、秦・前漢を盟主とする東アジア金属器文化の世界であった。すなわち水田稲作を鉄製農工具で行い、青銅器を祭器や礼器として位置づけるという、金属器の使い分けが行われていた。当然、弥生式文化もその枠組みの中に位置づけられるが、いかんせん中原《ちゅうげん》から遠く離れた辺境の地にあったために、希少な鉄器は石器の補完として使われたことになる。農耕社会の証となる青銅器祭祀は水田稲作が始まってから一〇〇年以上たってから出現する。

以上のように弥生式文化は、青銅器よりも鉄器が先に、しかも農業と同時に現れるという、世界の先史文化の中で唯一の文化と考えられたのである。

弥生式文化の鉄器の材質

鉄には炭素量が一％以上含まれる鋳造鉄《ちゅうぞうてつ》と〇・五％以下の鍛造鉄《たんぞうてつ》がある。前者は溶かした鉄を鋳型に流し込んで作るのに対して、後者は加熱したり急冷したりしながらたたいたり折り曲げたりして作る鉄である。鉄仏や鉄瓶《てつびん》は前者、釘や日本刀は後者である。鋳造鉄は硬いが脆く、鍛造鉄は軟らかいが粘りがあってなかなか折れない。よって刃物《はもの》や農具などの利器には鍛造鉄が向いている。

一九五〇年代に盛んに行われた金属学的な分析結果をふまえ、和島誠一や村上英之助は弥生式文化の鉄の炭素量は高いと考えていた。一方、最古の鉄器である斎藤山遺跡出土の鉄器はスペクトル分析の結果、炭素量が低い鍛造品であると報告された。よって鍛造品と鋳造品双方の鉄器が弥生式文化の当初から存在した、と認識されるようになる。

弥生式文化が始まった前三世紀の中国にはすでに鋳造鉄器、鍛造鉄器の双方とも存在するので、弥生式文化にも当初から二種類の鉄が存在したという事実は弥生研究者に抵抗なく受け入れられる。弥生式文化が前三世紀に始まったこととまさに整合していたのである。鉄器を自ら作ったり、また砂鉄や鉄鉱石を原料に鉄を作ったり（製錬）するためには高度な技術が必要である。したがって先史社会における道具の鉄器化は、まず斧《おの》や刀子《とうす》など製品の入手から始めて、次第に鉄器の国産化、最終的に鉄の国産化へという段階をへることが多い。鍛造の斧を例に弥生式文化の鉄器化がどのように進んだのかみてみよう。だいたい四つの段階に分けることができる。

農具の鉄器化

まずは完成した製品を輸入（舶載）する段階がある。製品なので輸入すればすぐに使用できる。次に斧を作るための鉄板（鉄素材）を輸入したあと弥生人が鉄板を加工して斧を作る段階（鉄器の国産化）がある。次に粗鉄（不純物を多く含む鉄塊）を輸入して鉄板（鉄素材）を作る段階（精錬）があり、最後は砂鉄や鉄鉱石などの原料から鉄を作る段階（製錬・製鉄）がある。このうち弥生人でも可能だったのはどの段階なのかをめぐって一九五〇年代から議論が盛んに行われ、当初は弥生人も製錬を行っていたと考えられていた。

特に弥生時代の確実な製錬炉が見つかっていたわけでもないのに、どうして製錬が想定されたのであろうか。弥生後期に石器がほぼ消滅するという唐古遺跡の成果や、水田に打ち込まれた大量の矢板が鉄器によって加工されていた登呂遺跡の調査成果が、弥生後期における鉄器の大量普及を意味すると考えられたことは先に述べた。このように大量の鉄が後期になって普及するためには、輸入だけではまかないきれず弥生人の製錬を想定する必要があった。根拠は三つある。

まず弥生後期段階において大規模な生産地であり供給元と考えられていたのは朝鮮半島南部である。ただ調査が進んでいなかったので、弥生後期の日本列島で使用される鉄をまかなうだけの生産能力をもっていたのかどうかはわからなかった。次に、たとえ十分な生産量があって輸出できたとしても、それを日本列島の隅々まで行き渡らせる流通機構が整備されていたかどうかがわからないこと。最後に弥生人の技術でも製錬が可能な褐鉄鉱などの原料が列島内に存在したので、わざわざ輸入に頼らなくても弥生人の製鉄を想定できたこと、の三つである。

歴博が新年代を発表する前に弥生製錬説を唱えていた研究者は一〇人あまりいたが、国産鉄と輸入鉄の割合をどれくらいとみるかによってだいたい三つのグループに分けることができた。国産鉄の割合をもっとも多く見積もるのが川越哲志《かわごえてつし》と村上恭通《むらかみやすゆき》で約六割とみる。そして松井和幸《まついかずゆき》が五割と続き、河瀬正利《かわせまさとし》・古瀬清秀《ふるせきよひで》・都出比呂志《つでひろし》・白石太一郎《しらいしたいちろう》・春成秀爾《はるなりひでじ》はわずか（弥生製錬を完全には否定できないぐらいの意味）で、東潮《あずまうしお》・穴澤義功《あなざわよしのり》・大澤正《おおさわまさ》己《み》・佐々木稔《ささきみのる》は完全否定である。他に潮見浩《しおみひろし》や橋口達也《はしぐちたつや》も弥生製鉄論者だが、比率まで知ることはできない。このように製錬炉が見つかったわけではないのに、状況証拠からいろいろな弥生製錬説が主張されていたことがわかる。

鉄器の国産化

弥生文化が始まった頃は大陸系磨製石器が利器の中心であった。鉄器もあったが木製器具の細部加工に用いられる程度で補助的な役割にとどまると考えられていた。しかし九州北部では前期末（前二世紀前葉）以降に、刀子《とうす》（小刀）や鉇《やりがんな》（槍の先の形をした幅の狭いかんな。現代のような台鉋《だいかんな》は古墳時代以降）、鏃《ぞく》などの小形鉄器を中心に次第に鉄器の比率が増し、中期後半には武器、弥生後期後半には石庖丁《いしぼうちょう》（穂摘具）を除いて基本的に鉄器化すると考えられていた。朝鮮半島に近い九州北部では前期末には小形の鉄器を自ら加熱処理して作り始めたことで石器から鉄器への材質転換が進んでいたと理解されていたのである。

中期になるとより高度な技術を必要とした鉄器の製作が想定される。中期後半の福岡県春日市の赤井手《あかいで》遺跡の鍛冶工房で見つかった鉄器の表面には、一二五〇度以上に加熱した時にできる一部溶解した痕（沸《わ》かし）が見つかっていることから、加熱しながら槌《つち》で叩いて炭素量を下げる作業（精錬）が行われていた可能性が指摘された（橋口達也「初期鉄製品をめぐる二・三の問題」『考古学雑誌』六〇―一、一九七四）。また弥生後期には、鍛造鉄器の原料となる鍛造鉄の地金の輸入を想定した岡崎敬の鍛造鉄器鉄素材輸入説があった（岡崎「日本における初期鉄製品の諸問題」『考古学雑誌』四二―一、一九五六）。岡崎説は魏志倭人伝に記載された弁辰《べんしん》の鉄を倭人が取る、という記事を強く意識したものである。

以上のように、一九七〇年代までには、九州北部の弥生人による鉄器国産化は三つの段階で想定されていた。まず前期後半〜前期末に鋳造・鍛造鉄器を素材とした加熱処理を伴う小鉄器製作が始まる。次に弥生中期後半には鋳造鉄器を素材として炭素量の調節を想定する精錬鍛冶を始め、弥生後期になると鍛造の鉄素材を輸入して鉄器を製作したというものである。

鉄器の普及と古墳時代の成立

田辺昭三《たなべしょうぞう》や岡本明郎《おかもとあきお》は、木製農具を作るための鉄製工具の普及が、弥生時代の生産力の発展をもたらしたとして、鉄器の普及を社会構造の変化に結びつけた議論を一九五〇年代から開始した。

近畿で最初の前方後円墳が成立するためには、同地方における鉄器の普及を証明しなければならない。田辺や佐原真は二世紀後半に起こったと倭人伝に記されている倭国乱の時期を、弥生中期末に比定。中期末以降、近畿に相当量の鉄器が存在することになったという考えを発表した（田辺・佐原「近畿」『日本の考古学』弥生時代Ⅲ、河出書房新社、一九六六）。これを受けて都出比呂志は、中期末に打ち鍬など開墾用の新たな鉄製農具が出現したことで、さらに生産量が増大したという考えを示した（都出「農具鉄器化の二つの画期」『考古学研究』一三―三、一九六七）。

都出が設定した中期末葉という時期は、九州北部後期初頭の標識土器型式である原《はる》の辻《つじ》上層式を根拠としていた。かつて岡崎敬が長崎県壱岐《いき》の原の辻遺跡における調査成果をもとに、後期初頭の原の辻上層式において鉄器が石器に替わって利器の中心を占めると指摘した、あの原の辻上層式である。

ところが原の辻上層式土器を精査した高倉洋彰《たかくらひろあき》が、この土器の時期を後期後葉まで引き下げたことで（高倉「原の辻上層式土器の検討」『森貞次郎先生古稀記念古文化論集』、一九八六）、近畿の鉄器の普及を中期末葉とした都出の考えは、その時期の根拠を失ってしまう。遺跡から大量の鉄器が見つかるため、中期後半以降の鉄器の普及を具体的に証明できる九州北部に対して、そういった状況を見せず、ただ石器がほとんど見られなくなるという状況証拠しか示せない近畿の鉄器普及問題は、これ以上、研究が進展する余地はない状況が続くことになる。

前五〜前四世紀にさかのぼった弥生の鉄

ここでは、弥生文化の鉄研究において大きな画期といえる発掘成果が得られた、一九八〇年代から九〇年代の研究史を対象とする。

ポイントは三つある。まず、縄文晩期の終わりに属する鉄器が見つかったことである。次に弥生時代の開始期から鉄器が普及していたという研究成果が発表されたことである。最後に弥生人による鉄器製作は、加熱処理を伴う高度なものではなく、当初は石器作りの要領で削ったり磨いたりするだけだったという研究成果が発表されたことである。これらはいずれも従来の説を大きく覆すものであった。

弥生最古の鉄器発見—曲り田遺跡の調査

一九七九（昭和五四）年、福岡県糸島市二丈《にじょう》町《ちょう》曲《まが》り田《だ》遺跡から三・〇×一・五センチ、厚さ四ミリの小さな鉄片が出土した（図19）。鉄片は一六号住居跡の床面に近い埋土から、弥生最古の土器である板付Ⅰ式土器よりも古い縄文晩期末の突帯文《とつたいもん》土器に伴って出土し、当時の年代観で前四世紀に位置づけられた。板状の鉄斧の頭部（刃と反対側）破片と推定され、佐々木稔による金属学的な調査の結果、鉄鉱石を原料とする鍛造鉄器で、長江下流域の戦国時代にあった楚《そ》という国の鉄器と報告されたのである。

曲り田遺跡の調査成果は水田稲作に続いて鉄器も弥生前期以前の縄文晩期末（前四世紀）までさかのぼったことを意味し、いつからが弥生時代なのか、という時代区分論争を日本考古学界に引き起こす要因の一つとなった。しかも江南の楚で作られた鍛造鉄器が前四世紀にもたらされていたという調査成果は、弥生文化の鉄の歴史を大きく変更することを意味した。

本格的な水田稲作が縄文晩期末にさかのぼったことに続いて、鉄器までもがさかのぼったことをどのように理解すればよいのか、二つの解釈が可能であった。一つは縄文時代の終わりには金属器を使用して水田稲作を行う生活が始まっていたと理解すること。もう一つは弥生文化自体が古く始まっていたと理解することである。先述したようにどちらを採るかをめぐって激しい時代区分論争が巻き起こったのである。

前者の説を採るのが弥生前期からを弥生時代と見る川越哲志である。曲り田遺跡から見つかった鉄器を縄文晩期の鍛造鉄器破片と評価した。

後者の説を採るのが水田稲作を基本とする生活が始まった時代を弥生時代と考える佐原真である。弥生文化の三大要素の一つである農業に続いて鉄器までもがさかのぼった以上、従来の縄文晩期末を弥生文化に組み入れて考えざるを得ないとして、板付遺跡や菜畑遺跡で見つかった水田とともに曲り田遺跡の鉄器も含めて弥生時代とみなす。その上で弥生前期の前に弥生先Ⅰ期（いまの弥生早期）を設定したのである。

図19　曲り田遺跡出土鉄器（九州歴史資料館）

ここに縄文晩期末の鉄と弥生早期の鉄という二つの言い方が生まれ、三〇年以上たった今でも二つの立場が混在する状況は変わっていない。

しかしこうした時代区分上の問題とともに、発掘当時から曲り田遺跡の鉄器に対するいろいろな疑問が提示されていたことはあまり知られていない。出土状況、時期比定、鍛造鉄器という鑑定結果、など疑問と思われる点は多岐に渡っている。

まず曲り田遺跡を調査した橋口達也の説明を見てみよう。鉄器は一六号住居の床面近くで出土した。住居の埋土上層には弥生後期の土器片が混入していたが量的にはわずかであり、この鉄片が弥生後期に伴う可能性はきわめて少ないという。床面近くで出土しているので後世のものが混入したとは考えられず、板付Ⅰ式以前の夜臼《ゆうす》式土器段階の鉄器であることは間違いないと橋口はいう。

出土状況と時期比定

橋口の報告について川越は、床面密着ではなく「床面近くで出土した」とわざわざカギ括弧付で引用している点が注目される（川越『弥生時代の鉄器文化』雄山閣、一九九三：一一頁）。川越は同書の中で山口県綾羅木《あやらぎ》遺跡から出土した弥生前期の鉄鎌の時期にも疑義を挟んでいる。当時から弥生時代当初の鉄器と報告されているものの中には、時期的に疑問の残るものが存在していることを川越は示唆しているのではないかと思われる。曲り田遺跡出土の鉄器にどこまで疑問を感じていたかどうかは不明だが注目したい。

鍛造品という鑑定結果が正しいならば前四世紀という時期は古すぎるので弥生中期（前二〜前一世紀）ごろの鉄器ではないかと李南珪《イナンギュ》はいう（「韓半島細形銅剣期鉄器文化の諸問題」『細形銅剣文化の諸問題』九州考古学会、二〇〇二）。当時、朝鮮半島南部に鍛造鉄器が出現するのは前三〇〇年頃と考えられていたので、朝鮮半島南部より二〇〇年も早い前五〜前四世紀の日本列島に鍛造鉄器がはいるのは古すぎるというのである。

逆に前四世紀という時期が正しいならば鍛造鉄器ではなく鋳造鉄器ではないのか、という疑問を提示したのが大澤正己や川越である。大澤は前四世紀に楚の鍛造鉄器が日本列島に搬入された可能性は低く、前四世紀という時期比定が正しいのならば鍛造品ではなく、燕の鋳造鉄器と見るべきではないかと主張する（「金属学的分析からみた倭と加耶の鉄─日韓の製鉄・鍛冶技術─」『国立歴史民俗博物館研究報告』第一一〇集、二〇〇四）。当時、弥生文化の遺跡から見つかる弥生中期の鉄器の中に鋳造鉄斧がかなり存在することを金属学的な調査によって確認していた大澤ならではの疑問である。

川越は考古学の立場から曲り田遺跡の鉄器は形態やサビ方からみて鋳造鉄器を脱炭《だつたん》したものではないかという疑問を示している（「弥生鋳造鉄器論評論」『製鉄史論文集』たたら研究会、二〇〇〇）。

鍛造鉄器ではなくて鋳造鉄器ではないか、という疑問が出てきた背景には一九八〇年代以降、急速に進んだ出土鉄器を対象とした金属学的分析がある。特に中国における人工鉄の歴史と弥生時代の遺跡から出てくる鉄器の材質が時期によって連動して変化していることがわかったことが大きい。そして大澤が曲り田遺跡出土鉄器に対して抱いた疑問はその後、弥生最古の鉄器と考えられてきた斎藤山遺跡出土鉄斧の材質にまで及ぶことになるが、そのことはまたあとで触れることにしよう。

以上のようにいくつかの疑問が曲り田遺跡の発掘直後から、出土した鉄器に寄せられていたことに驚かれた読者も多いことだろう。このような疑問は考古学の主要学術雑誌には載らずに、鉄器研究専門の雑誌や鉄の研究者だけが集まる研究会の記録集に載ることが多かった。したがってこうした疑問が弥生研究者の共通認識になることはなく、鉄研究者の世界にとどまったと考えられる。

いずれにしても、楚の鍛造鉄器が前四世紀の日本列島に持ち込まれていたことを明らかにした曲り田遺跡の調査成果は、炭素量が低い南方系の鍛造鉄器と炭素量の高い北方系の鋳造鉄器が農業の開始と同時にそろっていたということをより強く弥生研究者に印象づけた。この考え方は歴博が炭素14年代測定結果に基づく年代観を発表するまで二〇年近く定説であり続けたのである。

前四世紀鉄器普及説

弥生文化の当初は大陸系磨製石器の補助的役割にすぎないと考えられていた鉄器の位置づけに重大な変更を迫る研究が発表された。潮見や川越の教え子である宮原晋一《みやはらしんいち》は、佐賀県菜畑遺跡で見つかった弥生最古の水田に使われていた大量の矢板や杭の表面に遺っている加工痕を調べた。石器で作られていたのか鉄器で作られていたのかを調べるためである。調査の結果、鉄器で加工されていたことを突き止めたのである（「石斧、鉄斧のどちらで加工したのか―弥生時代の木製品に残る加工痕

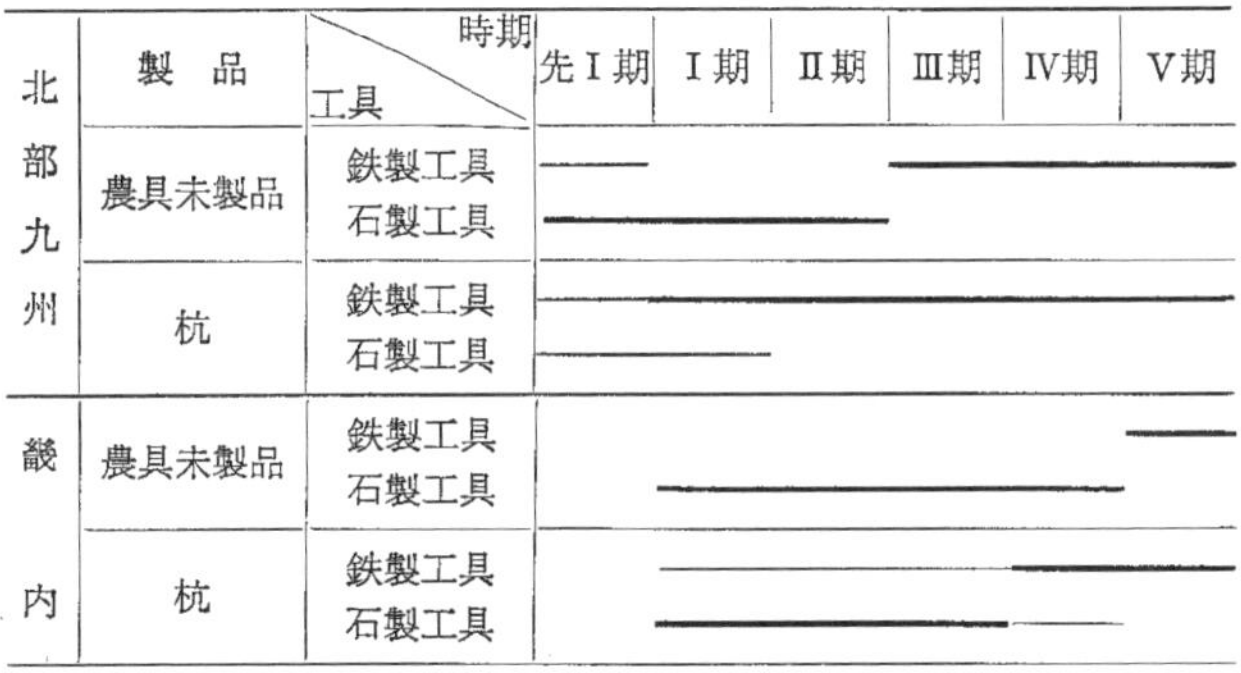

図20　弥生時代の木製品と，推定される工具材質（宮原1988より転載）

について―」『弥生文化の研究』第一〇巻、雄山閣、一九八八)。

さらに宮原は九州と近畿で出土した弥生時代の杭や農具の未製品を対象に、何で加工されているのかを調べた（図20）。先Ⅰ期は弥生早期、Ⅰ期は前期、Ⅱ～Ⅳ期は中期、Ⅴ期は後期である。早期に農具や杭を鉄器で加工するのは九州北部だけである。その後、九州北部では杭だけを鉄器で加工し、農具は石器で再び加工する。農具を鉄器で加工するようになるのは中期前半（Ⅲ期）になってからである。一方、近畿で農具や杭の加工に鉄器が使われるようになるのは弥生中期後半～後期（Ⅳ・Ⅴ期）になってからである。宮原の調査結果は何を意味しているのか。

九州北部では水田造成など土木工事に関係する杭の加工に弥生時代の当初から鉄製工具を用いるのに対し、農具の加工は大陸系磨製石器で主に行われていた。つまり弥生時代が始まった頃の九州北部では、土木工事に関係する杭や矢板を鉄器で加工し、農具は主に大陸系磨製石器で製作・加工していた。このことは鉄器と石器が対象によって使い分けられていた可能性を意味する。水田造成に使われる杭の本数は膨大なので、宮原の調査成果は鉄器も当然、かなり存在していたことを意味していたのである。

宮原の調査結果は、土木工事や水田造成に関係する杭や矢板の加工などに限って弥生時代早期から鉄器が用いられていたことを意味していた。Ⅰ・Ⅱ期には農具の加工に鉄器はいったん使われなくなるが中期前半になると再び農具の加工に使われるようになり、その後は本格的に普及して石器に取って代わる。また杭に関しては一貫して鉄器が用いられ、Ⅱ期以降、鉄器だけで加工する。弥生時代の鉄器は当初補助的な役割であったという潮見や川越の理解と宮原説は明らかに異なっている。

宮原説を積極的に評価したのが松井和幸である。鉄器は杭の先をとがらせる工具として現れるが、鉄器が農具の未製品の加工に用いられるようになるには非常に長い時間を必要とした、と理解して、全面的に賛意を示している。

土木用の木材を加工する工具として弥生早期の九州北部に存在した鉄器が、弥生前期から中期前半までの一五〇〇年あまりにもわたって（当時の年代観で）、木製農具の加工に使われなかったという宮原の調査結果は不思議ではあった。しかし宮原の調査結果は学術雑誌ではなく考古学の講座本に書かれたということもあって紙数も限られていたため、いずれ論文として正式に発表されるであろうと見られていたのか、特に論争には発展しなかったように記憶している。

九〇年代になると弥生人の鉄器製作に関して定説を覆す研究成果が発表された。

戦国系鋳造鉄斧破片再加工説

野島《のじま》永《ひさし》は、前期末から中期前半にかけて、戦国系の炭素量の高い鋳造鉄斧（図21）から2や5のような破片を取り出し、石器製作技法を駆使して削ったり、研いだり、磨いたりしながら鏃・ノミ・鉇など小形の鉄器類を作ったという説を発表した。その上で従来の説である前期後半〜末からの加熱処理を伴うような鍛冶加工は九州北部でも中期後半にならないと始まらないとした（「破砕した鋳造鉄斧」『たたら研究』三二・三三、一九九二）。野島によれば、構想段階、この仮説を前期末からの鍛冶による鉄器製作を主張していた研究者に話しても、「そんなことはあるわけがない」と言われたと筆者に語っている。のちに村上恭通も野島の説を追認する。

このように弥生人による鉄器製作は、五〇年代に鋳造鉄器を対象とした炭素量の調節を含む高度な精錬鍛冶作業説から始まり、七〇年代には鍛造鉄器を対象とした鍛錬鍛冶作業説が新たに加わったが、九〇年代になると加熱処理を伴う従来の説は否定され、鋳造鉄器

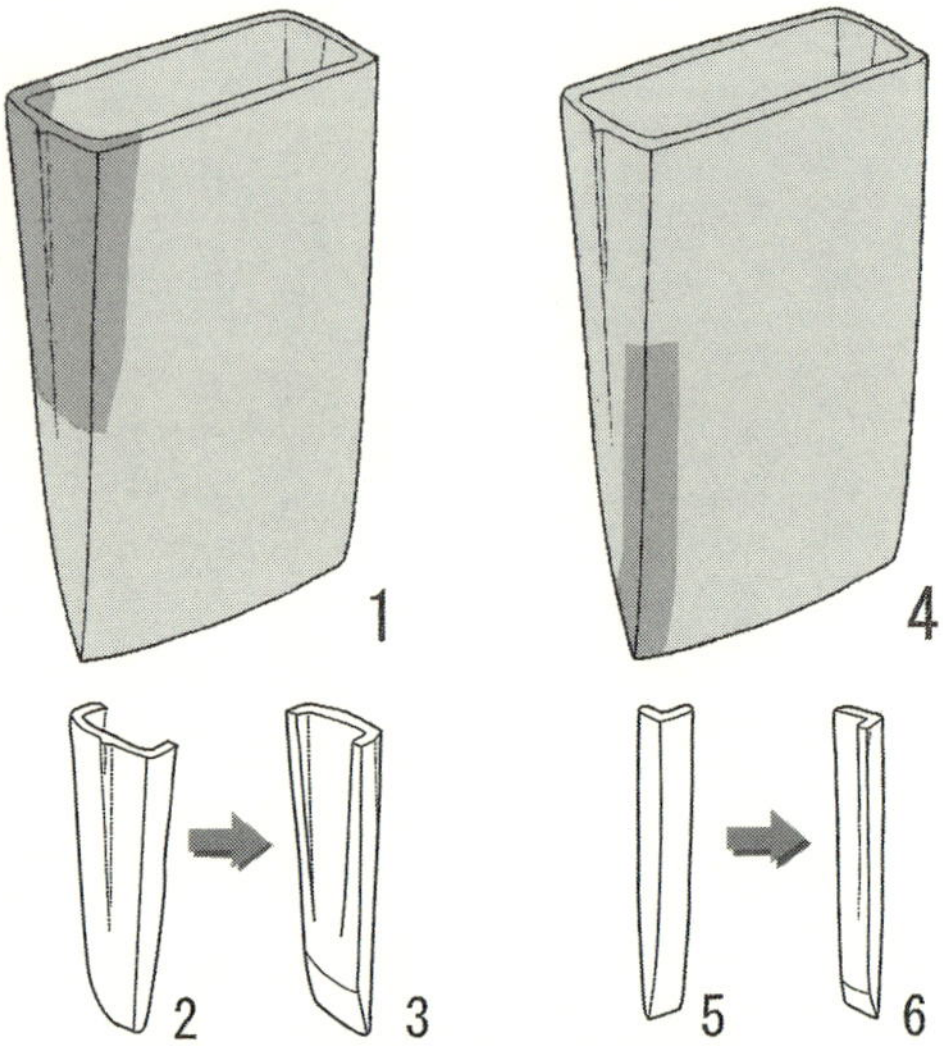

図21　鋳造鉄斧破片の再利用模式図
（野島2009より転載）

の破片を対象とした石器製作と同じ要領で小形の鉄器を作るという非加熱型の鉄器製作説へと変わっていった。すなわち弥生人は当初から高度な技術を駆使して鉄器を作っていたという説から、石器製作技術を援用した鉄器作りしか行っていなかったという説に修正されたのである。

この原因の一つと考えられるのが、弥生開始年代が秦・前漢の時代である前三世紀から戦国晩期にあたる前五～前四世紀にさかのぼったことである。当初は弥生人が鉄器を作る場合の素材となる鍛造鉄器が普遍化している前漢代（前三世紀）に弥生時代が始まったと考えられていた。しかし弥生時代が戦国晩期（前五～前四世紀）に始まったことになると、鉄器の素材は鋳造鉄器になるからである。

曲り田遺跡で弥生最古の鉄器が出土してまもなく、東アジア全体の初期鉄器文化の歴史についてまとめた潮見浩の研究が発表された（『東アジアの初期鉄器文化』吉川弘文館、一九八二）。東アジアの鉄器の起源地である中国ではいつごろ、どのような材質の人工鉄が開発され、それが東アジア全体にどのように広がっていったのであろうか。弥生文化当初の鉄器の実態を知る上で重要な問題なのでここで簡単にみておこう。

中国における鉄の歴史

中国の鉄は殷代中期（前二〇〇〇年紀後半）に隕石に含まれる鉄分（隕鉄《いんてつ》）を鍛成した鉄器に始まる。当時の鉄は銅戈《どうか》など儀器としての性格をもつ青銅製武器の一部にパーツとして使われているにすぎず（図22）、西周までは、「鉄はたとえ珍奇な物質であっても、実用的な金属と考えられていたとは思えない」（二一頁）ほど、実用の農具や武器として使われるはるか以前の段階にある。分布もきわめて狭く中原地域にわずかに見られるにすぎない。利器の中心はあくまでも青銅器だったのである。したがって西周と同時期の前一〇世紀の日本列島に鉄器が存在することはあり得ない。

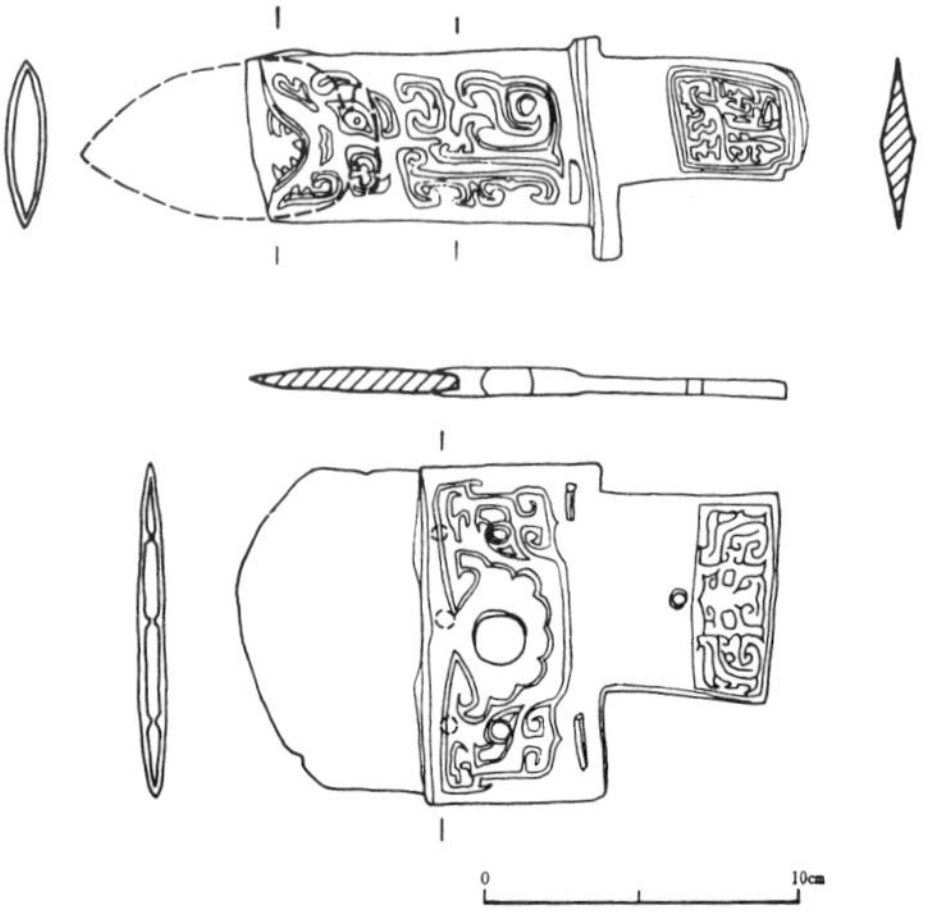

図22　河南省衛輝府出土の鉄援銅戈，鉄刃銅鉞（潮見1982より転載）

人工鉄の生産—直接製鋼法と間接製鋼法

西周後期（前九〜前八世紀）になると人工鉄の生産が始まる（図23）。塊煉《かいれん》鉄とよばれる人工鉄は、鉄鉱石を原料にはじめて作られた鉄である。不純物を多く含んでいるので鉄分を分離して取りだし、純度を高めるための精錬《せいれん》作業を行わなければ鉄器の材料としては使えない。朝鮮半島や日本列島で最初に作られる人工鉄も塊錬鉄で、朝鮮半島では初期鉄器時代の前三〜前一世紀、日本列島では古墳時代中期（六世紀）になって作られる。

鉄鉱石や砂鉄などの原料から炭素量の低い鋼《はがね》を直接作り出す方法を直接製鋼法とよんでいるが、炉の温度がまだ低い技術水準の段階をとくに低温還元の直接製鋼法とよんでいる。

密閉された炉の中を還元状態にして、木炭から発生する炭素と鉄鉱石中に含まれる酸素を結合させて一酸化炭素を発生させ、鉄を分離するのである。しかし炉内の温度が低いと還

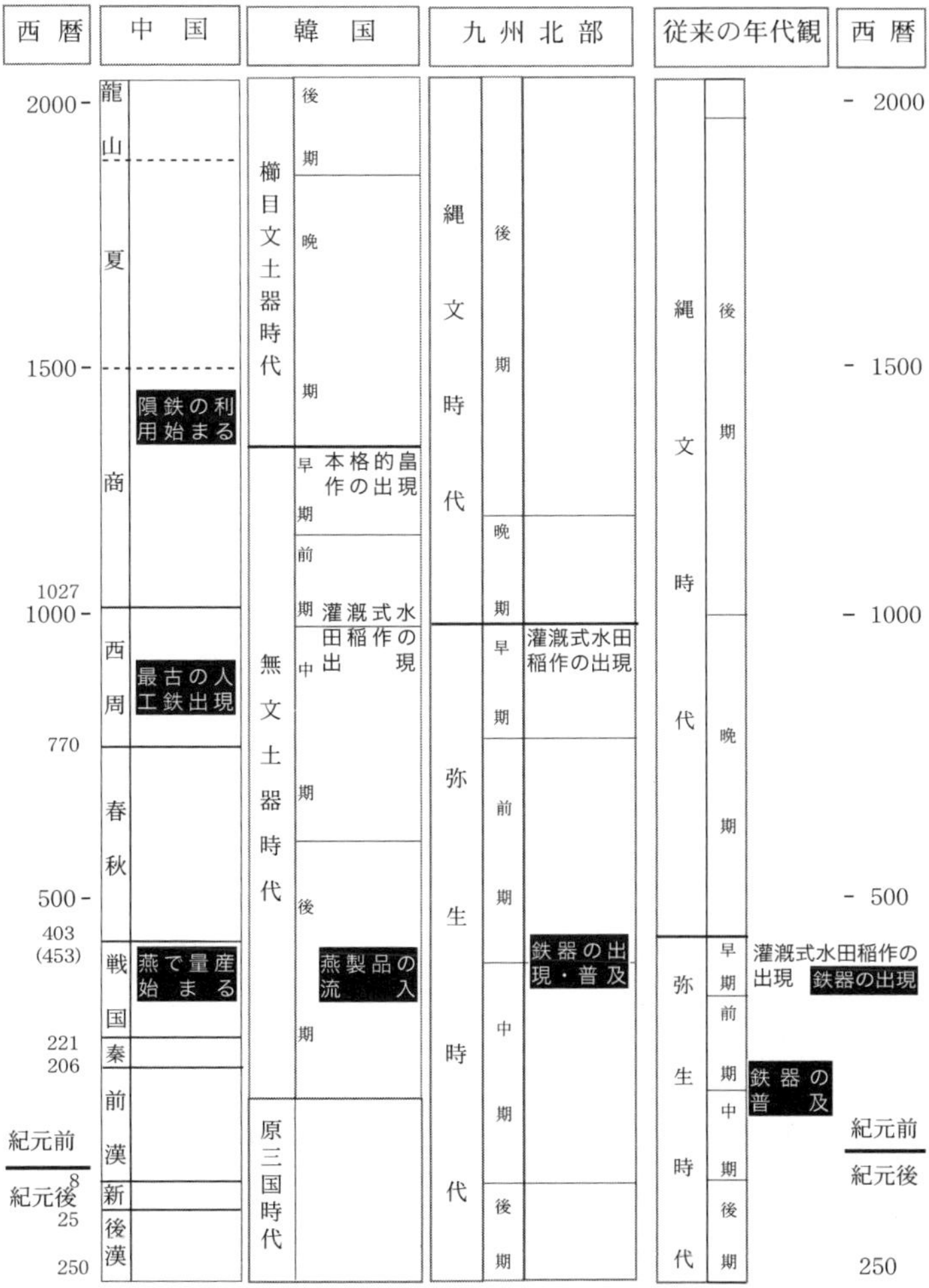

図23　中国・朝鮮半島・九州北部における鉄の歴史

元があまり進まないので、鉄鉱石中の鉄と酸素との分離がうまく進まず純度の高い鉄はできにくく効率もよくない。

直接製鋼法に対して、鉄鉱石からまず炭素量の高い鋳鉄を作り出し、そのあと鋳鉄から炭素をとるという炭素量の調節を行って炭素量の低い鋼を作る方法を間接製鋼法という。商代から鋳銅技術が著しく発達した中国においては早くから鋳鉄技術も進んでいたので、できた鋳鉄を鋼にするために炭素量を下げる方法が発達した。ここでは二つの方法を紹介する。

可鍛鋳鉄《かたんちゅうてつ》は前五世紀ごろに中国東北部で作られはじめたと考えられている。溶かした鉄を斧形の鋳型に流し込んで作った鋳造鉄斧の刃の部分などを九〇〇～九八〇度の温度で脱炭し、焼き鈍《なま》しを行う。すると、刃の部分の炭素量が下がって鋼になるので、硬いけれども脆いという鋳鉄の欠点が補われるのである。弥生初期の鉄器は基本的に中国東北部の可鍛鋳鉄であることが知られていて、現在では曲り田遺跡の鉄器だけではなく斎藤山遺跡の鉄斧も可鍛鋳鉄に該当すると考えられている。

鋳鉄脱炭鋼《ちゅうてつだつたんこう》とは、棒状や板状の笵《はん》（鋳型）に鋳鉄を流し込み、固まったあとに脱炭焼き鈍しをした半製品で、鉄器を作るための素材と考えられている。前三世紀ごろの中国で開発された。弥生中期後半（当時の年代観で前一世紀後半）以降の九州北部で出土し始め、弥生後期には九州中部、山陰、中国山地の遺跡で数多く出土する。

朝鮮半島と日本列島に人工鉄が出現する経緯

中国で鋼製の農具や工具が利器の中心になるのは、前五世紀前後の春秋晩期から戦国早期にかけての燕、韓、楚の地域である。潮見も中国国内で二〇数例の遺跡をあげているが鋼の生産体制が確立していないこともあってまだ鋼製の武器は少ない。

戦国中・晩期（前四〜前三世紀）になると、燕、韓、楚に加えて趙、斉、魏、秦にも鉄器が広がるとともに利器以外の儀器の鉄器化が進む。可鍛鋳鉄が日本列島に入るようになるのはまさにこの頃なので、弥生初期の鉄器の材質は可鍛鋳鉄である可能性がもっとも高いと考えられているのである。後に述べるように較正年代では前四世紀の弥生前期末〜中期初頭に相当する。

このように古代の中国や日本で出土する鉄器の材質に関する分析学的研究が格段に進んだこともあって、一九八〇年代の中ごろになると何世紀であればどんな鉄が中国のどの地域に分布しているのかがわかるようになっていた。前四世紀の鉄器なら可鍛鋳鉄であろうとか、鍛造品なら弥生中期後半以降にならないと日本列島では出土しないだろう、といった判断がつくようになってきたのである。前四世紀の曲り田遺跡で出土した鉄器が楚の鍛造鉄器であるとした鑑定結果について、時期が古すぎるのか、材質が鋳造鉄器ではないか、という疑問が示されるようになった背景には、まさにこのような研究の進展があったのである。

潮見も斎藤山遺跡出土の鉄斧について、形やサビ方などから鋳造品との疑いを消すことはできないと述べているが、曲り田遺跡出土の鉄器については著書が執筆されたあとに出土したこともあってか具体的に言及していない。

八〇年代、朝鮮半島の鉄器といえば、前三世紀ごろになって朝鮮半島西北部に燕の鉄器が及んで発達する、といった程度しか知られていなかった。弥生文化との関連が深い肝心の朝鮮半島南部地域の鉄器に至っては、無文土器時代後期（前三〇〇年頃）になって円形粘土帯土器と同時に現れる、と考えられていたが、その根拠は考古学的な証拠に基づくものではなかった。まず前三〇〇年という年代は、文献から推定されたものであったし、土器との共伴も大別型式レベルなので、円形粘土帯土器の出現と同時などという精度の高いものではなかったのである。

現在では前四〇〇年ごろには朝鮮半島南部にも鉄器が出現するという説も発表されていて（李昌煕「粘土帯土器の実年代」『文化財』四三―三、韓国国立文化財研究所、二〇一〇）、これまで考えられていたように出現期の円形粘土帯土器ではなく、新しい段階の円形粘土帯土器に伴うことが明らかにされている。

歴博年代研究グループが新しい年代観を発表した二〇〇三年当時、弥生文化の鉄器がどのように考えられていたのかを、川越哲志の論考（『弥生時代の鉄器文化』雄山閣、一九九三）を通してみてみよう。川越は弥生時代の農工具の鉄器化過程の復原や弥生時代の鉄生産（弥生製鉄）をテーマに研究を進めてきた弥生鉄器研究の第一人者である。

川越は、弥生文化当初（前期）の鉄器が中国・朝鮮半島に形態の原型を持ち、木製品の細部加工や特殊な祭祀用の木器を作るための刀子や手斧《ちょうな》などの小形の鉄器であることや、最初から実用の利器として持ち込まれていたことに注目していた。ただし樹木の伐採や耕作などに用いられる斧や鍬、鋤などの鉄の利器は前一世紀後半（当時の年代観）の中期後半まで現れないので、利器としての範囲は限定的であって大陸系磨製石器の補助的役割にすぎなかったことにも注意している。

大陸系磨製石器の補助的な役割を担うという弥生鉄器のあり方は、中国周辺の辺境地域に共通してみられる特徴である。しかも鉄器が石器に替わって利器の中心的位置を占めるようになるのは九州北部でも弥生中期後半であり、ましてや全国的に普及するのは古墳時代以降であることなどをあわせて、弥生文化を「初期鉄器時代」と定義したのである（前掲書九頁）。

歴博が較正年代にもとづく弥生時代の新しい年代観を発表した頃に弥生文化の鉄研究がどこまで到達していたのかをまとめておく。曲り田遺跡から弥生最古と目される鉄器が見つかったことによって前四世紀の日本列島に鉄器が存在し、しかも杭や矢板など土木用木材を加工するための鉄器が存在していた可能性が指摘されていた。これは前四世紀に特定の用途の鉄器が大量に普及していたことを意味していた。

初期鉄器時代という弥生像

さらに分析科学の進展は、曲り田遺跡出土鉄器の分析結果である江南系の鍛造鉄器という報告に疑問を突きつけ、北方系の鋳造鉄器である可能性を指摘し、しかも前四世紀以降に中国東北部で作られ始めた可鍛鋳鉄である可能性を示唆したのである。ただこうした指摘は鉄器研究者の一部に知られるにとどまったので、一般の弥生研究者には農業の開始と同時に鍛造系と鋳造的の鉄器の二者が存在したという従来の考えだけが意識されることになったのである。

最後に、八〇～九〇年代の弥生文化にみられる鉄器観を、当時顕在化しつつあった矛盾点も含めて五つにまとめておこう。

①　農業の開始と鉄器の出現が一致する世界で唯一の先史文化（前四世紀）

この性格づけ自体はすでに六〇～七〇年代に行われていたが、曲り田遺跡での鉄器発見を受けて、鉄器の出現は前三世紀から一〇〇年以上さかのぼって前四世紀になった。しかし報告書が刊行されるとすぐに疑問が示された。すなわち曲り田遺跡の鉄器の時期が前四世紀であれば鍛造鉄器とする鑑定や、逆に鍛造鉄器という鑑定結果が正しければ前四世紀という時期比定は古すぎるという鑑定に対してである。しかし残念なことにこれらの疑問が当時の学界で共有されることはなかった。

② 弥生文化の鉄器は当初から鍛造品と鋳造品がそろっていた

斎藤山遺跡から出土した鉄器に続き、曲り田遺跡から見つかった鉄器も鍛造品という報告を受けて、弥生時代の当初から鍛造品と鋳造品が存在していたと認識されるようになった。春秋晩期から戦国早期にかけての楚（長江下流域）の地域で両種の鉄が存在するという潮見の指摘をみる限り両種の鉄器が弥生文化の当初からあることには年代的な矛盾はなかった。ただ一方で潮見は燕や朝鮮半島など日本列島に隣接する地域では前三世紀にならないと鍛造鉄は出てこないとも書いていた。そのためやはり前四世紀の日本列島に炭素量を異にする二種類の鉄器が存在するという可能性は、無理があると考えるのが自然であるが、これ以上、議論が進むことはなかった。

③ 弥生人による鉄器製作はいつ始まったのか—前期末か中期前半か—

一九八〇年代までは、前期後半〜末葉（前三〜前二世紀初め）に加熱処理を伴う刀子や鉇、鎌などの小形の鉄器の製作が始まったと考えられていたが、九〇年代になると、加熱処理を伴うような鉄器製作はそれほど早くからは行われてはいなかったという説が発表された。加熱処理を伴うような高度な鉄器製作が始まる時期は中期後半まで大幅に引き下げられたのである。

ただし前期末の年代を前二世紀初めとする従来の年代観では、鍛造鉄器も鋳造鉄器も燕の地域に豊富に存在するだけに、どちらの説が妥当なのかを決定することはできず、結論は持ち越されることとなった。

④　弥生開始期に鉄器は普及していたのか

日本列島で鉄器が普及する時期について、燕における鉄生産の増大と供給体制が整備される前三〇〇年をさかのぼることはないという通説があった。土木用の杭や矢板の加工用という特定の目的に用いる鉄器が前四世紀に普及していた可能性を説いた宮原の研究成果は明らかにこの通説と異なっていたが、特にそのことについての問題が指摘されることもなく賛同する意見がみられた。

⑤　弥生文化における鉄器文化の特徴は

弥生文化の当初、利器の主流は大陸系磨製石器だったものの、刀子や鎌などの小形鉄器は儀器用木製品の細部加工用として存在するなど、少数ながら利器として確実に存在していた。このような鉄器のあり方は、高度に発達した中国の鉄文化が拡散して到達したもっとも東の辺境地域の現象として他の周縁地域と同じ様相を示すものであり、弥生文化が「初期鉄器文化」の様相を示すものとして定義づけられた。それでも中期末以降の鉄器の普及が社会の発展をもたらし古墳時代成立の礎になったという評価はいき残り、「イネと鉄」の弥生時代というイメージが揺らぐことはなかったのである。

以上のような弥生文化の鉄器をめぐる考古学的な常識の中で、私たち歴博年代研究グループは較正年代にもとづく新しい年代観を発表したのである。

前一〇世紀に始まった弥生文化の鉄の歴史

新年代への批判

私たちが前一〇世紀に水田稲作が始まるという説を発表したときにはいろいろな批判があったが、なかでも最大かつ最強の批判として立ちはだかったのが鉄器を根拠とする意見であった。歴博の年代観が正しいとなると弥生最古の鉄器として知られていた曲り田遺跡出土鉄器の時期も前一〇世紀になって五〇〇年以上古くなるし、鉄器が普及する時期と考えられていた前期末～中期初頭の年代も前四世紀へと約二〇〇年古くなる。中国の鉄の歴史から考えても、日本列島の鉄器の出現・普及年代がそれほど古くなることはありえないという趣旨であった。

これから、鉄を根拠とする新年代批判を見ていくことにするが、実は鉄を根拠とした賛同意見もあったことも忘れてはならない。先に曲り田遺跡が見つかった時に寄せられたいくつかの疑問がそれである。歴博の新年代を鉄を使って批判すればするほど先の疑問が白日の下にさらされることになり、ついには弥生文化の鉄の歴史を大きく変えることにつながるのである。その経緯を説明しよう。

二〇〇三（平成一五）年一二月に『考古学ジャーナル』五一二号誌上で弥生開始年代に関する特集を組んだ高倉洋彰は、三つの根拠をあげて歴博の年代観はありえないと主張した。①弥生開始年代が前一〇世紀なら曲り田遺跡の鉄器も前一〇世紀になる。しかし前一〇世紀の日本列島という辺境の地に中国でもまだ稀少で、中原にしかみられない人工鉄が存在するとは考えられないこと。②弥生時代の当初から土木用の杭や矢板を加工するための鉄器が普及していたという宮原晋一の説をあげ、前一〇世紀の日本列島に人工鉄があることすら考えられないのに、ましてや普及していたとは考えられないこと。③九州北部で鉄器が普及する前期末〜中期初頭の年代を歴博は前四世紀前葉とするが、通説では当時の輸入元であった燕において生産量が増大して流通機構が整備されるのはどう見ても前三〇〇年が上限なので、歴博の前期末の年代観は古すぎて成り立たないこと、の三つである。

高倉の批判の根拠となったのが同じ考古学ジャーナル誌上に掲載された村上恭通の論考である（「中国・朝鮮半島における鉄器の普及と弥生時代の実年代」『考古学ジャーナル』五一二）。①について、前一〇世紀といえば中国でも鉄は青銅器のパーツとして使われていいた程度で、しかも中原の王侯貴族の墳墓の副葬品にしかみられない。よって、前一〇世紀の日本列島に人工鉄で作られた貴重な鉄片が存在することは考えられない。③について、弥生時代当初の鉄の生産地である燕において生産量が増加するのは前三〇〇年以降なので、鉄器が普及する前期末～中期初頭を前四世紀前葉に比定する歴博の年代観は古すぎる。ましてや②の弥生時代の当初から土木用の杭や矢板に限って大量の鉄器で加工されたという宮原晋一の説は、前一〇世紀の九州北部では成り立たない。

以上のように、九州北部における鉄器の出現時期と普及時期のいずれをとっても歴博が示した年代観は五〇〇年から二〇〇年ほど古すぎて話にならないとして徹底的に批判されたのである。

調査当事者の批判

歴博の提示した年代観の命運をまさに握ることとなった曲り田遺跡の調査を行った橋口も、歴博の年代観は成り立たないとする論文を発表した（「炭素一四年代測定による弥生時代の年代論に関連して」『日本考古学』一六、二〇〇三）。この論文でまず重要なことは、当初、楚の鍛造鉄器と報告していた曲り田遺跡の鉄器を橋口本人が鋳造鉄器に変更したことである。橋口は、「近年の鉄器の出土状況等からすると鋳造鉄斧の破片を利用したものと考えられる」（三〇頁）と述べ、これまで二〇年以上にわたって燕の鋳造鉄と楚の鍛造鉄が弥生時代の当初からそろっていたという定説はあっさりと崩壊する。この変更の背景に先述した大澤正己からの提言があったことは間違いなかろう。

次に橋口は、弥生早期の土器に伴って出土したという曲り田遺跡における鉄器の出土状況にも問題がなく、戦国中期頃の可鍛鋳鉄が前四世紀ごろにもたらされたものであるとの見解を示した。その上で、もし弥生時代の開始年代が前一〇世紀に上がることになれば可鍛鋳鉄も前一〇世紀まで上がることになるため、中国の鉄の歴史からみても前一〇世紀開始説は成り立たない。この橋口の指摘こそまさに歴博の新年代にノーを突きつける最大の証拠になると思われたのである。

中国における鉄の歴史が動かない以上、そして曲り田遺跡で見つかった鉄器が弥生早期に比定される限り、歴博が示す年代は成り立たないといわざるを得ない。しかし先述したように、曲り田遺跡出土の鉄器に対しては発掘当初から材質と時期比定に対する疑問が提示されていた。橋口が鍛造鉄器から鋳造鉄器に変更したことで材質に関する疑問は払拭されたものの、本当に弥生早期という時期比定でよいのかという問題は残っていた。それは第三者が検証できない鉄器の出土状況にかかっていたのである。

曲り田遺跡の鉄器は一六号住居の床面近くで出土したと報告されている。一六号住居の時期は出土した土器を根拠に弥生早期前半に比定されていることから鉄器も弥生早期前半に属する。しかし春成秀爾は、鉄器が出土した状況を示す図面も写真も報告書に掲載されていない以上、時期を特定することはできない、という慎重な姿勢を示した（春成「展望　弥生早・前期の鉄器問題」『考古学研究』五〇―三、二〇〇三）。また曲り田遺跡の発掘調査が行われてすでに二〇年以上たつが、いまだに弥生早期に比定される鉄器が一点も出土していないことも時期を特定できないという批判を後押しすることになった。

出土状況の写真や図がない

曲り田遺跡の発掘調査報告書に出土状況を示す図や写真が掲載されていない以上、第三者は時期を検証できないとして、曲り田遺跡出土鉄器が弥生早期に属することを保留する研究者と橋口の立場は相容れない。議論は平行線をたどり両者はかみ合わない状態のままである。なかには歴博は自説に都合の悪い証拠に難癖をつけて闇に葬ろうとしているという本末転倒の批判もあった。考古学という学問にとって基礎である資料批判も許さないような批判が行われているのが現実である。かくなる上は、誰しも認める状況で弥生早期の土器に伴って鉄器が出土する例が増加するまで待つしかないであろう。ちなみに本書を書いている二〇一一年五月現在、類例の増加はなく弥生早期の鉄器は曲り田遺跡一例のみという状況は変わっていない。

こうした考古学的には他に打つ手がない状況の中、分析サイドから歴博年代観の妥当性を判断するための手がかりが示された。

冶金学からの提言

一九七〇年代から弥生時代の遺跡から出土する鉄器の金属学的分析を行ってきた大澤正己は、自身の主張する弥生鉄器の分析学的な諸段階と新年代との間に矛盾がないのかどうかを早急に調べる必要があると提言した。

曲り田遺跡や斎藤山遺跡から出土した鉄器の材質を可鍛鋳鉄と考えている大澤は、前五世紀に燕の領域で開発された鉄であるから、従来の年代観なら弥生早期の所産でなければならないし、歴博のいう年代観なら弥生前期末～中期初頭の所産でなければならない。歴博のいう年代観がもし正しいとすれば、曲り田遺跡や斎藤山遺跡の鉄器の時期は前期末～中期初頭以降でなければならなくなるが、その可能性は考古学的にあるのかないのか至急再検証する必要があると提言したのである。

このように曲り田遺跡の鉄器のみならず、弥生前期に比定されている鉄器の出土状況も再検証することが、歴博のいう年代観が正しいのか間違っているのかを判断する一つの方法であることが明らかになった。そこで弥生前期に比定されている四〇点近くの鉄器について、時期を決める根拠となった出土状況の再検証が石川《いしかわ》日《ひ》出《で》志《し》や設楽《したら》博《ひろ》己《み》によって行われた。私たちはその検証結果に驚愕することになる。

驚きの検証結果

原点に戻ることこそ基本中の基本と考える石川や設楽は、九州・山口地方で出土した弥生前期の鉄器、四〇点弱の出土状況を報告書に立ちかえって再点検を行い、弥生前期に特定できるのかどうかを調べた（表2）。

その結果、前期と報告されている三〇点あまりの鉄器は層位や共伴した土器などの出土状況が不明確なものや、中期初頭以降に比定される可能性のあるものが多いことがわかった。設楽は報告書レベルで時期を特定できるのは山口県山《やま》の神《かみ》遺跡や福岡県前田山《まえだやま》遺跡から出土した前期末の二例ぐらいしかないという結論に達した（設楽「AMS炭素年代測定による弥生時代の開始年代をめぐって」『歴史研究の最前線』一、総合研究大学院大学・国立歴史民俗博物館、二〇〇四）。

さらに石川は山の神遺跡の貯蔵穴の床面から見つかった鉄器に伴ったという土器を実際に見て、調査し直した結果、中期初頭の土器であるとして、山の神遺跡の鉄器の時期を前期末ではなく中期初頭に繰り下げた。前田山遺跡の鉄器も調査者の言により時期を特定できない可能性のあることをうかがい知ることができる（高橋徹・深澤芳樹・石川日出志・設楽博己・藤尾慎一郎「弥生年代論の行方」『弥生時代の考古学』一、同成社、二〇一〇、二四一頁）。

表２　弥生時代早・前期とされる鉄器一覧（設楽2004より転載，一部改変）

遺跡名	所在地	鉄器の種類	時期	備考	文献
曲り田	福岡県二丈町	板状鉄斧	早期	「床面近くで小鉄片が出土した．上層には高坏口縁片，器台片など弥生後期の土器片が混入していたが，量的にはわずかであり，この鉄片が弥生後期に伴う可能性はきわめてうすい」	橋口他1983
吉田	兵庫県神戸市	板状鉄製品1（A地点遺物包含層）・棒状鉄製品3（D点遺物包含層）	前期前半	A点の「鉄板様の遺物は6の層位の最上部にあり」（155頁），表土の粘土層が8層，その下の7層から2層までが遺物包含層で，遺物は6層から4層までが最も多い．D点の「包含層の最上部にはしばしば鉄器を含み，（中略）3個の棒状鉄器もここから出た」（157頁），D点の土器はA点の土器と別様式のようである」（157・159頁）	直良・小林1932
曲り田	福岡県二丈町	針金状鉄製品20余（11号甕棺内）	前期前半	11号甕棺には「平安時代のものと考えられる1号井戸がほぼ完全に重複しており，甕棺墓自体は甕底部付近しか残っていない」（37頁），鉄製品は甕棺内の「人骨水洗中に検出したものであり，1号井戸からの混入でないことは確実」（163頁）	橋口他1983
吉野ヶ里	佐賀県神埼郡	鉄斧1（Ⅴ区SH 0810 竪穴住居）	前期前半	遺構の表（141頁）に記述があるが，鉄器の表（388頁）には記述がない．	七田他1992
綾羅木郷	山口県下関市	鉄滓（AⅣ区L.N.5袋状竪穴）	前期中葉	層位・出土状況不明	伊藤他編1981
綾羅木郷	山口県下関市	鉄塊1（EI区L.N.4823袋状竪穴）	前期中葉	「土器の塗料に使用された酸化鉄の塊」（105頁），層位・出土状況不明	伊藤他編1981
綾羅木郷	山口県下関市	鉄塊1（K区L.N.101袋状竪穴）	前期後半	「酸化鉄の塊」（166頁），層位・出土状況不明	伊藤他編1981

下稗田	福岡県行橋市	板状鉄斧1（C地区5号住居跡）	前期後半	層位の最上位．C地区17号住居跡（中期中葉）出土試料〔宮原1983：88～89頁〕と同一物．〔長嶺1984〕ではC地区17号住居跡出土で前期末とされる．	宮原1985
下稗田	福岡県行橋市	鋳造鉄斧1（F地区167号貯蔵穴）	前期後半	層位・出土状況不明．F地区150貯蔵穴（前期末または中期中葉）出土資料〔宮原1983：88～89頁〕と同一物．〔長嶺1984〕ではF地区150SP出土で中期中葉．	宮原1985
中山貝塚	広島県広島市	鋳造鉄斧1	前期末	〔藤田・川越1970〕でA4地区第1貝層出土の前期鉄器片2とされるものか．	川越1993
山の神	山口県豊浦町	鋳造鉄鋤先1（袋状土坑）	前期末	「土坑を埋める最下層の堆積土中から」〔210頁〕	冨士埜1992
白潟	大分県佐伯市	鉄鎌1（不明）	前期末	報告書未見	賀川他1957
四つ池	大阪府堺市	刀子1（土坑）	前期	「遺構内の上部の埋土内にあったため，弥生前期の確実な資料として扱うことを保留しなければならない」（20頁）	森他1974
唐古・鍵	奈良県田原本町	鉄銹	前期	第Ⅰ様式を主体とする「中央砂層発見」（218頁）	梅原他編1943
中山貝塚	広島県広島市	刀子1（A9区第1貝層）	前期？	〔藤田・川越1970〕は「前期または中期？」	川越1993
綾羅木郷	山口県下関市	鉇1（F1区L.N.1）	前期	遺構の記述がない．	伊藤他編1981
下七見	山口県菊川町	鉄塊（8-SK・3号土坑）	前期	層位・出土状況不明．「鉄滓と考えられる不整形な鉄塊」（46頁）	村岡他1989
前田山	福岡県行橋市	袋状鉄斧1（17号祭祀遺構）	前期	「祭祀遺構下層で前田山ⅠB式（前期末：設楽註）の壺とともに出土」（115頁）．下層に中期初頭，上層に中期中葉の土器も出土している（66頁）．	長嶺編1987
今川	福岡県津福市	鉄鏃1（包含層）	前期	夜臼式・板付Ⅰ式を出土する「包含層下層出土」（50頁），型式としては弥生後期のものに似ている．	酒井編1981

吉野ヶ里	佐賀県神埼郡	袋状鉄斧1(田手二本黒木地区25トレンチ)	前期？	25トレンチ「SD01は(中略)埋土の上部のみ発掘をおこない,弥生前期～中期初頭の土器が出土した」.溝は「中期初頭には完全に埋没していたと考えられる」(13頁).鉄斧は「25トレンチ検出面より出土」(39頁).〔七田ほか1994：388頁〕の表には時期は書いていない.	七田他1990
斎藤山	熊本県玉名市	鋳造鉄斧1(斜面貝塚)	前期	急斜面の貝層から出土.「同じ層内に13片からなる板付式土器の壺と甕,および夜臼式土器(中略)の破片を検出し,鉄器とそれらとの関係は疑う余地のない状態であった」(127頁).崖面上位の貝層出土土器はほぼ城ノ越式土器が占めている」	乙益1961
高橋貝塚	鹿児島県南さつま市	不明鉄器3(Aトレンチ・Bトレンチ貝層)	前期	Aトレンチ例は出土層位不明.Bトレンチ例は「2･3区より鉄片が出土」(78頁)とされるだけで細別層位不明.いずれも出土状況が不明.	河口1965
下稗田	福岡県行橋市	板状鉄斧1(D地区242号貯蔵穴)	前期中葉～中期中葉	「貯蔵穴の覆土中」(37頁)	長嶺1984
一ノ口	福岡県小郡市	板状鉄斧2,摘鎌1,不明鉄器4	前期後半～中期前半	報告書未見	柏原・速水編1991
中桑野	福岡県吉富村	鋳造鉄斧？1(P12)	前期後半～中期前半	層位・出土状況不明	馬田編1978
下稗田	福岡県行橋市	鋳造鉄斧1(D地区406号貯蔵穴)	前期後半～中期中葉	層位・出土状況不明.D地区208号貯蔵穴(中期前～中葉)出土資料〔宮原1983：88～89頁〕と同一物.〔長嶺1984〕ではD地区208号SP出土で中期初頭～前半.	宮原1985
扇谷	京都府峰山町	板状鉄斧1(溝内),鉄滓1	前期末～中期初頭	「溝内より第Ⅰ・Ⅱ様式の土器(中略)とともに鉄斧を出土」(220頁)	戸原編1984

横隈山	福岡県小郡市	袋状鉄斧1(20号住居跡)	前期末～中期初頭	層位・出土状況不明. 住居は円形(前期末～中期初頭)と方形(後期末)あり. 20号住はどちらか不明.	浜田1974
吉野ヶ里	佐賀県神埼町	鉄刀？1(Ⅱ区 SH 0420竪穴住居)	前期末～中期初頭	遺構の表(140頁)に記述があるが, 鉄器の表(388頁)には記述がない.	七田他1992
上の原	福岡県朝倉町	鉄鋤鍬先1(113号貯蔵穴)	前期末～中期前半	層位・出土状況不明.「鉄製鍬先は形態的に新しい時期の混入品かもしれない」(127頁)	井上編1990
杷木宮原	福岡県杷木町	不明鉄器1(7号土壙)	前期末～中期前半	「埋土下位出土の鉄器」(82頁)	小田編1991
船石	佐賀県上峰町	鉄鎌1(2号支石墓下竪穴)	前期末～中期中葉	「埋土の深さ1, 2 mから出土」(23頁).「竪穴の内部からは弥生時代前期末(板付Ⅱ式)から中期中頃(須玖式)にかけての土器片や, (中略)鉄鎌などが(中略)出土」,「鉄鎌は後期以降のものか」(45頁)	七田1983
徳瀬	大分県日田市	鉄片20	前期末～中期後半	遺構は特定できない. 時期不明.	後藤他編1995
徳瀬	大分県日田市	鉄鎌1	前期末～中期	「日田市教育委員会の教示」(216頁)	川越編2000
船石南	佐賀県上峰町	鉄斧？1(墓壙覆土中)	前期末～後期？	墓壙の名称や時期など不明. 甕棺墓・土器棺墓は「時期的には中期に営まれたものが大半」(66頁).	原田1989
四箇船石	福岡県福岡市	鉄？1・鉄鎌1(SC 09号住居跡)	前期末～中期前半	「覆土や床面から少量の鉄器(中略)が出土した. このうち鉄器は2点が壁溝内から出土した」(8頁). 土器は夜臼式と須玖Ⅱ式が出土.	吉留編1995

備考欄と遺構名以外は〔川越哲志編2000『弥生時代鉄器総覧』電子印刷株式会社〕による. 原典にあたって前期でないものおよび可能性が著しく低いものは省いた. 備考欄の「　」は原典からの転載. それ以外は設楽の要約ないし所見.

二人の再検討によって前期後半以前に比定された鉄器はすべて時期を特定する根拠が明確でないことがわかり、前期末の鉄器自体も愛媛県大久保《おおくぼ》遺跡から出土した小鉄器（図24）など数例になったというのが現状である。

また春成秀爾も、弥生時代の当初から鉄器が存在したことを間接・直接に明らかにするきっかけとなった唐古遺跡出土の刀子《とうす》の柄《え》や斎藤山遺跡の鉄斧の出土状況を再検討した結果、いくつかの問題点を明らかにしている（春成前掲論文二〇〇三）。

唐古遺跡の「刀子柄」は、弥生前期に比定される中央砂層から出土した「鹿角刀子柄《ろっかくとうすえ》」の内面に鉄サビらしき痕が遺っていたため、弥生文化の当初から鉄器が存在したことを示す証拠として有名な資料である（図25）。春成は茎《なかご》の形態が円錐形であることに注目した。通常弥生時代や古墳時代はじめの鉄製刀子の茎の断面形は長方形だからである。そこで春成は刀子の柄ではなくて、「弓筈状有栓鹿角製品《ゆはずじょうゆうせん》」の未製品ではないかと考えた。もしそうであれば弥生時代の当初から鉄器が存在したことを示す証拠として扱うことはできない。のちに春成は実物にあたり、柄の内部に付着していたサビ状の痕跡は鉄サビではないことを確認している。鹿角なので年代測定も可能な資料である。

斎藤山遺跡の鉄斧について春成は出土状況を再検討して、前期初頭に時期を絞り込むことはできないと結論づけた。鉄斧が出土した弥生前期の貝ブロックは崖の上から斜面の下

図24　大久保遺跡出土鉄製品（愛媛県埋蔵文化財調査センター）

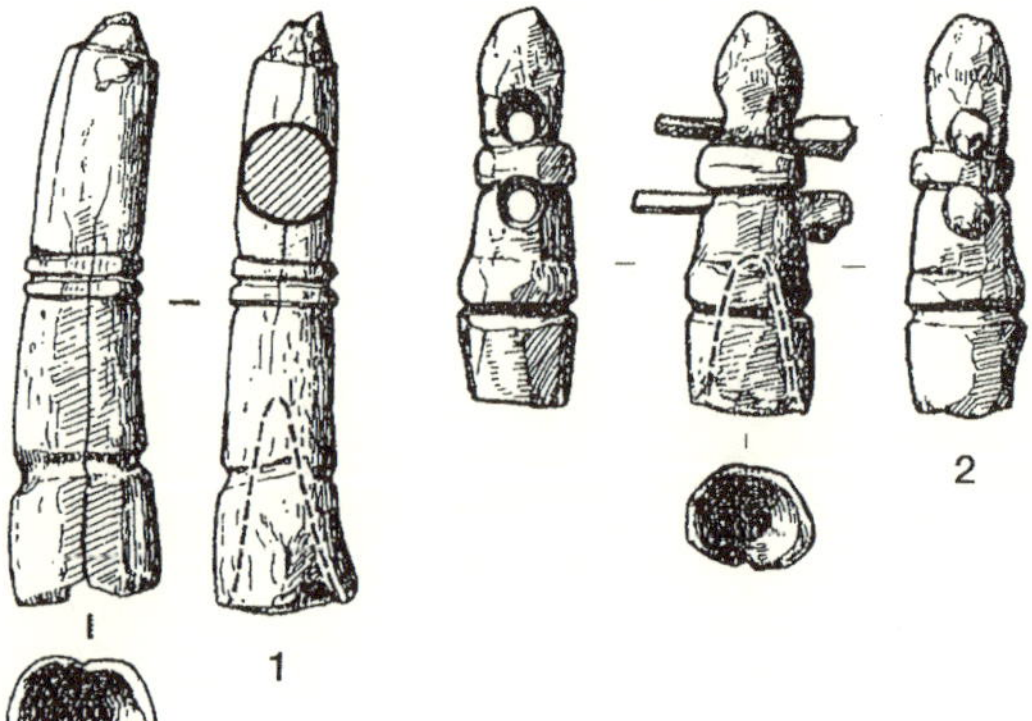

図25　唐古遺跡出土「刀子柄？」（春成2003より転載）

に転げ落ちたもので原位置を保っていない二次堆積であることや、貝層に含まれるもっとも多い土器が前期初頭ではなく中期初頭の城《じょう》ノ《の》越《こし》式《しき》土器であることなどが根拠である（図26）。

さらに鉄斧とともに出土したとされる縄文時代最終末の夜《ゆ》臼《うす》式《しき》土器はもともと出土量が

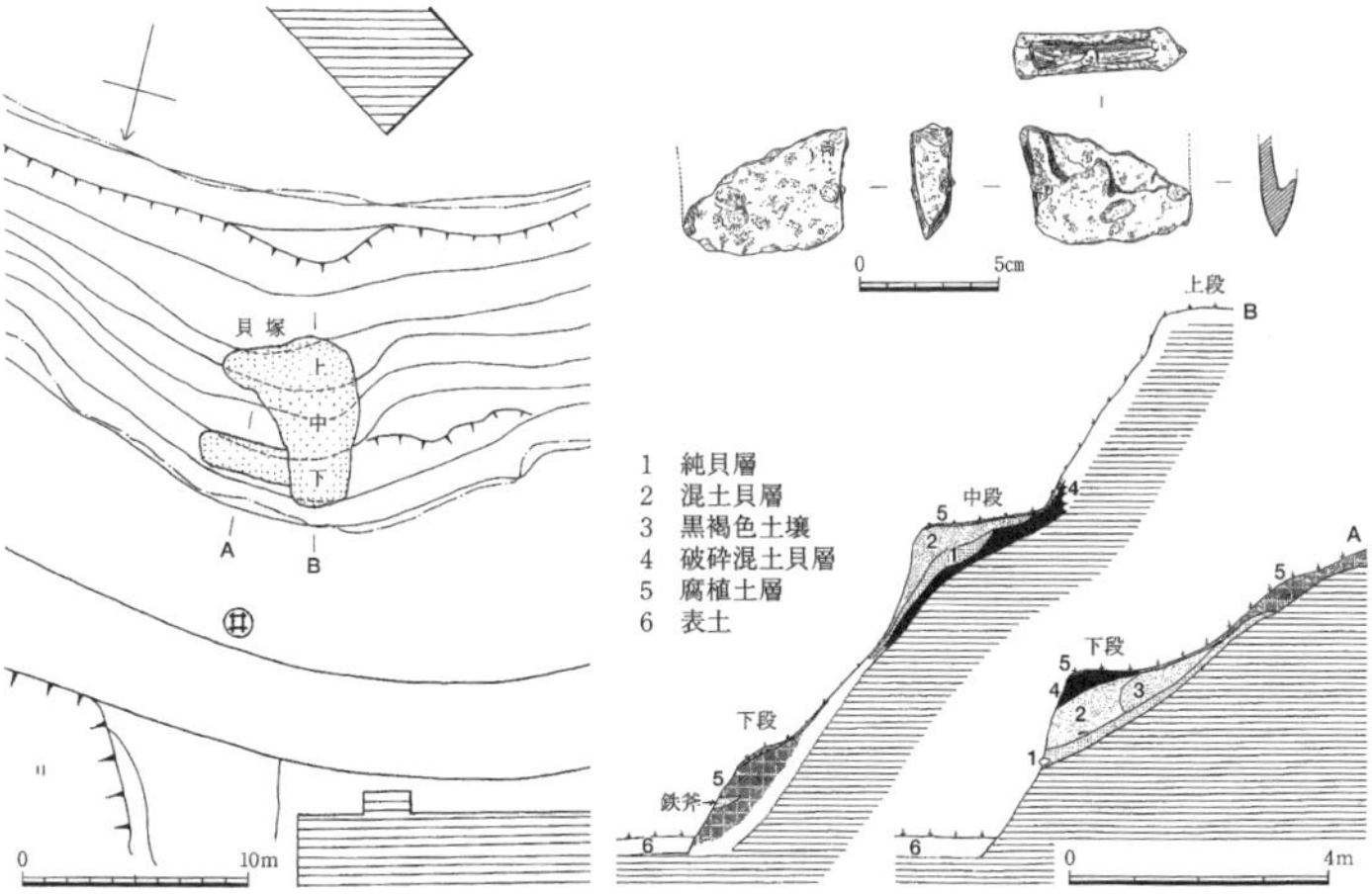

図26　斎藤山遺跡出土状況（春成2003より転載）

少なく、大勢を占めていたのは夜臼式土器が弥生化した弥生前期の突帯文系土器であることが西健《にしけん》一郎《いちろう》によって明らかにされているうえ、板付Ⅰ式に比定された土器も最古の板付Ⅰ式土器よりもやや新しい傾向を持つことも明らかである（西「斎藤山遺跡出土刻目突帯文土器の再検討」『九州文化史研究所紀要』第二七号、一九八二）。このように時期比定の根拠とされた土器でさえも時期が最古の板付Ⅰ式ではない可能性が出てきたのだ。

曲り田遺跡に続いて弥生時代最古の鉄器として位置づけられていた斎藤山遺跡の鉄斧も時期比定に疑問が提示されたのである。可能性が高い時期は中期初頭である。これなら新しい年代観で前四世紀中ごろなので、可鍛鋳鉄が入ってきていても矛盾はない。

福岡県今川《いまがわ》遺跡の前期の包含層から、前期初頭の土器に伴って鉄鏃が出土したと報告されている。春成は鉄鏃の形態が弥生後期から古墳時代初めにかけての鉄鏃の形態と同じであること、材質が鍛造品であることなどから弥生前期の鉄鏃とは考えられないと結論づけた。

以上のように、前一〇世紀の日本列島に貴重な人工鉄が存在するはずがないことを根拠になり立たないと批判された歴博の年代観だが、弥生前期後半以前の鉄器の存在すべてが保留もしくは否定された今、そう簡単に鉄器を根拠に前一〇世紀弥生開始説を否定することはできなくなった。先にふれたように出土状況が確実な新たな出土例が見つかるまで待つしかないだろう。では、次に鉄器が普及する前期末を前四世紀とする新しい年代観を古すぎるとする批判は当たっているのであろうか。

燕における鉄生産の増大時期

鉄器が普及した時期はいつか、という問題を考える上で鍵を握るのが中国遼寧《りょうねい》地方における鉄生産の本格化と鉄器の普及時期である。弥生文化の始まりが前一〇世紀であろうが前五〜前四世紀であろうが、弥生開始期の鉄器の原産地は中国東北部の遼寧地域にあった燕であることに変わりがない。朝鮮半島でもまだ鉄生産が始まっていない時期だからである。

燕における鉄の生産量がある程度増え、東北アジアの各地域へ行き渡るだけの生産体制を整えない限り、日本列島の鉄器の量も増えない。よって燕において鉄生産が増大する時期が判明すれば、弥生時代の鉄器はそれよりあとに普及すると考えることができる。従来、その時期は前三〇〇年と考えられてきた。この通説はどのようにして出てきたのであろうか？また、この年代は確実なのであろうか？

石川岳彦《いしかわたけひこ》が前三〇〇年という年代は非常に根拠に乏しいことを明らかにしている（「青銅器と鉄器普及の歴史的背景」『弥生時代の考古学』三、二〇一一、同成社）。まず前三〇〇年という年代が史書に載っているわけではない。史書にあるのは『史記』秦本紀等にある前二二七年の記事である。この年に将軍（秦舞陽）が秦王政（のちの始皇帝）を暗殺しようとした事件が起こっている。この将軍の祖父（秦開）こそ東胡を破り、長城を築いて遼東郡を設置した燕の将軍である。長城を築いたこと自体は『史記』匈奴列伝《きょうどれつでん》等の記事に載っているのだが、その年代が記されていないため、石川は次のようにして前三〇〇年という年代が導き出されたのではないかと推定する。

すなわち、祖父と孫の年齢差を推定して前二二〇年前後からさかのぼらせ、『史記』匈奴列伝の記事の順序を考慮して、前三〇〇年という年代が出てきたのではないかと。現時点では誰が前三〇〇年上限説を最初に主張し始めたのかははっきりしないという。

次に石川は文献に頼らず遺跡や遺物をもとに燕において鉄が普及した年代を考古学的に検討した結果、燕の勢力は前四世紀代には遼東にまで及んでおり、鉄器に関しても前五世紀には鉄斧などの日常用の利器が燕の都である下都に出現し、前四世紀には武器も広まっていることを明らかにした。

したがって鉄器が普及する前期末を前四世紀前葉に比定する歴博の年代観を否定することはできないのと同時に、小林青樹《こばやしせいじ》がいうように前五世紀の日本列島に鉄器が波及していた可能性も否定できなくなっていることもまた事実である。

前四世紀鉄器普及説の検証

弥生早期には、水田造成用の杭や矢板の加工に鉄器が使われていたという説である。宮原晋一が調査した菜畑遺跡出土の杭の加工が鉄器で行われたという調査結果自体に問題がないとすれば、杭の時期が弥生早期ではなかった可能性を考えなければならない。杭が弥生前期以降であった可能性である。

筆者も現地に赴き弥生早期の杭や矢板の年代を測ろうと試みたことがあるが、いまだに実現できないでいる。一方、菜畑遺跡の杭や矢板の時期比定の方法には発掘当初から疑問の声があった。時期決定のすべてが検出面の時期として取り扱われているからである。杭が遺っているのは先端の尖った部分で当然、土の中から見つかる。一方検出面で確認できるのは杭の尖った部分の反対側だが、これは杭によって遺る長さが違うので、同じ時期に打ち込まれた杭でも遺存状態が違えば杭の長さに長短が生じるので、検出面の違いがすべて時期差になると考えられないことは言うまでもない（山崎純男「北部九州における初期水田―開田地の選択と水田構造の検討―」『日本における初期弥生文化の成立』横山浩一先生退官記念論文集、文研出版、一九九一）。

また山崎は水田の平面配置、検出面、杭の並び、矢板先端部の位置、層位の再検証をもとに菜畑遺跡の調査区に弥生早期の水田があった可能性は少なく、水田があるとしても夜臼・板付Ⅰ式期の水田がもっとも古いであろうと指摘しているだけに、菜畑遺跡で見つかった弥生最古の水田の年代を再検証する必要があるだろう。したがって弥生時代の当初から杭や矢板を加工するための鉄器が普及していたという説は今のところ、保留とせざるを得ない。

賛同する意見

歴博の年代観に賛同する意見も少しずつ見られるようになってきた。野島永は歴博の年代観について踏み込んだ発言を行った初めての鉄研究者である（野島「鉄器の生産と流通」『弥生時代の考古学』六、同成社、二〇〇九）。弥生早期の鉄器については曲り田遺跡の調査以降に一点も見つかっていないことから、早期の鉄器を疑問視する立場や前期後半以前の鉄器の時期を特定できないことは致し方ないであろうと一定の理解を示す。

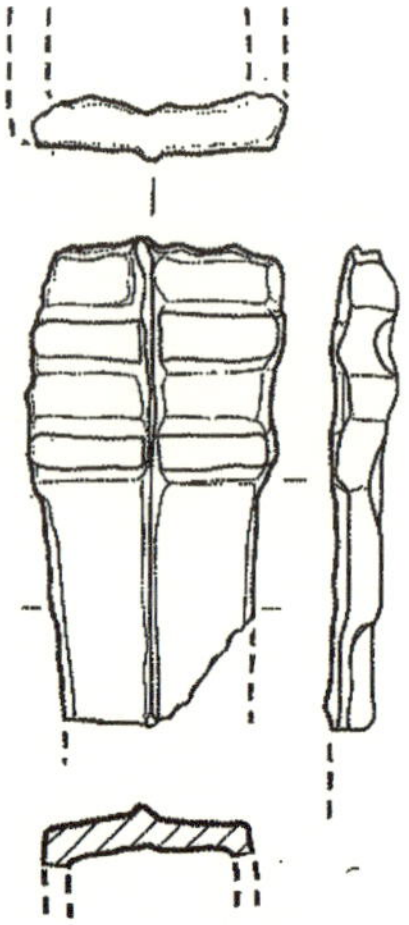

図27　二条突帯斧を再利用した鋳造鉄器片（野島 2009より転載）

　その上で、野島は弥生中期初頭を戦国時代後期にあたる前四世紀に比定する歴博の年代観の妥当性を初めて認め、根拠として二条《にじょう》突帯斧《とったいふ》（図27）をあげた。二条突帯斧とは、戦国時代中・後期の中国東北地方（河北省・遼寧省）を起源とする鋳造鉄器で、ソケット部の周りに二条の突帯をもつ点に特徴がある。これまでこの斧は前漢代に日本列島で使用されるようになったと考えられてきたが、従来の年代観だと前四世紀に中国東北部で作られてから前一世紀（従来の年代観）の九州北部で使用されるようになるまでに約二〇〇年の空白期間がどうしても生じてしまう。すると二〇〇年もの間、どこかで製品が伝世、もしくは保管されていた可能性を想定する必要が出てくる。

　しかし歴博の年代観であればこの空白がなくなることから、「したがって、二条突帯斧が出現する弥生時代中期初頭が戦国時代後期にまでさかのぼる可能性は高いといえる」（四三頁）として、前期末を前四世紀に比定する歴博の年代観を鉄器を根拠に否定することはできないとした。

鉄器に関する新しい考え方

歴博による新しい年代観の発表とそれをめぐる賛否両論の議論の中で明らかになったことをここでまとめておく。

鉄器は水田稲作が始まってから約六〇〇年後の弥生時代前期末に出現する。約一二〇〇年間つづいた弥生文化の前半分は石器だけの世界だったことになる。最初に現れた鉄器は中国東北部にあった燕という国で作られた炭素量の高い鋳造鉄器の一種で可鍛鋳鉄とよばれるものであった。弥生人は鋳造鉄斧の破片の割れ口を石で擦って刃を造り出したり、磨いたりして作った刀子や鉇などの小鉄器で木製品の細部加工などを行ったと考えられる。

日本列島や朝鮮半島における鉄器の普及が前三〇〇年よりさかのぼることはない理由として広く流布していた通説、すなわち燕における鉄器の普及を前三〇〇年以降とする通説は根拠が弱く成り立たないことが明らかになった。さらに戦国中・後期の中国東北部で作られた二条突帯斧などの鉄器が、前四世紀前葉の西日本に出現していてもおかしくないことも野島永によって明らかされている。鉄器が九州北部で普及するといえるようになるのは前三世紀前半の中期前半に鍛造鉄器が出現して以降のことである。なぜ、確実な鉄器の出現時期が前期末まで下ったのか。考古学的な理由と自然科学的な理由が考えられる。

第一点は出土状況の認定の問題である。鉄器は土器ほど細かく相対編年ができないので、鉄器自身で相対年代を決められない。もしできるのなら、弥生後期以降に一般的な形態の鉄鏃が弥生前期に比定されることなどはなかったであろう。鉄器の時期は一緒に出土する土器によって決まるので、これまで土器との共伴関係の認定が十分になされてこなかったといわざるを得ないであろう。出土状況を示す図や写真が載せられていない報告書の内容を、第三者の客観的な評価を受けないまま受け入れてきた研究者の姿勢にも問題があった。今後は出土状況を検証できる確実な鉄器が少なくとも複数例見つかってからはじめて、鉄器の時期を確定するような慎重さが、報告する側にも報告を受け取る側にも必要だろう。

第二点は、鍛造鉄か鋳造鉄かを調べるための金属学的調査に関する問題である。前五～前三世紀にかけての中国の鉄器には、北方系の鋳造鉄と南方系の鍛造鉄があった。また鋳造鉄には、刃の部分に焼き鈍し処理を施して炭素量を下げて鋼のように処理したものもあった。したがって鉄器の材質が違うと時期も産地もまったく異なる別物になってしまう。

材質を明らかにするために金属学的調査を行う必要があるが、そのためには分析用の試料を採取しなければならない。二〇〇〇年以上もの間、土中に埋まっていた鉄器は銹化《しゅうか》していない場合が多いので、分析に必要な錆びていないメタル部分を採取するには、形状を損ねかねないようなサンプリングを行う必要があるケースもあるだろう。だから、ただでさえ出土数の少ない貴重な鉄器を分析するための許可は下りない場合がほとんどである。

ましてや形状を損ねることにつながる破壊分析を考古学者が認めることはまずない。したがって斎藤山遺跡出土の鉄器のように、非破壊分析の一種であるスペクトル分析が行われることも多いのだが、刃部だけを調査して炭素量が低い鍛造鉄器であると鑑定しても、ほかの部位を測れば鋳造鉄器という鑑定結果が出ることになる。総合的な金属学的な調査が行われていさえすれば鍛造鉄器という結論にはならなかったであろう。

幸運にも破壊分析の許可がおり金属部分の総合調査ができたとしても、組織解析には経験と高度な技術が必要である。一般に鍛造品であればファイヤライト（鉄かんらん石）という金属組織を顕微鏡下にみることができる。曲り田遺跡から見つかった鉄片にはこのファイヤライトが見つかったので鍛造鉄器と判定されたのである。しかし現在ではファイヤライトが見つかっても鋳造鉄器と考えられているのはなぜか。それはファイヤライトが鋳鉄を脱炭してもみられる組織だからである。ファイヤライトがみられても可鍛鋳鉄や鋳鉄脱炭鋼の可能性はないのかどうか、やはり総合的な調査を行わない限り、正確に鑑定することはできない。

「弥生前期（前三世紀）の日本列島では水田稲作の開始と同時に楚の鍛造鉄器と燕の鋳造鉄器が出現して使われていた」という従来の考え方は結局のところ、次の三つが重なって出来上がったことを明らかにしてきた。まず従来の弥生開始年代が前三世紀と考えられたこと。次に鉄器と土器との出土状況の認定に甘さがあったため、弥生前期後半以前の土器に伴うとされた鉄器が四〇点弱にものぼったこと。最後に総合的な分析調査と鑑定が許されない状況で行われた金属学的な調査と鑑定技術によって可鍛鋳鉄が鍛造鉄器と鑑定され、さらに楚と結びつけられたことにあるといえるであろう。

最後に、水田稲作の開始年代が五〇〇年さかのぼると、弥生文化の鉄の歴史がどのように変わり、それが弥生像にどのような影響を与えるのか、五つの視点を提示しよう。

①弥生時代は初期鉄器時代として始まった、という説の見直し。

②弥生時代の鉄は水田稲作が始まったときにはすでに鋳造鉄器と鍛造鉄器が存在した、という説の見直し。

③弥生時代早・前期の九州北部には、水田を作るときに使用する杭や矢板を加工するための道具として鉄器がかなり存在していた、という説の見直し。

④鉄器の国産化は前期末の鍛造鉄器を素材とした鍛冶作業から始まった、という説の見直し。

⑤鉄器の普及が弥生社会の発展を促進し、短期間で古代化を成し遂げる世界でも類をみない先史文化である、という説の見直し。

では、順にみていくことにする。

農業の始まりと鉄器の出現は一致しない

世界の先史文化は、一般に磨製石器を利器とする農業の始まり→青銅器の使用開始→鉄器の使用開始の順に、利器の材質が変化する。それに対して弥生文化は、農業の始まりと同時に鉄器が使われ、その後、祭器・礼器として青銅器が使われるようになるという、世界で唯一の先史文化として位置づけられてきた。中国や朝鮮半島では農業の開始と鉄器の出現は一致せず、まず青銅器が現れてから、鉄器が出現する。

しかしAMS―炭素14年代測定の結果、農業（水田稲作）の始まりが約五〇〇年もさかのぼったことによって、日本列島の農業の始まりと鉄器の出現は一致しなくなった。青銅器は農業が始まってから二〇〇年ほどたってから、鉄器はさらに四〇〇年ほどたってから現れたことが明らかになった。つまり世界の先史文化と同じく、弥生文化の金属器の歴史も農業が始まってから、青銅器、鉄器の順に出現する。

石器時代として始まる

青銅器が鉄器より先に出現するとはいっても、後述するように銅剣の破片を再加工して作ったノミが一点、見つかっているだけで、しかもその後は祭器・礼器として使われることが多いので、弥生文化は石器だけが利器であった前半の六〇〇年と、石器と鉄器が利器として使用された前期末以降の後半の六〇〇年からなるといってよいであろう。後半の六〇〇年のうち、中期前半までの二〇〇年あまりは鋳造鉄斧の破片を研磨したような小鉄器が木製品の細部加工用に使われていた程度である。

鉄器の占める割合が高まる時期は、鍛造鉄器が出現する前三世紀以降で、しかも地域的には九州北部を中心とした西日本に限定されていた。後期に石器がほぼなくなるのも後一世紀以降の九州中・北部ぐらいで、近畿中央部に至っては後期後半以降まで待たなければ確実なことはわからない。後期になっても工具だけが鉄器化するのか、武器もあわせてか、それとも農具まで完全に鉄器化するのか、といった鉄器化の程度は西日本内の地域によってさまざまだったことが指摘されている。

弥生文化最古の金属器は、福岡県今川遺跡で見つかった前八世紀の青銅器で、遼寧式銅剣の破片をノミ状に再加工したものである。今川以降、約四〇〇年は一点の金属器も出土例がない。剣・矛・戈や銅鐸などの青銅器が副葬品や祭具として定形化するのは鉄器が出現する時期と同じ前四世紀前葉（前期末）である。よって弥生文化も世界の諸文化と同じく青銅器がまず出現するとはいっても、実質的に弥生文化の金属器は、青銅器、鉄器ともども水田稲作が始まってから約六〇〇年後に出現したとみてよいだろう。

中国東北部の遼寧地域において前五～前四世紀ごろから普及し始めた鋳造鉄器を背景に、朝鮮半島南部や九州北部を中心とした西日本地域に鉄器が入ってくるようになった。弥生文化でもっとも古い鉄器は前四世紀前葉（前期末）に比定された愛媛県大久保遺跡出土の鋳造鉄斧の再加工品をはじめとして数例が確認されている。

鋳造系の工具として出発した弥生の鉄器

前四世紀の鉄器は、木製品の細部加工や仕上げに用いられるノミや刀子などの工具や鏃など小形の武器として出発する。伐採斧や大形の武器などが九州北部に出現するのは前三世紀から前二世紀にかけての中期前半～後半で、土木用の鋤先や鍬先（木製農具の鋤や鍬の先端にかませる鉄の刃）が登場するのは前二世紀の中期後半になってからである。

以上のように九州北部で鉄器が普及するようになるのは、鍛造鉄器が出現する前三世紀の中期前半ごろからであって、中期前半頃（Ⅲ期）から木製農具の製作や加工に鉄器が使われるようになったとする宮原説と一致する。

一九五〇年代から七〇年代にかけて唱えられてきた、弥生前期の加熱処理を伴う弥生人の鉄器製作説は否定され、加熱処理を伴わず、石器製作と同じ要領で鉄器を作るという野島説がもっとも古い弥生人の鉄器製作説である。すなわち破損した戦国系鋳造鉄斧の破片を利用して、割ったり擦ったりして、ノミや刀子、鏃などの小鉄器を前期末に作り始める。

従来の年代観では前二世紀前葉だったが、新年代では前四世紀前葉ということになり、二〇〇年ほどさかのぼる。

その結果、弥生人は戦国晩期（前五～前四世紀）の鋳造鉄斧の破片をリアルタイムで小形鉄器に作り替えて使用していたことがわかる。弥生人が加熱処理を伴う鉄器製作を始めるのは、弥生独自の形態の鉄器が現れ始める前三世紀（中期前葉）になってからである。

古墳時代の成立と鉄器の普及説の見直し

鉄器の普及が農業生産力を上げ、人口を増やし、社会を大きく発展させたという説は九州北部に当てはまるぐらいで、近畿にいたっては弥生後期に鉄器が普及していたのかどうかでさえ研究者の意見が分かれてしまうほどであって、それ以上のことはわからない。果たして古墳が成立する前提条件に鉄器の普及が必要なのであろうか。

参考になるのが弥生前期である。九州島を出た水田稲作が近畿や伊勢湾沿岸地域まで広がる前期後半までに要した時間は、従来の一〇〇年弱から二倍以上の二〇〇年あまりかかったことがわかったが、このことが前期後半以前に鉄器がなかったことと関係があるのかどうかについて考えてみよう。

結論からいうとほとんど関係ないと考えている。なぜならば、もともと弥生前期の鉄器は木製品の細部加工など大陸系磨製石器の補助的な役割にすぎないと考えられてきたからである。開墾用の打鍬《うちぐわ》のような鉄製土木具が欠落するのであればまだしも、利器の中心が大陸系磨製石器にあったことは年代がさかのぼっても変わらないからである。したがって水田稲作が広がるのに時間を要した原因に鉄器の欠落を想定する必要はないと考えている。むしろ筆者は別の要因が原因であると考えているので、あとで詳しく論証する。

では、古墳の成立と鉄の関係はどうなのであろうか。一九七〇年代には打鍬のような鉄製土木具が弥生中期末に飛躍的に普及したことを古墳成立の生産基盤の発達を促した要因と見る説もあったが、弥生時代の近畿地方にこうした鉄器が普及したことを示す直接的な証拠はない。しかし石器は激減しているので、かわりに鉄器が普及していたことは間違いないと考えている。では、なぜ近畿中央部では鉄器の出土量が少ないのか？古くて新しい問題である。

鉄器を持ち込んだのはだれか？

西日本に燕系の鋳造鉄斧が出現する前四世紀前葉にはすでに朝鮮半島南部にも鉄器が出現していたことが明らかにされた（李昌煕前掲論文二〇一〇）。朝鮮半島南部で鉄器が現れるのはこれまで前三〇〇年を上限とすると考えられていただけに、一〇〇年ほどさかのぼったことになる。

よって年代的には朝鮮半島南部の青銅器時代人が九州北部に鉄器を持ち込んだと考えることも可能になっている。実際に青銅器については彼らが持ち込んだことは明らかである。

熊本市八ノ坪《はちのつぼ》遺跡からは総数五〇点にものぼる円形粘土帯《ねんどたい》土器と、青銅器製作に用いた銅矛や小銅鐸の石製鋳型が出土しているところから、朝鮮半島系の青銅器工人が関わっている前三世紀の青銅器工房があった遺跡である可能性が指摘されている。

ところが弥生中期初頭までの日本列島で出土する戦国系鋳造鉄斧は、いまだ韓国南部では出土例がない双合笵《そうごうはん》（鋳型を二つ合わせて作る）の鉄斧であるという特徴をもつことや、日本列島では円形粘土帯土器に伴って出土した例がないことからみれば、これらの鉄器は、今のところ中国に故地を求めるのが自然である、と野島永はいう。明らかに朝鮮半島経由で日本列島に鉄器が入ってくるようになるのは、四郡設置前後まで待たなければならないというのが現状である。したがって前四世紀の日本列島には中国東北部から鋳造鉄斧が、朝鮮半島南部から青銅器製作集団が、といったように、金属器の材質によって故地が異なっていたと考えざるを得ない。

イネと石の時代

以上で、較正年代の影響を受けて変更を余儀なくされる弥生文化の鉄物語は終わりである。「イネと鉄」の弥生文化から「イネと石」の弥生文化へ、というキャッチコピーの変更は、右肩上がりの急成長を遂げた弥生社会から、その長い時代の大半が低成長傾向にあった弥生社会という印象を読者の方々に与えたのではないだろうか。

従来の弥生文化の鉄に関するイメージを規定してきたのは、前三〇〇年ごろに弥生文化が始まったことに尽きる。すでに完全な鉄器時代に入っていた秦・前漢世界の辺境地域で成立した弥生文化だからだったからこそ、農業の開始と同時に鉄器が見られることも、青銅器よりも先に鉄器が現れることも、可能性のあることとして理解されてきたのである。

さらに当初から鋳造鉄器と鍛造鉄器がそろっていたと考えられたことや、前期後半以降に弥生人による高度な精錬技術や鍛造技術を用いた鉄器製作の可能性が説かれたことも、前三〇〇年弥生文化成立説を前提にしてのことである。

すなわち前三〇〇年に始まる弥生時代の鉄器文化は、農業の開始と同時に鉄器を使い始めて、一〇〇年もたたないうちに高度な精錬・鍛冶技術を駆使して弥生人は自ら鍛造鉄器を作り始める。前二世紀には九州北部で鉄器が普及し、後一世紀には西日本でも鉄器が普及し、大陸系磨製石器は消滅するという図式が構築される。

では、弥生文化が前一〇世紀に始まると弥生像はどう変わるのか。前一〇世紀の東アジアは中原を除いて石器だけの世界。弥生文化も大陸系磨製石器が支配する世界であった。転機は前五世紀に訪れる。中国東北部、燕の地域で鉄の生産が本格的に始まるのである。日本列島に鉄器が現れるのは今のところ前四世紀前葉。水田稲作が始まってからすでに六〇〇年あまりがたっていた。当初の鉄製品は刀子や鉇などの木製品の加工具や、鐁などの小形武器にとどまっていたので、利器を中心とした大陸系磨製石器の優位性は、九州北部の前二世紀ごろ（中期後半）まで変わらない。

鉄器がもっとも広がっていた九州北部で、利器に占める大陸系磨製石器の割合と鉄器の割合が逆転しはじめるのは、朝鮮半島で鉄生産が始まる前三世紀以降のことである。後一世紀になると全国的に石器が消滅するので鉄器に置き換わったことは想像できるが、実際に遺跡から鉄器が出土するのは中四国以西と近畿の日本海側沿岸だけで、近畿中枢部で出土するようになるのは、三世紀まで待たなければならない。三世紀はまさに『東夷伝』に書かれた弁辰の鉄の時代に相当する。

近畿中枢部の鉄については、普及しているものの出土しない理由を考える研究者と、出土しないことは実態を反映しているとして鉄器が普及していなかったと考える研究者がいる。しかし最初に定形化した前方後円墳がまず近畿で成立するのは事実なので、どちらを採るかで古墳時代成立のメカニズムに対する考え方はおのずと異なってくる。

近畿中枢部を除く弥生時代の前半の約六〇〇年は石器だけの世界。その後の三〇〇年は鉄器が石器の補助的役割を担っていた世界。そして最後の三〇〇年は鉄器が利器の主体となる世界、という三つの段階に分けることができる。

弥生文化の二分の一が石器時代、四分の一が金石併用期、最後の四分の一が鉄器時代といえる弥生文化の鉄文化を、川越哲志が規定したように「初期鉄器時代」といえるのかどうかの議論が必要であろうが、「イネと鉄の時代」というイメージを当てはめることは、もはやできなくなったことだけは確かである。

山内清男は片刃石斧が鉄器化して鉄鍬として用いられた古墳時代こそ鉄器時代と考えた。木材の加工用斧である柱状片刃石斧を鍬と見たのは間違いだったとしても、全国的に農具が鉄器化する古墳時代を鉄器時代と見なした山内の見解は、間違っていなかったといえるのではないだろうか。

なかなか広まらなかった水田稲作

水田稲作を最初に始めた地域で何が起きたのか

九州北部で始まった水田稲作が北海道と沖縄を除く日本列島の各地へ広まるのに、これまで考えられていたよりも時間がかかっていた原因とその背景を考える。

実際に何が起きていたのか

水田稲作が九州北部で始まったのが前一〇世紀後半、近畿で始まったのが前七〜前六世紀ごろだから、単純に計算しても九州北部で始まってから近畿で始まるまでに三〇〇年あまりかかったことになる。この三〇〇年間に九州北部から近畿に至る各地でいったい何が起きていたのであろうか？研究の最前線にご案内しよう。

登場する人びとを紹介しておこう。実にさまざまな人びとが登場し、その呼び名もいろいろあるが、主な登場人物は農耕民、狩猟採集民、園耕民《えんこうみん》である。農耕民とは水田稲作や畑作などの農耕を選択して主な生業とする（選択的生業構造をもつ）人びとで弥生時代の水田稲作民が相当する。狩猟採集民は、狩猟、採集、漁撈などありとあらゆる生業に依存して網羅的に組み合わせて暮らしている（網羅的生業構造をもつ）人びとで縄文人が相当する。最後に聞き慣れない用語である園耕民だが、語源は英語のhorticultureからきている。農耕を行ってはいるものの主な生業とは位置づけておらず、狩猟・採集などと同様に農耕も一つの手段にとどめている人びとを指す。特に縄文後期以降、水田ではなく畑で稲作を行っている（以下、畑稲作）可能性のある縄文人を園耕民とよぶことができよう（藤尾「生業から見た縄文から弥生」『国立歴史民俗博物館研究報告』第四八集、一九九三）。

農耕民と園耕民との交流

まず西日本の各地で水田稲作が始まって定着するまでに一体何が起きていたのかという点を中心に掘り下げてみたい。舞台は朝鮮半島から水田稲作民がやってきたことをきっかけに水田稲作が最初に始まった福岡市早良《さわら》・福岡平野と、香川からの水田稲作民が水田稲作を伝えて始まったとの説がある大阪平野である。移住した水田稲作民と、もとから地元にいた園耕民がどのように接触して水田稲作が広がっていくのかを平野ごとに取り上げる。最終的に在来の園耕民が水田稲作民へと転換するまでに時間を要したことが、なかなか広まらなかったというイメージの背景にあることを解き明かしたい。

さらに、関東南部よりも二〇〇年早い前四世紀に水田稲作を始めたにもかかわらず、前一世紀になって水田稲作を放棄して、再び狩猟採集生活に戻った東北北部地域をとりあげる。その背景には何があるのだろうか。農耕民から狩猟採集民への転換はこれまでの日本歴史では知られていなかったために、大いに興味がもたれるところである。

まずはこれまで約二〇〇〇年で東北北部まで広がると考えられていた日本列島の水田稲作が、較正年代だといつごろ始まっているのか、各地の水田稲作開始年代を確認しておこう。

遠賀川系土器と縄文人困窮説

九州北部で始まった水田稲作はまたたく間に西日本全体へ広がったと考えられた主な理由は二つある。水田稲作が始まったばかりの頃に使われていた遠賀川系《おんががわけい》土器という土器の形や文様が、九州北部の遠賀川式土器と非常によく似ていたことから、伝わるのにそれほど時間がかかったとは考えられなかったことがまず一点。次に縄文時代のおわり頃の人びとは、つねに食料不足に悩まされていたので、水田稲作にすぐ飛びついたというのが第二点である。

一九六〇年代には大体五〇年ぐらいで近畿へ伝わり、一〇〇年ぐらいで西日本全体に広まっていたと理解されたので、「またたく間に」という理解が定着することになる。

しかしその後、縄文人はそれほど食料不足に陥ってはいなかったことがわかるようになったり、弥生時代が始まる一〇〇〇年以上も前にコメが伝わっていたことが推定されるようになってくると、縄文人は本格的な水田稲作になかなか取り組もうとしなかったのではないか、という考えが強まってくる。

そこに新年代の発表である。九州北部の縄文人が縄文後期にコメを知って水田稲作を始めるまでの一五〇〇年、そこから西日本全体へ広がるのにさらに五〇〇年かかっていることが明らかになるにつれ、これまで考えていたよりも、はるかに長い時間がかかっていることが確実になったのである。どうしてこんなに時間がかかったのであろうか、という問いは主観にすぎないが、少なくとも縄文人が水田稲作に本格的に取り組むきっかけとなったのは何だったのかについてここでは考えてみたい。

各地の水田稲作開始年代

現在までのところ、前一〇世紀後半に九州北部で始まった水田稲作は、列島各地で次のように始まることがわかっている（図28）。まず九州南部や九州東部、西部瀬戸内では前期中頃（板付Ⅱa式段階）である前八〜前七世紀に始まる。すなわち二〇〇年以上かかって九州島を出たことがわかる。近畿では前七〜前六世紀（Ⅰ期古段階）に神戸市付近、前六世紀（Ⅰ期中段階）には奈良盆地で始まり、遠賀川系土器が分布する東限である伊勢湾沿岸地域でも前六〜前五世紀後半（Ⅰ期中段階）には始まっていたと考えられる。九州北部で始まってから五〇〇年かかっている。

伊勢湾沿岸から先は、まず日本海側を東北北部まで一気に北上し、前四世紀前葉（Ⅰ期

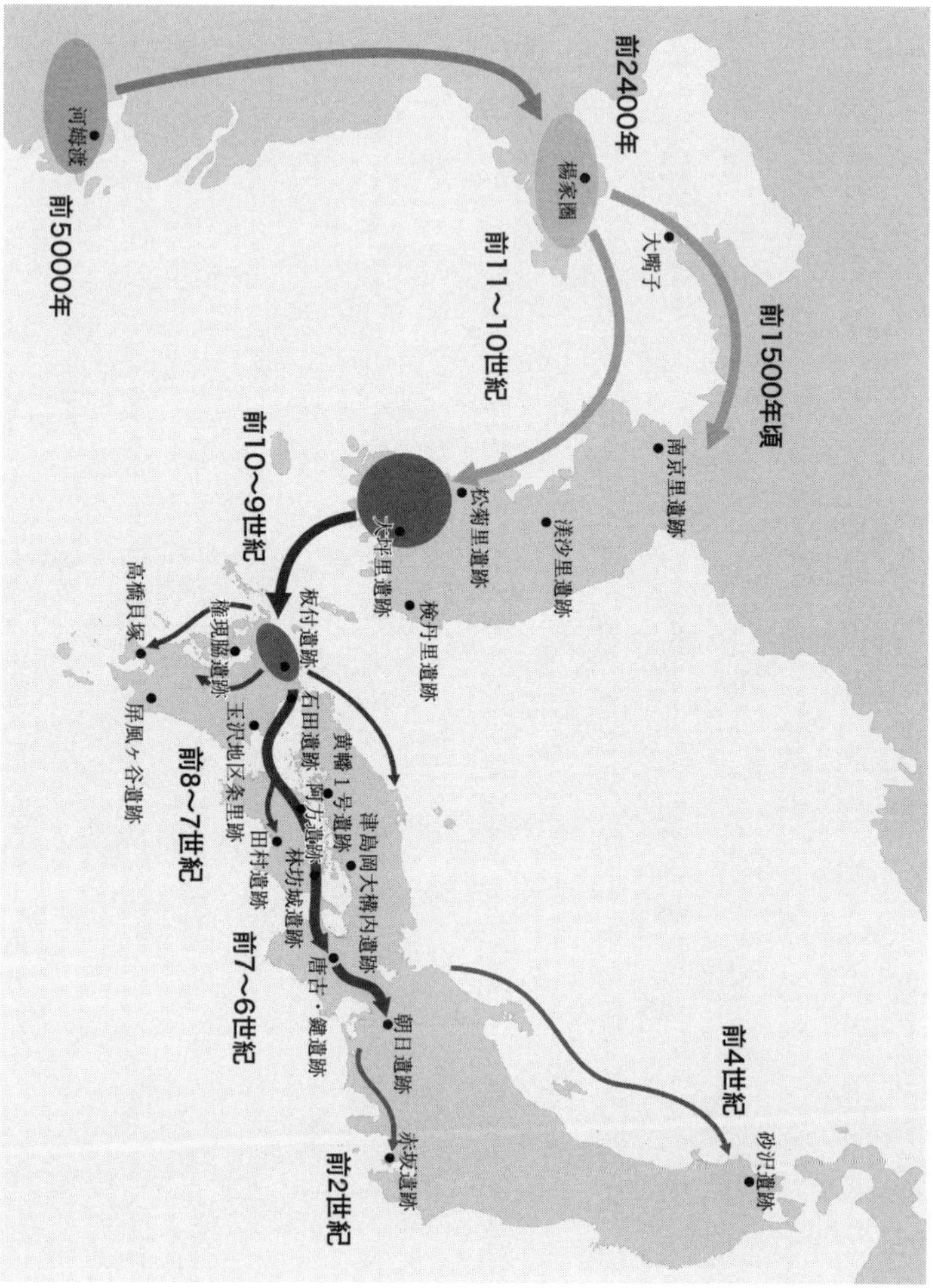

図28　水田稲作の拡散ルートと開始年代

新段階）には青森県弘前地域、前四世紀代に仙台平野、福島県いわき地域で水田稲作が始まる。つまり東北まで到達するのに六〇〇年かかっていたのだ。一方、太平洋側は約八〇〇年間遅れた前二世紀（Ⅲ期後半）になってようやく関東南部に達する。

参考までに述べておくと、東北北部では前一世紀に水田稲作が行われなくなり、次に始まるのは六〇〇年頃からである。沖縄では一〇世紀、北海道では一九世紀になって水田稲作が始まる。

何を明らかにするのか

先述したように九州北部で水田稲作が始まってから近畿で始まるまでにかかった時間が、二倍、三倍になったことを、「これまで考えていたよりも余計にかかった」と単純に評価したところで、それだけでは歴史的に評価したとはいえない。一〇〇年、二〇〇年もの間、各地域で実際に何が起こっていたのかを明らかにしてこそ、歴史的な評価を下したといえる。

たとえば、ある地域で水田稲作が始まるという場合には二つのケースがある。一つは外から移住してきた農耕民が始める場合と、もともとそこに住んでいた在来の園耕民が始める場合である。この両者、水田稲作を始めるにあたっての事情がまったく異なるのである。たとえば、移住した農耕民は地元の人びとの協力を得られなければ水田稲作を始めることさえできない。なぜなら移住した人びとだけでは労働力不足だし、木製農具や石製工具に最適な木材や石材がどこで採れるのかといった情報を地元の園耕民から得なければならない。また、地元の園耕民も移住した農耕民から水田稲作に関する技術をいろいろと教えてもらう必要がある。こうした両者の相互交流なしには水田稲作は始まらない。相互交流の実態を早良・福岡平野と大阪平野を例に考えることがここでの目的である。

移住した農耕民が水田稲作を始め、それが在来の園耕民に受け入れられて地域全体に広がっていくのに、土器型式の数にして数型式かかることがわかっている。その間、各地で何が起こっていたのであろうか。

まず九州北部と近畿の平野で何が起こっていたのか、移住した農耕民と在来の園耕民との相互交流という視点で考える。次に伊勢湾沿岸まで広がった水田稲作が関東南部で始まるまでの約三〇〇年間、本州島上には水田稲作を行う人びとと、園耕段階にとどまっていた人びとが並存（異文化並存）していたことの意味を考える。

縄文時代にコメがあった？

福岡市に所在する早良・福岡平野は、北に海、東・西・南に山塊が迫る扇状地形と、北に向かって流れる数条の二級河川で構成される。河川の上・中流域は山塊と洪積台地からなり、台地上には縄文時代から継続的に遺跡が営まれているのに対して、下流域に遺跡が現れるのは今から三五〇〇年ほど前の縄文後期後半になってからである。

早良平野を北流する室見川《むろみがわ》中流域の微高地に、植物性食料を高度に人工化して利用するとともに、穀物栽培を一部取り入れていたと推測される園耕民が暮らしていた（図29）。代表的な遺跡が四箇《しか》遺跡である。四箇遺跡からはアズキなどのマメ類が出土し焼畑の可能性が説かれている。一方、この時期の下流域には台地上に有田《ありた》遺跡が一ヵ所存在するにすぎず、人びとは河川が平野に出る、複数の生態系が交錯する場所に住んでいた。

福岡平野に至っては下流域に人びとが暮らしていた証拠はほとんどない。したがって一五〇〇年後に弥生人が水田を拓くことになる下流域を、園耕民はまだほとんど利用していないことがわかる。

縄文後期になると九州中・北部で出土する土器の表面に、当時存在したと考えられる植物の種子や昆虫のスタンプ痕が着いていることが目立つようになってくる。植物の同定結果や土器の時期に疑問のものもあるが、この時期になってこうしたスタンプ痕が増えてくることは間違いない。なかには今から四五〇〇年ほど前の中期末には確実にコメが存在していた可能性を説く研究もある。図30は貯蔵されたコメなどを食べるコクゾウムシのスタンプ痕である。粘土をこねて土器を作る作業場周辺にコメがあり、コクゾウムシがいたことは確実であろう。このコメを作ったのは誰であろうか。縄文人かそれとも当時確実に水田稲作を行っていた中国の人びとか。

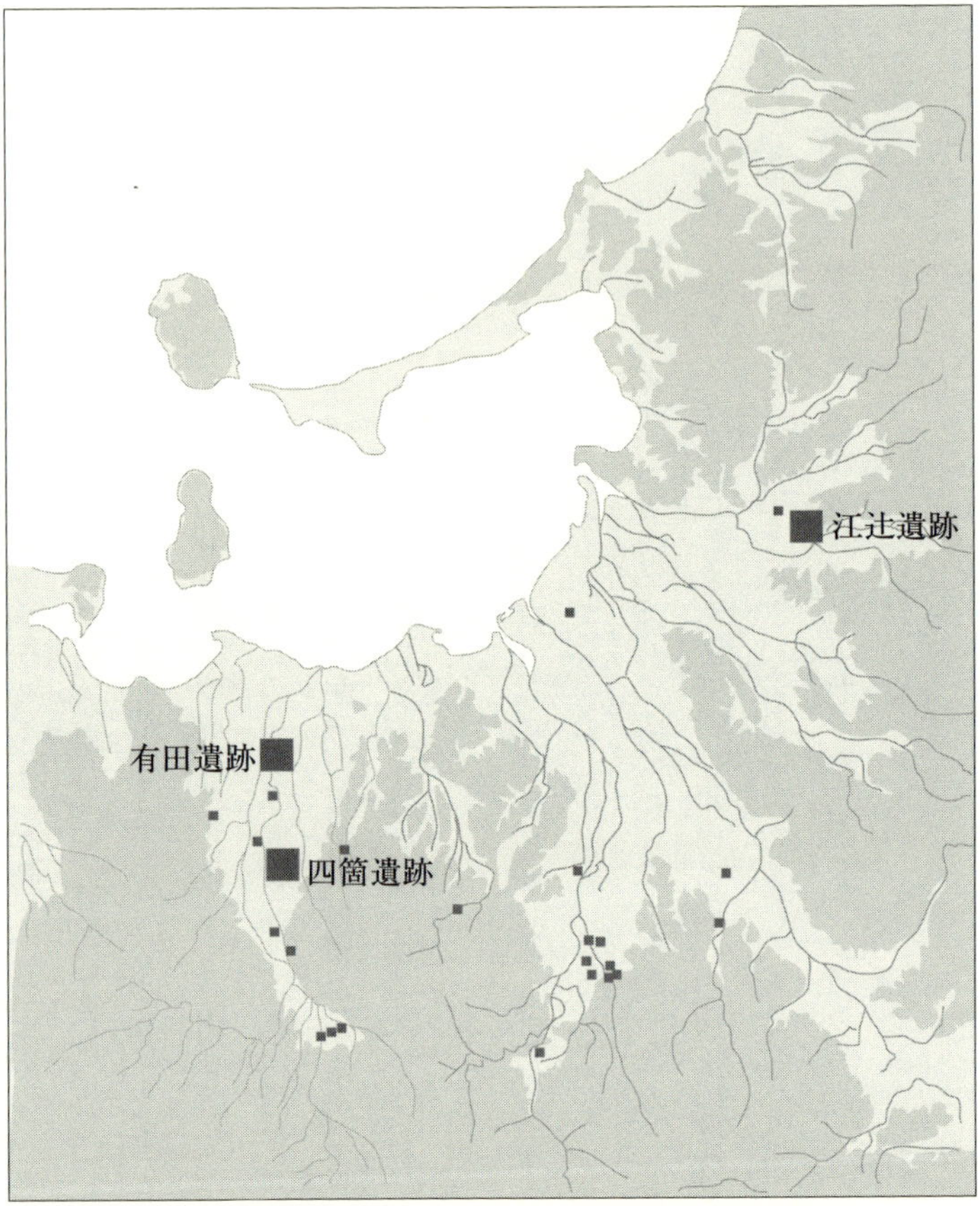

図29　縄文晩期末の福岡・早良平野の遺跡分布

晩期になると下流域では河川の侵食・堆積作用による沖積面の形成が進む。ちょうど縄文のおわりから弥生のはじめにかけての小海退期にあたり海岸線は現在よりもかなり沖にあった。冷涼・多雨の気候条件のもと、河川による谷の浸食・堆積活動が活発で、のちに水田稲作の可耕地となる広大な後背湿地が形成されつつあったのである。一九九〇年代には縄文最終末の土器である黒川式《くろかわしき》に属する遺跡が二六ヵ所で確認されているが、この中には弥生早期まで継続する遺跡がわずかながら含まれており、その一つが有田七田前《ありたななたのまえ》遺跡で

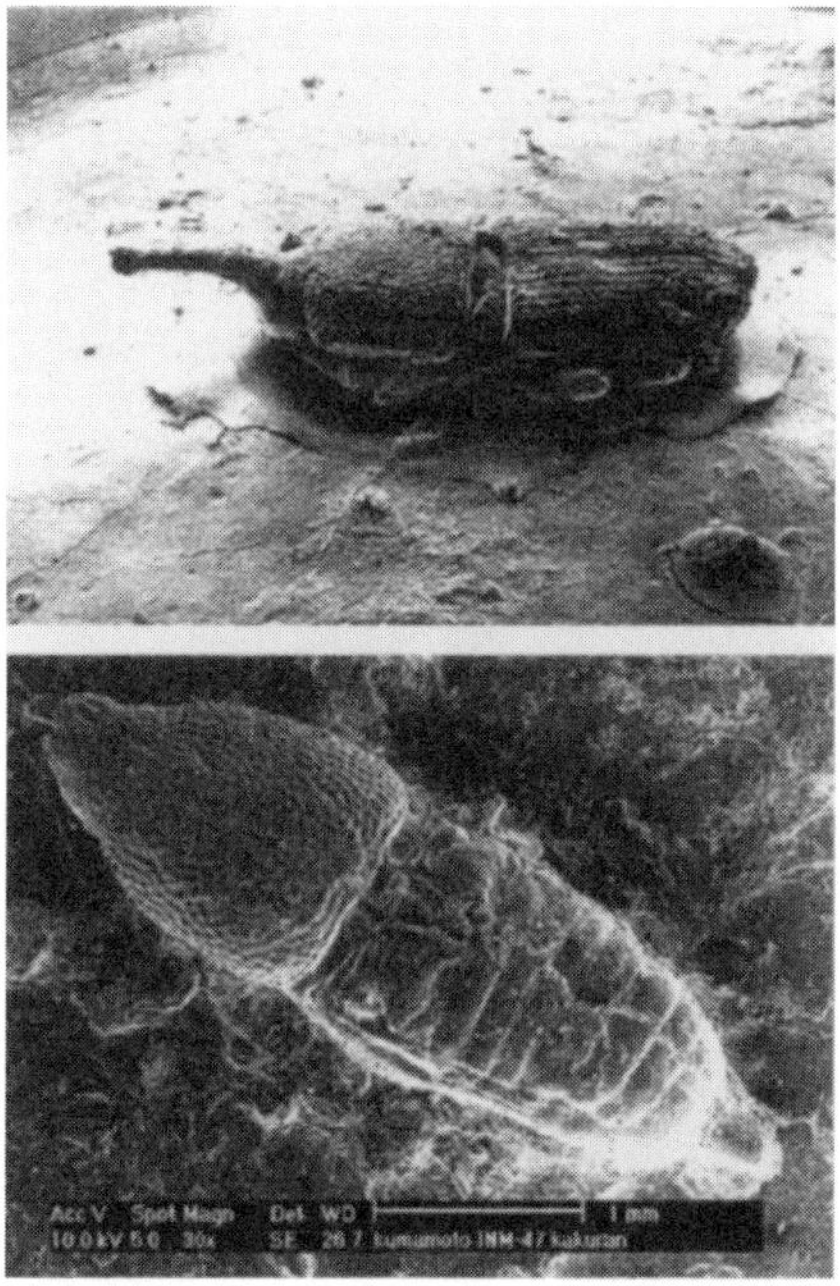

図30　コクゾウムシの電子顕微鏡写真
（山崎純男氏提供）

ある。

この遺跡の調査によって、遺跡附近で約三〇〇〇年前に大規模な流路変更があったことが確認されており、河川の活発な堆積活動が行われていたことがわかっている。その結果、三日月湖状の低湿地が多数形成されていたようである。水田稲作が始まる舞台（水田に適した土地）は整った。あとは水田稲作民の登場を待つだけである。

農耕集落の出現と住み分けの発生

縄文晩期末から弥生早期にかけて、この下流域に広がる低湿地を舞台に水田稲作を行う人びとが現れる。前の段階に遺跡が見られなかった下流域に多くの水田稲作を行う村が出現していることが図31からわかる。有田七田前遺跡からは晩期末の黒川式土器や近畿系の滋賀里《しがさと》Ⅲb式の深鉢とならんで、朝鮮半島の松菊里《ソングンニ》式土器が出土している。この時期、近畿や朝鮮半島と何らかの関わり合いをもつ人びとがこの遺跡で暮らしていたことは確実である。

彼らの持ち物には、種籾貯蔵用の壺や朝鮮無文土器の影響を受けた甕《かめ》などのこれまで縄文時代には見られなかった新しい土器や、水田稲作に伴う大陸系磨製石器、木製農具などが含まれているところからみて、水田稲作を行っていたことは確実と考えられる。集団の中に渡来人《とらいじん》、もしくは渡来系の人びとを一定の割合で含んでいたことは想像に難くない。

一方、中流域には四箇遺跡など縄文後期以来の園耕民の遺跡も継続している。中流域には

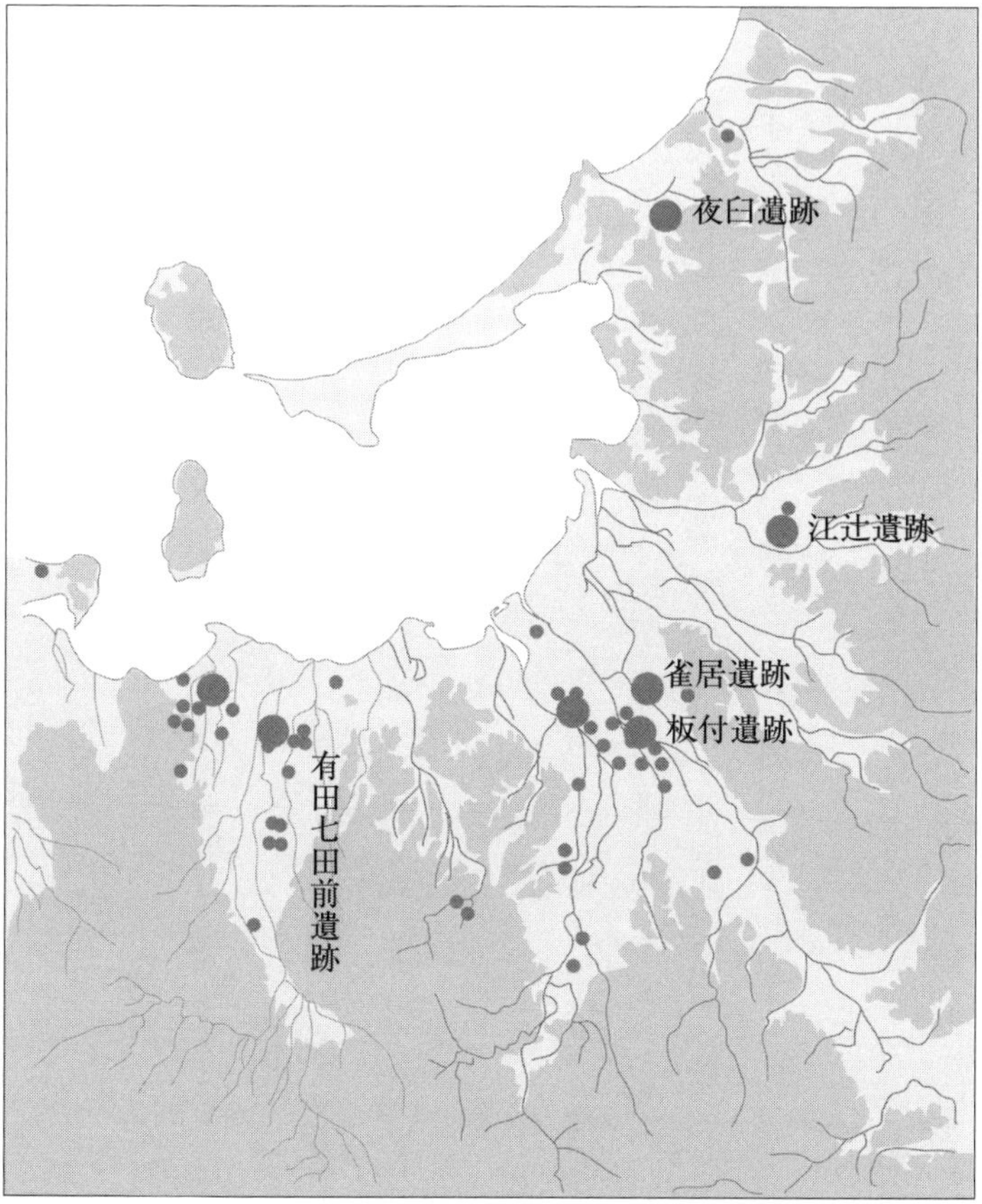

図31　弥生早期の福岡・早良平野の遺跡分布

在来の園耕民（畑稲作や焼畑を行う）、下流域には渡来系の人びとを含む水田稲作民（水田稲作に特化）による住み分けが行われていた可能性がある。

前一〇世紀後半〜前九世紀前半（弥生早期前半：夜臼Ⅰ式段階）の早良平野には、縄文後期以来、生業の一部に穀物栽培を組みいれた網羅的な生業構造をもつ園耕民が中・上流域に住んでいた。一方で晩期末から弥生早期はじめにかけて下流域の低湿地に進出し、在来の園耕民と渡来系の人びとから構成され、弥生稲作に特化した選択的な生業構造をもつ水田稲作民が下流域に住んでいた。下流域の水田稲作民と中・上流域の園耕民との住み分けの発生である。

前九世紀後半〜前八世紀初頭（早期後半：夜臼Ⅱa式段階）になると遺跡の数が急増するが、山崎純男《やまざきすみお》はもはや当時の技術で水田に適した土地（可耕地）はほとんど開発し尽くされていたと考えている。水田稲作民同士の可耕地をめぐる戦いがこの時期に始まると想定されているのも、こうした開発ラッシュに伴う可耕地不足が背景にある可能性がある（藤尾「弥生時代の戦いに関する諸問題—鉄・鉄素材の実態と戦い—」『人類にとって戦いとは』三、東洋書林、一九九九）。

灌漑式水田

この頃の水田は段丘上に拓かれ、自然流路から水路を引き込んで幹線水路を確保するものである。幹線水路には井堰《いせき》を設置し、その間隔は福岡市の

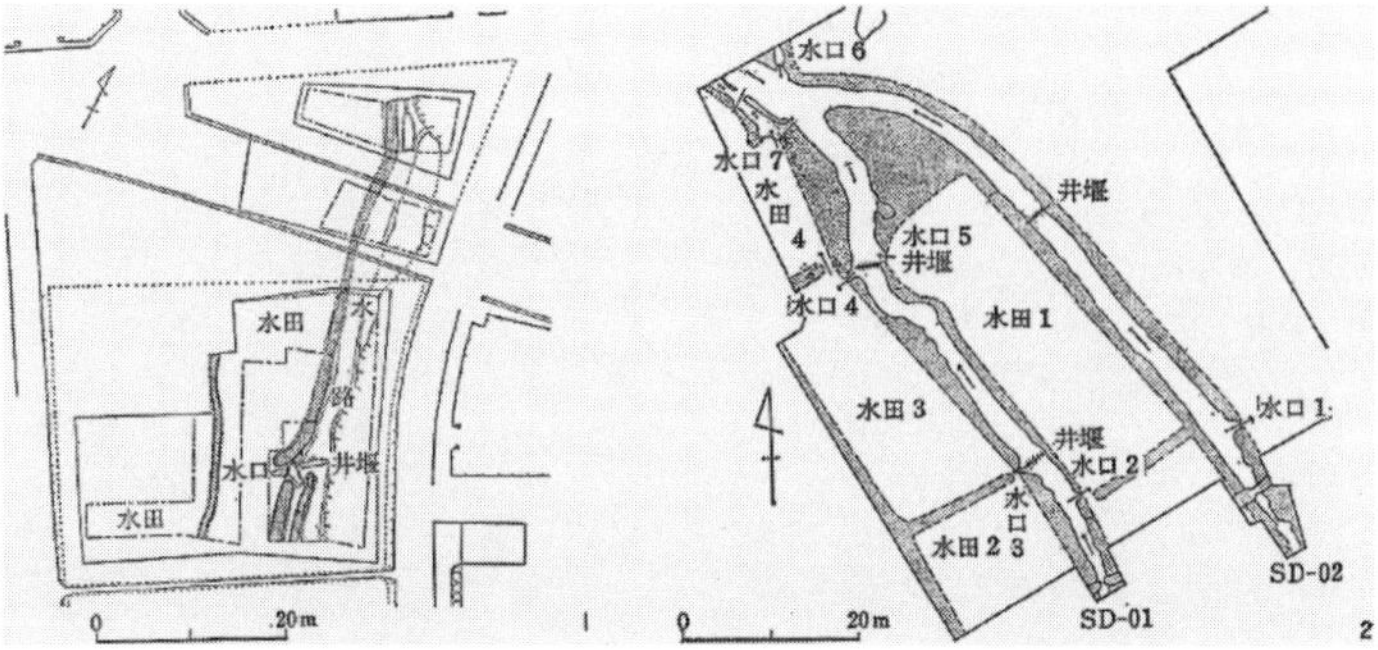

図32　初期水田の構造（1板付遺跡，2野多目遺跡）
（山崎純男「稲作の初現」『季刊考古学』第37号，1991より転載）

野多目《のため》遺跡で三〇メートル、板付遺跡で五〇メートルのほぼ等間隔に設置されている（図32）。

井堰の設置間隔が狭いので井堰によって給水される水田は一筆〜数筆の水田区画となる。畦畔《けいはん》は土盛りで補強するために杭、矢板、横木が使用されている。一区画が三〇〇〜五〇〇平方メートルの大区画水田である。水田稲作民は当初から土地の傾斜や地下水位の高さ、広さなどに適した水田を拓いていることから、条件に応じていかようにも水田を造ることができる技術をもっていたと考えられている。

しかし水田は常に安定的に営まれていたわけではない。板付遺跡では弥生早期の約二〇〇年の間に大きな洪水を複数回受けていて、そのたびに砂の層が水田を覆い尽くすので耕作が中断されている。野多目遺跡でも地下水位の上昇により前九世紀（夜臼Ⅱa式段階）に耕作が中断されたあと、水田が放棄されたことが確

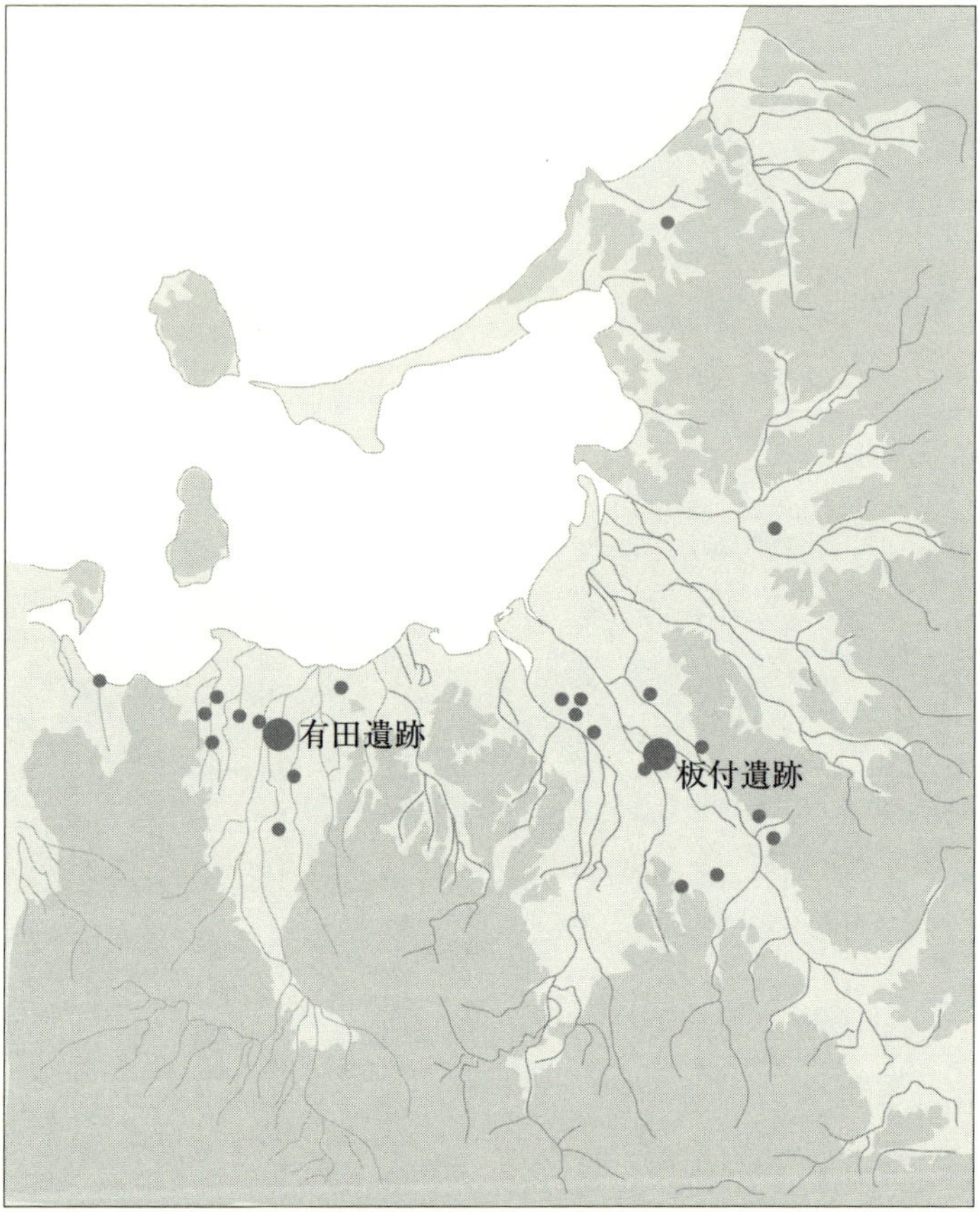

図33　弥生前期初頭の福岡・早良平野の遺跡分布

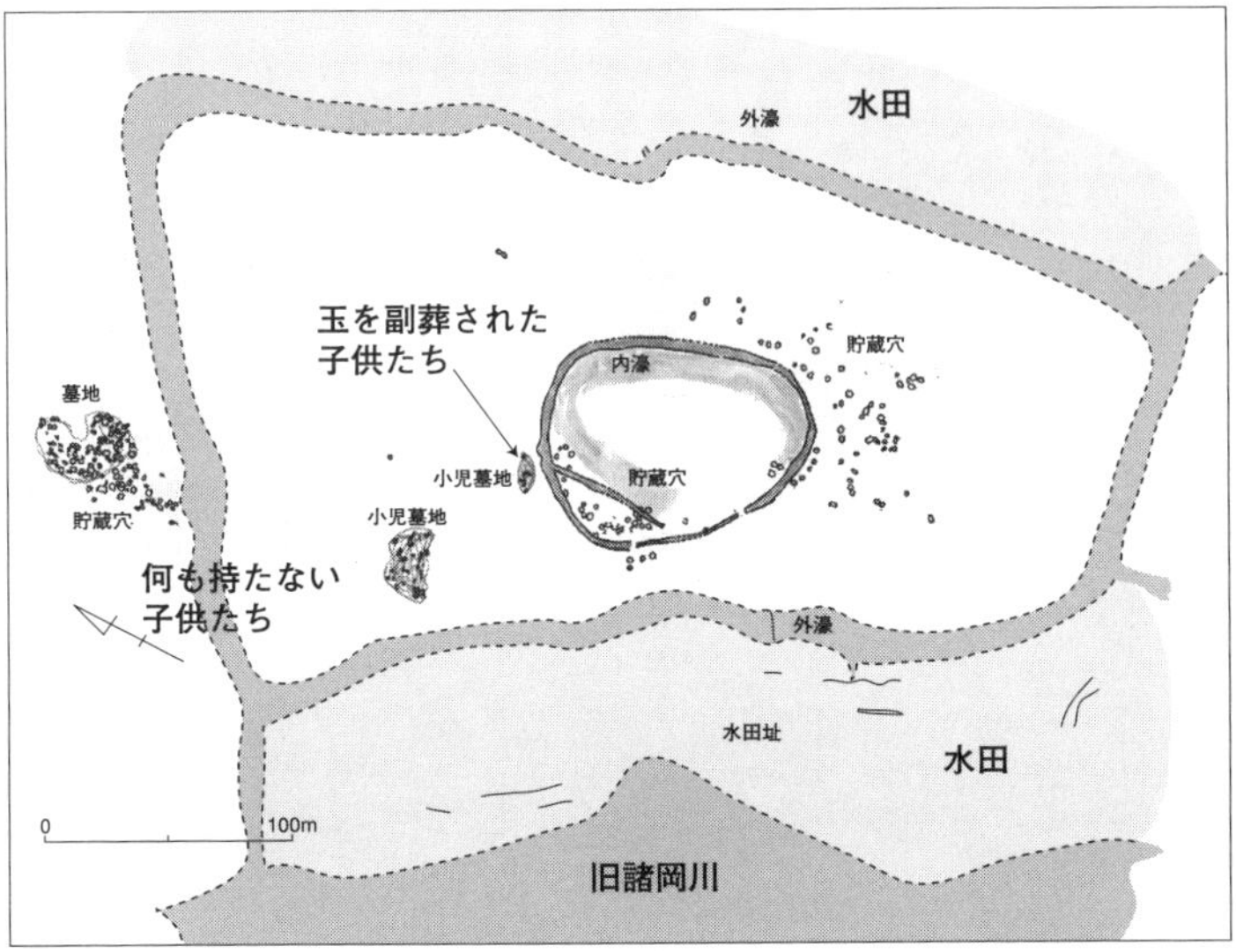

図34　板付遺跡全体図
（山崎純男「九州地方」『季刊考古学』第31号，1990をもとに作成）

認されている。初期の水田稲作民にとっては厳しい環境のもとで水田稲作が行われていたと推測できる。

環壕集落の成立

前八世紀（前期初頭：板付Ⅰ式）になると弥生早期に比べて遺跡の数が減る傾向が見られ、早良平野では有田遺跡に、福岡平野では板付遺跡に収斂《しゅうれん》されていることがわかる（図33）。板付遺跡では内壕と外壕を二重にめぐらした環壕集落が成立しているところからみても、農耕社会が成立していることがわかる（図34）。田崎博之《たさきひろゆき》は内壕内に一〇〜一五棟の竪穴住居があったと想定しており、板付遺跡が近辺の集落を含めて精製小壺を中心とした日常土器を供給する源であったと考えている。こうした点からも板付遺跡は福岡平野における流通面の中核であったようだ。子供の墓をみると玉類を副葬された子供と、何ももっていない子供がいるところからみて、水田稲作を始めて二〇〇年あまりたつと階層差が現れていることもわかる。

一方、早良平野の中流域にある四箇遺跡では、灌漑式水田稲作を行っている指標となる板付系土器が壺・甕・高坏というセットで出土していないことから、水田稲作に特化した生活にはまだ転換しておらず園耕民のままであったと考えられる。

このように平野の下流域では農耕社会が成立していく一方で、周辺ではいまだ園耕の段階にとどまっていた集団も存在した。

住み分けの解消

前七世紀（前期中頃：板付Ⅱa式）にはいると、中流域の村々も板付系土器がセットで出土するようになることから、弥生稲作に特化した生活を送り始めたことがわかる。園耕民の農耕民化（弥生化）である。したがって平野の下流域で前一〇世紀に水田稲作が始まってから、中流域に住む在来の園耕民が水田稲作民に転換するまで三〇〇年近くかかったことがわかる（図35）。

以上、水田稲作民の出現と水田稲作の拡大、園耕民の農耕民化について平野ごとにみてきたが、今度は農耕集落がどのように出現し定着していくかをミクロにみてみよう。のち

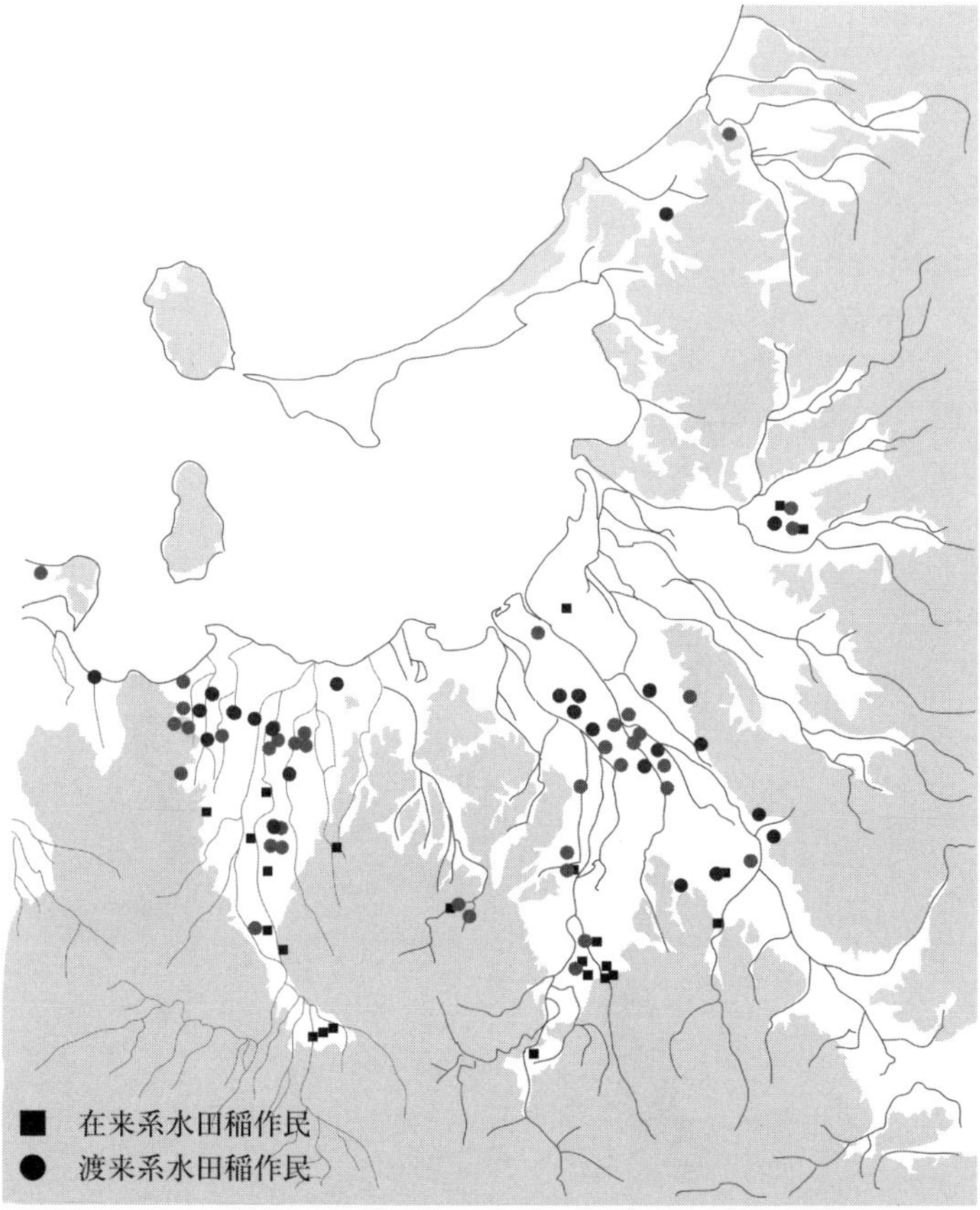

図35　弥生前期中頃の福岡・早良平野の遺跡分布

前７世紀になると，縄文後期以来，河川の中・上流域に住んでいた在来系の園耕民たちも水田稲作を本格的に始めることで水田稲作民に転換する．これによって300年近くにわたってきた水田稲作民と園耕民の住み分けは解消され，地域全体の弥生化が完了する．

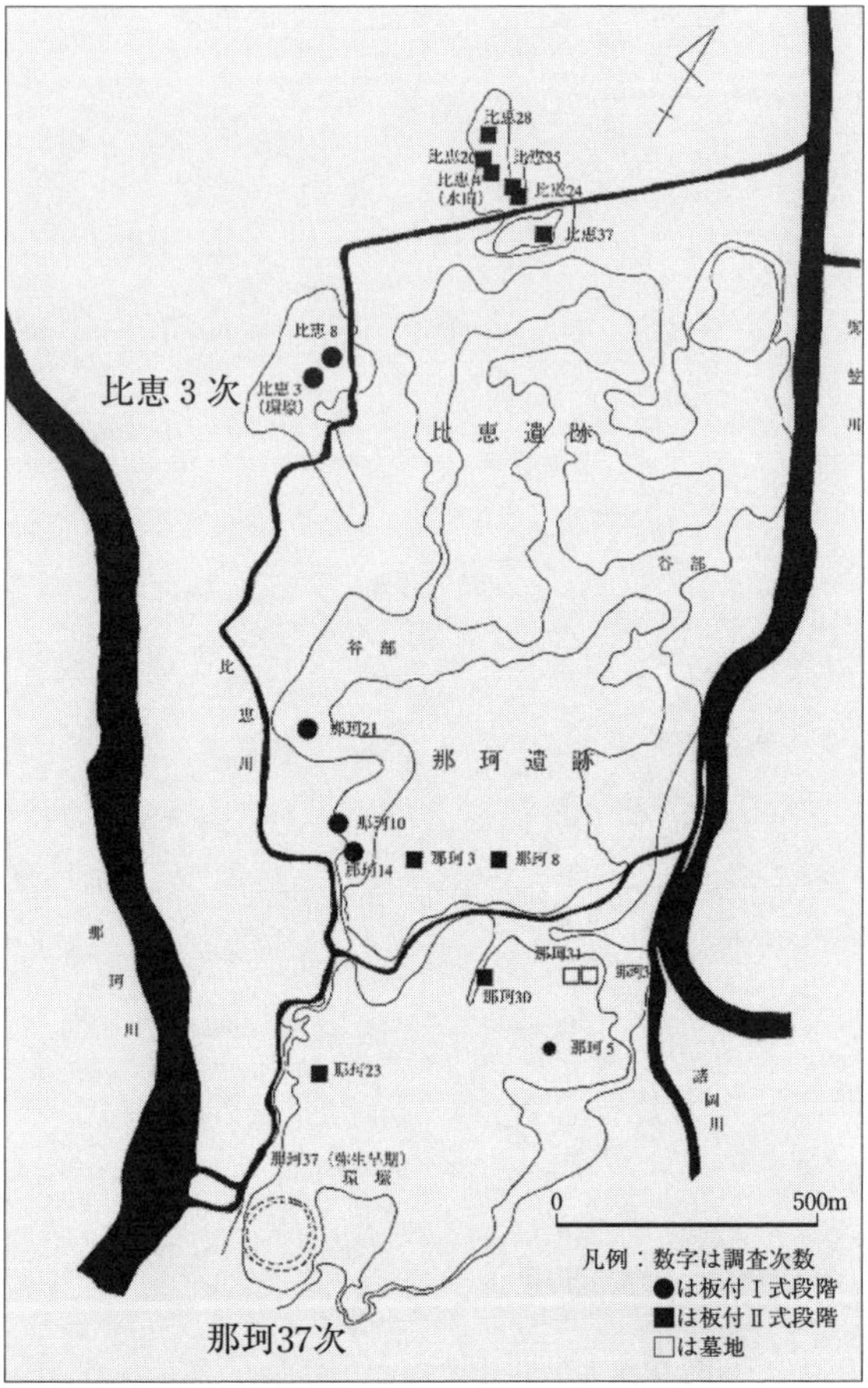

図36　比恵・那珂台地における遺跡分布図（前9〜前7世紀，田崎1994より作成）

に奴国《なこく》の中心地となる比恵《ひえ》・那珂《なか》丘陵の開発は、前九世紀後半に環壕集落の出現という形で始まる（図36）。一〜二単位の集団が台地の南西端、二級河川である那珂川に近接して直径一五〇メートルの二重の壕をめぐらす村を作ったが（第三七次調査）、前八世紀初め（前期初頭）までの約一五〇〇年間続いて前七世紀に廃絶している。水田は台地の西側に想定されているが、二級河川の那珂川が近接して流れていることや、定型化していない灌漑施設をもっていたと考えられていることから、生産性の低い小規模な弥生稲作を行う、生産基盤の弱い集団だったと考えられている（田崎博之「福岡地方における弥生時代の土地環境の利用と開発」『福岡平野の古環境と遺跡立地』九州大学出版会、一九九四）。

環壕集落が廃絶すると、北に五〇〇《メートル》ほど離れた同じ台地の反対側に新たな環壕集落（比恵三次）が出現する。その後、比恵・那珂丘陵の開発は台地北側の低湿地を舞台に進むことになる。

出自を異にする水田稲作民の二者

これまで見てきたように、水田稲作開始期の早良・福岡平野には、縄文後期以降、平野の中流域を中心に生活していた在来の園耕民と、前一〇世紀後半になって下流域に突然現れた水田稲作民がいた。前者は四箇・田村遺跡、後者は有田遺跡や板付遺跡である。一〇〇年ほどたつと平野の下流域にはさらに多くの水田稲作民の村が現れるが、なかには那珂遺跡のように環壕をもつ集落もあった。しかし最初に平野の下流域に現れた有田遺跡や板付遺跡の水田稲作民と、一〇〇年ほど遅れて現れた那珂遺跡の水田稲作民では持っている道具が微妙に異なっている。

それはある甕をもっているかどうかの違いである。仮にもっている村を板付型、もって

図37　慶南玉房遺跡１地区出土先松菊里式土器
（国立晋州博物館，展示図録『大坪・大坪人』2002より転載）

いない村を那珂型とよんで二つの村の違いをみてみよう。

水田稲作を始めたころの人びとは、縄文時代にはなかった種籾を貯蔵するという機能をもつ壺を例外なくもっている。壺と並んで重要な役割をもつ土器が調理用の土器である甕である。甕は縄文時代から存在する土器で、板付型の村でも那珂型の村でも例外なくもっている。ところが板付型の村は、那珂型の村にはない甕をもっていることがわかってきた。朝鮮半島青銅器文化の流れをくむ甕である（図37）。これはまっすぐに立つ口縁部の口唇部にヘラなどで刻目を施文することから「刻目文土器《きざみめもん》」とよばれている。弥生人はこの朝鮮半島系の甕を祖型に、弥生文化独自の煮炊き用土器である板付Ⅰ式土器を創り出すことになるので、板付《いたづけ》祖型甕《そけいかめ》とよばれている（図38）。

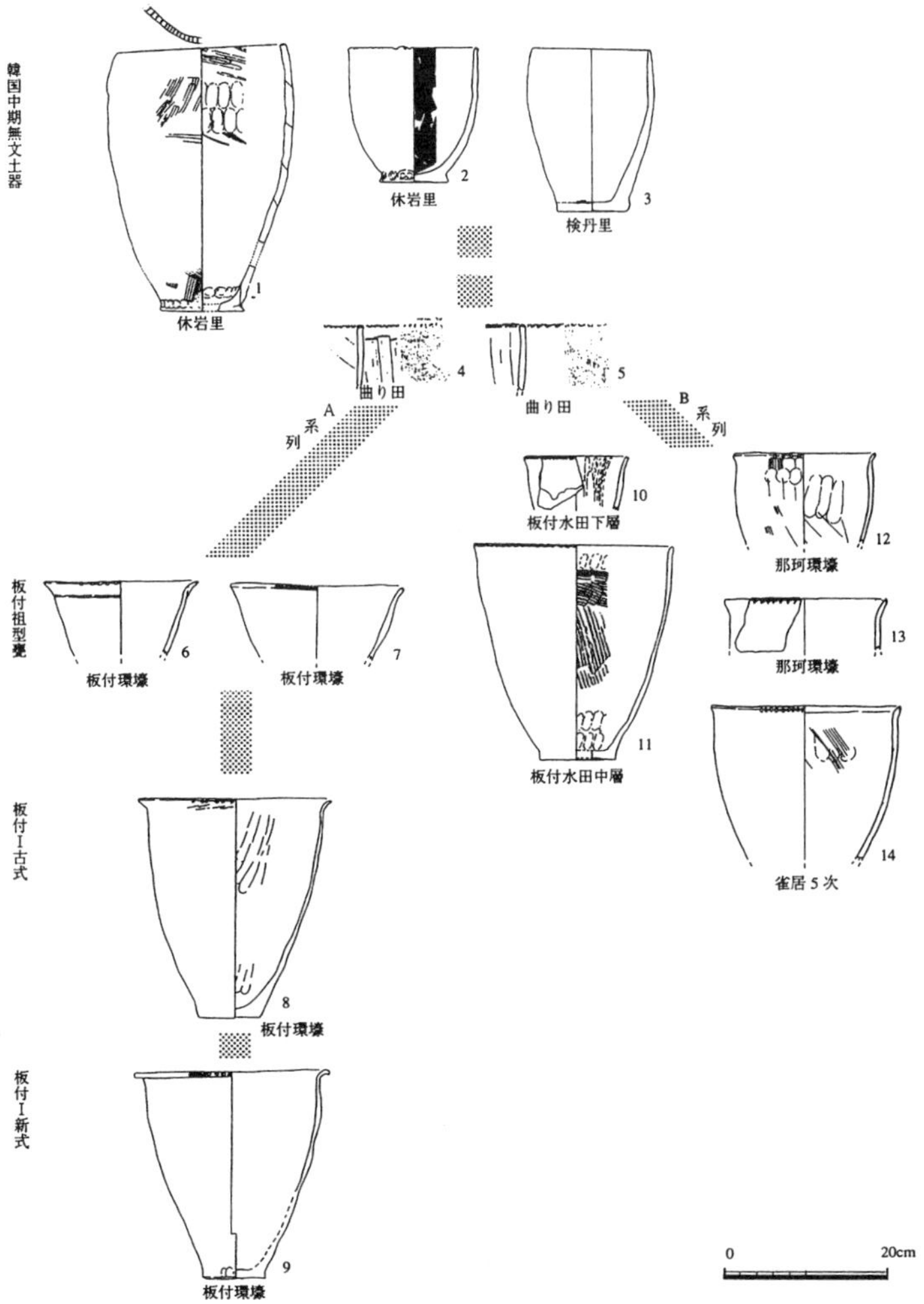

図38　板付祖型甕の創造過程（藤尾「板付Ⅰ式甕形土器の成立とその背景」『史淵』124，1987より転載）

このように水田稲作を始めたばかりの人びとが朝鮮半島系の調理用土器をもっているということは、朝鮮半島から九州北部に移住した青銅器文化の人か、もしくは関係者が村の中にいた証拠ではないかと考えられてきた。なぜなら、壺のように九州北部の縄文文化にはもともとない土器の場合は、中にコメなどを入れて壺だけが移動する場合もあり得る。しかし縄文後・晩期にもある深鉢のような調理を行う甕は、甕だけが移動するというよりは、移住したときに人びとがもってきた可能性の方が高いと考えられるからである。

こうなると、平野の下流域に存在する水田稲作民には、刻目文土器をもつ朝鮮半島系の人びとを集団内に抱えた板付型のような村と、刻目文土器をもたずに朝鮮半島系の人びとを集団内に抱えていない那珂型のような村があったことになる。しかも両者が出現する時期は異なり、まず板付型の村が出現した後、一〇〇年ぐらいしてから那珂型の村が現れたと考えられるのである。

弥生甕の創造

朝鮮半島の刻目文土器のうち、前一〇世紀後半に朝鮮半島から九州北部に渡った刻目文土器と、朝鮮半島の刻目文土器は、その後、別々の道をたどった。板付型の村にあった刻目文土器は、弥生人たちの手により口縁部を外反させるなどの変化を始めて板付I式甕へと変化していく。一方、朝鮮半島の刻目文土器も口縁部が外反するなど板付I式と共通する特徴をもちながらも、青銅器時代人の手により頸が大きくびれるようになるなど朝鮮半島独自の形をした甕へ変化する。すなわち松菊里《ソングンニ》タイプへと変化していくのである。刻目文土器という元は同じでも九州北部に渡った刻目文土器と朝鮮半島に残った刻目文土器は、それぞれの伝統と地域性に基づくそれぞれの変容を遂げ、やがて似て非なる土器へと変わっていくのである。

板付型の村にみられる弥生独自の調理用土器創造の動きは、青銅器時代人のいるところでならどこでも可能だったと考えられるが、実際には板付Ⅰ式を創造できた板付遺跡と創造できなかった那珂遺跡とが存在した。先ほど仮に設定した板付型と那珂型はこれと一致するのである。

こうした弥生独自の甕の創造過程は平野ごとに見ることができるが、最終的に板付Ⅰ式土器に収斂されていく。平野ごとの詳細な創造過程を知りたい方は拙著をお読みいただきたい（藤尾「板付Ⅰ式を創ろうとした村、創れた村、創れなかった村」『弥生時代の考古学』一、同成社、二〇〇九）。

玄界灘沿岸における農耕民出現モデル

早良・福岡平野の場合、前一〇世紀の前半までは生業の一部に農耕を加えた人びとである園耕民が平野の中・上流域に生活していた。そして下流域はまだ本格的な園耕民の活動の場ではない。

前一〇世紀後半になると灌漑式水田稲作を行う農耕民が、それまで在来の園耕民が主な活動の舞台としていなかった下流域に突然現れて、一部の在来の園耕民を取り込みながら水田を拓く。板付型の水田稲作民の登場である。彼らは調理用土器である甕のなかに刻目文土器という朝鮮半島系の甕をもっていることから、朝鮮半島から渡ってきた青銅器時代人を集団内に含んでいた可能性がある。下流域における板付型農耕集落の出現によって、早良・福岡平野の中流域に本拠を置く在来の園耕民との間で住み分けが発生する。

前九世紀後半になると朝鮮半島系の刻目文土器をもたない農耕民が下流域に出現し、水田稲作を開始する。いわゆる那珂型の水田稲作民の登場である。当時の技術で水田を拓くことができる下流域の土地（可耕地）には軒並み水田が造られることから農耕民の出現比率は高いと思われる。

前九世紀から前八世紀にかけて、この地域では環壕集落が成立する。また糸島市（旧志摩町）新町《しんまち》遺跡のように朝鮮半島系の武器が出現したり、戦闘中に武器で攻撃を受けた結果亡くなったと考えられる人骨が墓から見つかったりするなど、戦いが始まったことを示す考古学的な証拠がみられるようになる。下流域における環壕集落の出現や戦いの始まりは、農耕社会化がより深まって質的変化を起こしたことを意味している。

前七世紀になると、縄文後期以来、河川の中・上流域に住んでいた在来系の園耕民たちも水田稲作を始めて水田稲作民に転換する。最後に水田稲作民となった在来の園耕民のことを四箇型とよぶことにする。この時点で住み分け状態は完全に解消される。

このように水田稲作が始まった頃の玄界灘沿岸地域では、水田稲作民と園耕民が三〇〇年近く住み分けていたり、水田稲作民の中にも板付型や那珂型という朝鮮半島との関わりかたを異にする二つのグループが存在していたりしていたことがわかった。決して渡来人と縄文人という単純な図式で捉えられるようなものではなかったのである。

結局、早良・福岡平野の園耕民が農耕民に転換するまで三〇〇年近くかかったことになる。そしてほぼ同じ頃、九州東部や南部、瀬戸内西部に、水田稲作民が登場する。

逆にいうと中・下流域全体が農耕民化するまで西部瀬戸内などへ水田稲作が伝わらなかったのはなぜであろうか。かつて、水田稲作民の二世、三世たちが新たな土地を求めて東へ南へと移住して水田稲作が広がっていったという説明があった。しかし三〇〇年ぐらいたったあとに西部瀬戸内で水田稲作が始まるとすれば、一世代三〇年としても一〇世たちが新たな土地を求めて伝えたということになるので、従来の年代観に比べるといかに時間がかかっていたのかが想像できる。

では、次に大阪平野における弥生稲作開始期の状況を見てみることにしよう。

水田稲作を受け入れた地域で何が起きたのか

遠賀川系土器と長原式土器

大阪平野においてどのような人びとが水田稲作を始めたのかという問題について二つの考え方がある（秋山浩三「近畿における弥生化の具体相」（『論争吉備』考古学研究会、一九九九）。一つは西方（瀬戸内方面）から水田稲作民がやってきて入植し、もともと住んでいた在来の園耕民である近畿縄文人と並存して、その中で交流が始まり水田稲作が広まったという「移住説・外来説」・「住み分け説」である。もう一つは近畿在来の園耕民が水田稲作の技術を受け入れて、徐々に農耕民に転換していったという「自生説」である。

二つの解釈のどちらが正しいのか決着がなかなかつかない最大の理由は土器の解釈にある。水田稲作開始期の大阪平野には系譜を異にする二つの土器があった。長原式土器は近畿の縄文晩期後半に出現する突帯文《とったいもん》土器が変化してできた土器なので、在来の園耕民の土器の指標である。遠賀川系土器は九州北部の板付Ⅰ式をもとに瀬戸内の各地で創造された土器で、水田稲作民の土器の指標である。この二つの土器が近畿の遺跡で一緒に見つかることはほとんどない。考古学的な用語でいえば共伴《きょうはん》しないのである。そこでこの二つの土器の時期が違う（時期差）から一緒に出土しないのか、それとも同じ時期の土器であるけれども、生業の違いから立地を異にしている（住み分け）ため一緒に出土しないのかが決まらないのである。

もし二つの土器の時期が同じで、立地を異にする別の遺跡で使われていたのであれば水田稲作民と園耕民との住み分け説が有利となる。逆に二つの土器の時期が異なり、長原式が古く、遠賀川系土器が新しいということが明らかになれば、在来の園耕民が水田稲作を採用して遠賀川系土器を使うようになるという自生説の可能性が高まる。

歴博年代研究グループはこれら二つの土器群（図39）に付着する炭化物の炭素14年代を測定して土器群の年代を比較すれば、長い間の議論が決着すると考えた。測定の結果、二つの土器群の一部（長原式新と遠賀川系古・中）が同じ年代を示すことがわかった（小林謙一・春成秀爾・秋山浩三「河内地域における弥生前期の炭素一四年代測定研究」『国立歴史民俗博物館研究報告』第一三九集、二〇〇八）。しかも同時に存在していた期間は一〇〇～一五

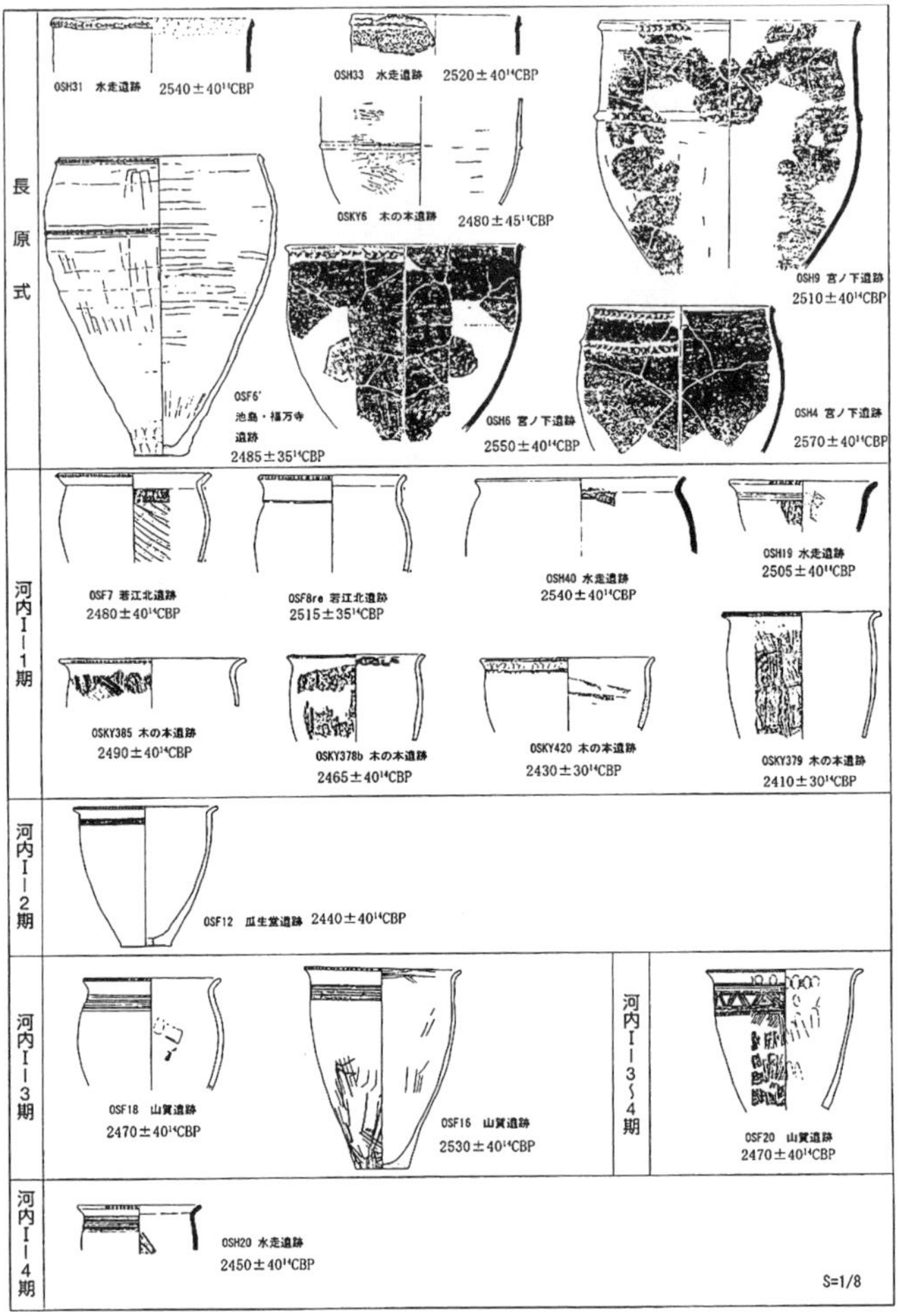

図39　炭素14年代を測定した縄文晩期〜弥生前期土器（小林，春成・秋山2008より転載）

長原式　園耕民だけの段階．水田稲作民はまだ現れていない．**河内**Ⅰ-1・2　水田稲作民の出現．長原式新と遠賀川系土器の折衷様式の土器など2つの集団の接触交流が始まる．水田構造はまだ定式化せず．**河内**Ⅰ-3　近畿独自の遠賀川系土器，水田の定形化．環壕集落．**河内**Ⅰ-4　銅鐸祭祀の開始．

〇年にも達していたことが明らかになったのである（藤尾「弥生開始期の集団関係」『国立歴史民俗博物館研究報告』第一五二集、二〇〇九）。

その結果、長原式古段階の時には在来の園耕民しか大阪平野にいなかったが、長原式新段階になると遠賀川系土器を使う水田稲作民が現れ、長原式新段階と一〇〇〜一五〇年にわたって同じ時間を過ごしたことを意味する。よって長原式古段階と遠賀川系土器は時期差であり、長原式新段階と遠賀川系土器は生業構造を異にする人びとの差（生業差）であったことになる。

この共存期間中に造られていた水田は定型化した灌漑施設をもつものではなく、土器自体も弥生土器として定型化する以前の段階に相当していた。共存期間は水田稲作を始めてから農耕社会に転換するまでの準備期間に相当し、定型化するまで一〇〇〜一五〇年を要したことがわかる。園耕民が農耕民に転換するのにかかった時間に相当するのである。

大阪平野という水田稲作の拡散地で起きた早良・福岡平野ではみることができなかった特色ある水田稲作開始期の実態をみることにしよう。

水田稲作の開始

歴博年代研究グループが炭素14年代を測定した結果、近畿地方でもっとも早く水田稲作が始まったのは神戸地域であることがわかった。神戸市大開《だいかい》遺跡や同市本山《もとやま》遺跡から出土した遠賀川系土器と長原式土器に付着していた炭化物の炭素14年代は、二五〇〇 ^{14}C台であった。較正年代に直すと水田稲作の始まりは前七世紀ごろまでさかのぼる可能性があると考えている。

大阪平野では東大阪市若江北《わかえきた》遺跡出土の遠賀川系土器や同市水走《みずはい》遺跡から出土した長原式土器新段階の土器に付着していた炭化物を測定したところ、前七〜前六世紀には水田稲作が始まっていた可能性のあることがわかった。奈良盆地でも田原本町唐古《からこ》・鍵《かぎ》遺跡の長原式新段階の土器に付着していた炭化物を測定したところ、大阪平野に遅れて前六世紀中頃には水田稲作が始まっていたと考えられる。

このように突帯文土器である長原式新段階の炭素14年代値も弥生前期前半の遠賀川系土器と同じ炭素14年代値であった。この結果、長原式古↓長原式新・Ⅰ期古↓Ⅰ期中↓Ⅰ期新と変遷することがわかった。したがって長原式土器新段階と弥生前期の古・中段階の遠賀川系土器が時期的に共存していたことになる。時間に換算すると併存期間は一〇〇〜一五〇年に及ぶ。

大阪平野に入ってきた水田稲作民がどこから来たのかという問題については、以前から讃岐など中部瀬戸内ではないかと考える説があった。それはこの時期に限って打製石器の石材として香川県金山《かなやま》産の安山岩《あんざんがん》が大阪平野には多量に持ち込まれているからである。地元には二上山《にじょうさん》という良質な安山岩の産地があるにもかかわらず、香川産の安山岩が増えることの背景に、香川からの水田稲作民の移住が想定されたのである。これらの調査結果をもとに大阪平野における水田稲作の定着・拡散過程を復元してみよう。

大阪平野における水田稲作の定着・拡散

九州北部玄界灘沿岸地域で前一〇世紀に始まった水田稲作は約三〇〇年後の前七世紀に神戸・大阪へ到達する。これまで考えていたより二〇〇年近くも長くかかっていた。水田稲作が始まってからも弥生稲作民と園耕民は一五〇年ぐらいの間、併存して住み分けていた可能性を指摘した。住み分けは世代にすると約五世代続いたことになる。時期ごとに定着過程を見ていこう。

前八世紀（縄文晩期末：長原式古段階）、大阪平野の園耕民は縄文後期以来の、沖積地・扇状地・段丘・丘陵の間を短期間で居住地を季節ごとに移動していたという（若林邦彦「河内湖周辺における初期弥生集落の変遷モデル」『環瀬戸内の考古学』二〇〇二）。この時期には竪穴住居がほとんど見つからないことを根拠とした説である。長原式古段階の土器を使う人びとは季節的に遊動していた可能性がある。まだ水田稲作は始まっていない。

前七世紀（弥生Ⅰ期前葉：長原式新段階、遠賀川系土器古段階）になると、古河内潟の三角州堆積領域で水田稲作が始まる。若林によると水田は小規模なものが分節的に形成されていたという。大陸系磨製石器はまだ少なく、讃岐・金山産のサヌカイト製の刃器類が顕著な段階である。弥生稲作を始めたこの段階の人びとこそ、西方から古河内潟周辺にやってきた弥生稲作民を含んでいた可能性がある（図40）。

彼らは在来の園耕民と無関係に弥生稲作を始めるのではなく、在来の園耕民と交流を重ねながら水田稲作を行っていたと考えられる。その証拠は若江北遺跡や水走遺跡の土器に見ることができる。たとえば在来の人びとの土器（長原式土器古段階）が遠賀川系土器の影響を受けて弥生化した甕（長原式新）と、逆に在来の甕（屈曲型一条甕）の口縁部を外反させて、遠賀川系甕に形を近づけた折衷様式の甕が存在していることからもわかる（藤尾「弥生開始期の集団関係」『国立歴史民俗博物館研究報告』第一五二集、二〇〇九）。以上のことから、水田稲作民と在来の園耕民との間の交流が密であったことがわかる。

しかし水田稲作は福岡平野の板付遺跡や野多目遺跡のように大区画水田を造成して行われていたわけではなかった。わずかな人数で小さな面積の水田を耕し、遊動的な生活を送っていた。若林は可耕地を求めて居住域や生産域を細かく移動していた可能性を想定している。

このような状態が一五〇年ほど続くなかで、在来系の園耕民と外来系の水田稲作民との同化・融合が進んでいったものと考えられる。これはまさしく人数的には少ない外来の文化と圧倒的に数が多い在来の文化が長い時間をかけて同化・融合したことを示している。

前六世紀（弥生Ⅰ期中ごろ：遠賀川系土器中段階）になると、山賀《やまが》遺跡や亀井《かめい》遺跡のよう

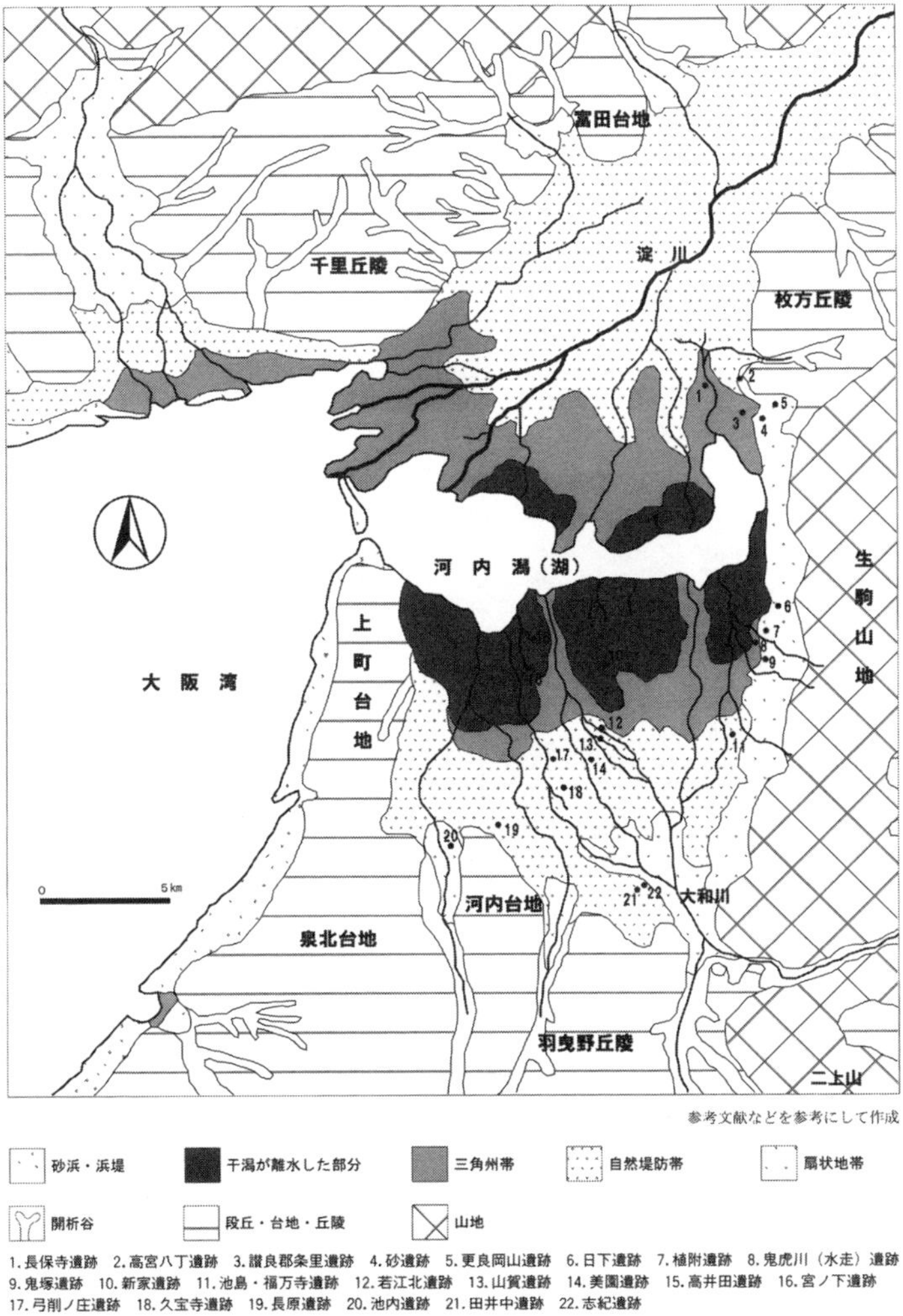

図40　弥生開始期の河内平野
（井上智博「水稲農耕受容期の河内平野」『月刊文化財』527より転載）

に大阪平野の中核となる集落・居住域が形成され始めて定住型集落が出現する。若林は周囲の移動型居住域とあわせて小地域社会が形成されるとみる。山賀遺跡や志紀《しき》遺跡などでは大規模な水路を備えた灌漑設備をもつ水田が出現する。大陸系磨製石器が増加を始め、金山産サヌカイト製の石器の比率も下がり始め、後半には地元の二上山産サヌカイト製の石器が再び比重を増してくる。

在来の園耕民の土器である長原式新段階の土器は見られなくなるとともに、遠賀川系土器も定型化することから、在来の園耕民も水田稲作民に転換したと考えられる。住み分けはこの時に解消されたのである。

以上、福岡平野と大阪平野における水田稲作の始まりから、住み分け期間に行われた水田稲作民と在来の園耕民との接触交流の中で、地域独自の特色を組み込んだ弥生文化が創造されていくことを土器を中心にみることができた。その意味で住み分けに要した数百年は、まさに各地における弥生文化の産みの苦しみの期間に相当するのであろう。

最北端の水田稲作

東北地方北部、青森県垂柳《たれやなぎ》遺跡では古くから炭化米が大量に見つかることが知られていた。しかし山内清男《やまのうちすがお》は、「東北北部は続縄文式が主体で、田舎館《いなかだて》村出土の土器は弥生式的な文物を多少取り入れたものである」として、弥生式土器とは認めていなかった。

続縄文文化の領域という説もあった東北北部で、水田が発見されたのは一九八一（昭和五六）年の垂柳遺跡が最初であった。時期が前二世紀（中期後半）の水田であったが、弘前市砂沢《すなざわ》遺跡でさらに古くさかのぼる水田が発見された（図41）。

図41　砂沢遺跡の水田（弘前市教育委員会）

歴博年代研究グループが砂沢遺跡から出土した土器に付着していた炭化物の炭素14年代を測定したところ、前四世紀（前期末）の所産であることがわかった。九州北部で前一〇世紀に始まった水田稲作が、五〇〇年あまりで東北北部まで広がっていたことがわかったのである。といっても九州北部から面的に陸路で水田稲作が広がっていたのは伊勢湾沿岸から金沢付近までである。そこから先は日本海を経由して一気に東北北部まで飛んでいることも明らかになった。

砂沢遺跡の水田は、一枚あたりの面積が小さい小区画水田とよばれているもので、地形に合わせた高度な技術によって造られていたが、農具や生活の道具類はきわめて縄文的な色彩が強いものであった。土器の組み合わせのなかに遠賀川系土器の影響を受けたものは少ないが、種籾貯蔵用の壺をもつなど弥生的な色彩がみられる。工具は大陸系磨製石器ではなく、縄文以来の剥片石器で作られたと考えられている。林謙作はこれらの石材が縄文晩期と同じ頁岩製で、しかも九割近くを占めることから石器材料の供給体制に晩期との違いは認められないとした（林「クニのない世界」『みちのくの弥生文化』大阪府立弥生文化博物館、一九九三）。

このように砂沢遺跡の水田稲作民は、灌漑施設を備えた水田だけは受け入れているが、石製工具は石材も含めて元からあるものを踏襲している。砂沢遺跡では水田稲作という経済的側面においてはかろうじて弥生系の要素をもつが、労働組織や石器の供給体制などの社会的側面は縄文そのものであり、水口祭祀などの農耕祭祀でさえ土偶《どぐう》や土版《どばん》といった縄文の第二の道具を使って行っている。

このような水田稲作を経済的側面の一部にもつにすぎない砂沢遺跡の人びとが何の目的で稲作を行ったのか、西日本と同じ視点で理解することは難しい。砂沢遺跡の水田稲作民にとってコメは集団の統合を目的としたものという高瀬克範の説もあるので、もはやコメに多機能の役割を求める西日本と同じ目的をもつ水田稲作民とはいえないと考える。灌漑水田稲作を行っていても生業の一つに加えただけの網羅的生業構造の段階にとどまってい

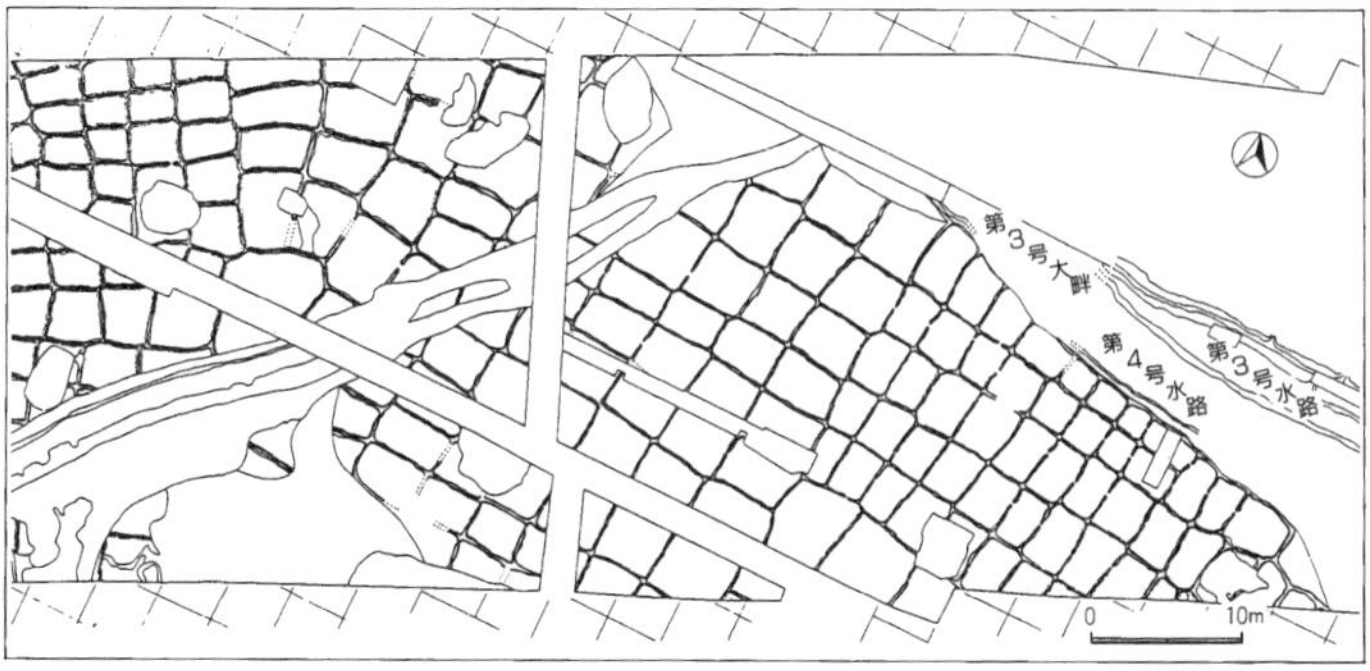

(47) 垂柳遺跡で発掘された水田跡

図42　垂柳遺跡の水田（『垂柳遺跡発掘調査報告書』1984より転載）

る場合は、選択的な生業構造の中で特化していた西日本と同じ枠組みの中で考えることはできないことがわかる。

前三〜前一世紀に比定されている垂柳遺跡の水田稲作も基本的に同じである。水田は総面積が四〇〇〇平方メートルに達する広大なものだが、一枚一枚は平均八平方メートルに区画された小区画水田である（図42）。土器には縄文以来の装飾や形態が継承されているし、石器も形・材質・供給体制ともに在来のものと変わっていない。垂柳遺跡では砂沢遺跡で見つかっていない大陸系磨製石器である扁平片刃石斧が一点見つかっているが（図43）、北方系のすり切り技法で作られていることから、西日本の大陸系磨製石器とは別の系譜をもつと考えられている。祭祀に至っては熊の装飾が施された続縄文文化に属する北海道南部の恵山《えさん》文化の影響を強く見せる土製品であると同時

図43　垂柳遺跡の石器（青森県埋蔵文化財センター）

に、東北地方でもっとも新しく位置づけられる土偶が使用されている。

このように弥生中期併行期になっても垂柳遺跡の水田稲作は縄文的な特徴を強く見せており、社会面、祭祀面の弥生化はほとんど達成されていないという点で砂沢遺跡と同じ様相を見せている。

寒冷化による放棄

東北北部では前一世紀頃から後六世紀にかけて水田稲作が行われていないことがわかっている。代わって熊の装飾をもつ土器やスプーンなどが出土するようになることから、寒冷化とともに続縄文文化の領域に含まれると考えられている。水田稲作は行われなくなり採集狩猟生活の世界に戻ったのである。

寒冷化の影響は東北中部や南部にも及んでいたと思われるにもかかわらず、これらの地域の水田稲作は放棄されることもなくて継続されているのはなぜであろうか。

仙台市富沢《とみざわ》遺跡や南《みなみ》遺跡では、木製農具はもちろん大陸系磨製石器もあり弥生系の農工具が完全にそろっている。環壕集落や方形周溝墓を造ることはなく、弥生系の木製祭祀具も見つかっていないものの、東北北部に比べて経済的側面の弥生化が一層進んでいたことは確実である。

東北北部と東北中・南部との間にこのような違いが生じたのはなぜであろうか。林謙作《はやしけんさく》は、東北北部が縄文以来の石器供給体制を維持したまま水田稲作を行っているのに対し、東北南部は水田稲作を始めるにあたって石器供給体制を改変し、縄文以来の体制を継続していないことを指摘する（林一九九三前掲論文）。また鈴木信《すずきまこと》は生業分化せずに水田稲作を行ったため、採集狩猟生活に戻れた東北北部を「類続縄文文化」、生業分化して水田稲作を行ったものの社会の質的変化が起きなかった東北中部（仙台平野）を「類弥生文化」とよんでいる（鈴木信「続縄文文化と弥生文化」『弥生時代の考古学』一、同成社、二〇一〇）。寒冷化に直面してもとの採集狩猟生活に後戻りできた東北北部と後戻りできなかった東北中・南部として位置づけたのである。労働組織の再編成を極力抑え、弥生専用の工具を用いず、祭祀体系の変更もないまま水田稲作を行った東北北部は、寒冷化に直面しても以前の労働組織や祭祀を温存していたために、水田稲作を放棄してもとの採集狩猟生活に戻ることができた。しかし労働組織を再編成した上で、石器の供給体制も水田稲作用に変更してしまっていた東北中・南部は、寒冷化に直面してももはや後戻りすることはできず、水田稲作を継続するしか選択肢はなかったということであろうか。

水田稲作はなかなか広がらなかったのか

新しい年代観のもとでは、水田稲作が北海道と沖縄を除く日本列島の各地に広がっていくのに、従来よりも多くの時間が必要だったことの意味について考えてきた。九州北部や近畿でも、水田稲作民がコメを作り始めてから在来の園耕民が水田稲作を受け入れて、農耕民へ転換し、平野全体に浸透するまでには、一〇〇年から二〇〇年もかかっていたことを知った。西日本の場合、水田稲作は五〇年単位ぐらいの時間をかけて灘単位で東へ東へと広がっていくのだが、その地域全体に浸透していくには、つまり園耕民が水田稲作民へ転換するには一〇〇年以上かかっていたのである。つまり地域単位に日本列島を東へ広がっていくスピードより、地域内に浸透するスピードの方がかなり遅かったことを意味している。かつて下條《しもじょう》信行《のぶゆき》がリレー式の伝播と評した水田稲作拡散の実態は東へ東へという灘単位の拡散を意味していたことがわかる。その一方で、瀬戸内沿いに点在する平野内において、地元の園耕民たちが農耕民に転換してある程度安定した水田稲作が行われるようになるには、その何倍もの時間が必要だったのである。

日本列島で最初に水田稲作を始めた九州北部の園耕民が水田稲作民に転換する場合も例外ではなかった。やはり水田稲作を始めるまでには縄文後期後半にコメを知ってから一五〇〇年以上の時間がかかっている。その間の九州北部の園耕民が何をやっていたのか、具体的に知ることは難しいが、それを知る手がかりは東北北部の砂沢遺跡にあった。東北北部の園耕民は、縄文晩期以来の労働組織や石器供給体制など伝統的な社会システムを変えないまま水田稲作を行ったのである。採集、狩猟と同じように水田稲作を網羅的な生業構造の一つに加えただけでもコメは作ることができたのである。農耕祭祀でさえ縄文の祭りの道具で代用した。まさに縄文社会における水田稲作である。縄文社会に属す縄文人が灌漑施設をもつ水田を造成するのである。西日本の弥生人とは別の目的で。

したがって九州北部の縄文人も朝鮮半島南部で水田稲作が始まり、もともともっていない木製農具だけを手に入れられれば彼らも水田稲作を行えたという理屈になる。ただ朝鮮半島南部で水田稲作が始まったのは前一一世紀からなので、日本列島の水田稲作もあと一〇〇年ぐらいはさかのぼる可能性がある。

東北北部の水田稲作はあまりにも脆弱な社会システムのもとで行われていたのであろう。環境が悪化すればいつでも元の生活に戻ることができた。今後の調査次第ではそうした試行例を九州の縄文後・晩期に見つけられるかもしれない。

変わる弥生村のイメージ

弥生集落論の見直し

弥生村の規模と構造の求め方

弥生文化研究のテーマのなかに「弥生集落論」や「墓地構成論」とよばれる分野がある。集落や墳墓《ふんぼ》の規模や構造を解析して弥生人の村の構造や、人口、親族構造や社会構造などを明らかにすることを目的としている。

弥生村の復元は正しいのか？

私たちはこれまでこれらのテーマを約七〇〇年間続いた弥生時代という前提で考えてきた。しかし約一二〇〇年間続いた弥生時代という前提で考えるとどうなるのであろうか。これまでと同じでよいのであろうか。それとも考え方を変えないといけないのであろうか。七〇〇年続いた弥生時代と、一二〇〇年続いた弥生時代で村の姿がもし違っていたとしたら、各地で公開されている弥生村の復原公園や復元模型は、見直しの必要が出てくるかも知れない。

なぜ弥生時代の存続期間が変わると、こうした事態が想定されるのであろうか。それは弥生集落論や墓地構成論を行うための基本的な方法論が存続期間に大きく関係しているからである。まず存続期間と基本的な集落解析の方法論との関係から説明することにしよう。

次に従来の年代観と新しい年代観のもとでは、復元される弥生村の姿にどのような違いが出るのか、弥生集落論の研究史上に重要な位置を占める福岡市宝台《たからだい》遺跡を例に比較してみる。

最後に従来の年代観と新しい年代観では人口増加にどのような違いが出るのか、これまで数々の人口増加シミュレーションが行われてきた福岡県小郡市三国《みくに》丘陵を例にみてみよう。

土器型式単位で考える

先史時代の集落や墳墓の規模や構造を復元するために考古学者がまずやらなければならないことは、同じ時期に存在していた住居や墳墓を特定する作業である。考古学者はこの作業を「同時併存遺構の認定」とよんでいる。

考古学では、同じ土器型式に属する土器が見つかった住居や貯蔵穴を同時に存在していたと考え、型式学的に連続する土器型式が見つかった住居を連続して営まれたと見なす。しかし同時併存や連続する遺構を特定する場合に考古学者がある前提を設けていることを読者の方々はご存じであろうか。

土器型式は存続幅をもっている。弥生時代の存続期間が七〇〇年の場合、弥生土器一型式の存続幅は一律三〇〜五〇年であった。たとえば同じ土器型式に属していても、一年目に作られて使われた甕《かめ》と三〇年目に作られて使われた甕が、同時に使われていたとみることはできない。なぜなら火にかけて調理に用いる甕の耐用年数は短いからである。したがって厳密には同じ土器型式に属する土器が見つかったからといっても、同時に存在していたとはいえないのである。ただこれまでは土器一つ一つの実年代を知ることができなかったので、同一型式に属する土器は同時に存在していたと仮定していたにすぎない。すなわち、土器型式が存続幅をもつことは承知しているが、それ以上、細かい年代を知ることはできないので、同じ土器型式に属する土器は同時に存在していたと仮定し、別の土器型式に属する土器を出土した住居は時期差だと仮定してきたのである。

それに三〇年という土器一型式の存続幅が人の一世代にほぼ対応していたこともあって、親子なら三〇年の年の差があっても同時に生きていた。すなわち同時に存在していたと見なせたのである。

しかし、測定精度が上がって土器型式ごとにAMS—炭素14年代を測定してみると、弥生時代の上限が前一〇世紀まで古くなり、存続期間も一二〇〇年になった。また従来と同じ三〇年ぐらいの存続幅をもつ土器型式（板付Ⅱc式）もあれば、一五〇年近い存続幅をもつ土器型式（板付Ⅱb式や須玖Ⅰ式など）もあることがわかってきた。

存続幅が一五〇年といえば、極端な話、坂本龍馬が生きていた時代から現代までの時間に匹敵する。これでは同一型式に属するから同時に存在していました、とはとてもいえなくなる。考古学者のこれまでの仮定が成りたたなくなった今となっては、今までと同じ方法で集落論や墓地構成論を続けていくわけにはいかなくなったのである。

縄文集落論に見る同時併存の考え方

二一世紀になってこうした問題に突き当たることになった弥生集落論だが、実は四〇年も前に同じ問題に直面して、激しい議論を重ねてきたのが縄文集落論である。それはもともと縄文土器の存続幅が、一型式一〇〇年以上と考えられていたからである。

まだ記憶に新しいところではあるが、縄文中期の青森県三内丸山《さんないまるやま》遺跡の人口が五〇〇人だったという説が新聞紙上を賑わしたことがある。しかし一方では一五〇人にも満たないという説があったことも事実である。詳しくは拙著（『縄文論争』講談社メチエ、二〇〇二）をお読みいただくとして、五〇〇人と一五〇人以下という、極端に異なる二つの説が出されることになった背景には、同じ土器型式に属する土器が見つかったすべての住居跡を同時併存と見なすのか、見なさないか、という考え方の違いがあった。

炭素14年代測定を積み重ねてきた結果、存続幅が一五〇年もある土器型式の存在が明らかになった弥生集落研究も、同時併存の住居を何軒と捉えるのかによって人口や集落構造など、まったく別の村の姿が復元できてしまうことがおわかりいただけたであろう。

したがってここでは縄文集落論の動向も参考にしながら、約一二〇〇年の存続期間をもつ弥生時代の集落論はどうあるべきかを考えていかなければならない。それではまず手始めに、そもそも考古学では、一つの住居跡の時期をどのようにして決めていたのかという点から見ていくことにしよう。

出土位置の違いにより時期が異なる

住居跡を発掘すると時期を決める際の決め手となる土器がいろいろなところから出土する。炉などの施設に使われた土器（埋設土器や施設土器という）もあれば、床面に貼りついて見つかる土器（床《ゆか》直《ちょく》）や、住居の埋土《まいど》から見つかる土器（埋土）がある。たとえこれらの土器が同じ型式に属していたとしても、推測される住居の年代は微妙に異なる。図44を使って説明しよう。

まず埋設土器からわかる年代である。ここに存続幅が前八四〇年から前七八〇年の夜臼《ゆうす》Ⅱa式を使った埋設土器があったと仮定しよう（実際にはない）。埋設土器は住居が造られたときに設置されるものなので、造られた年代が前八四〇年より古くなることはない。では住居が廃絶された年代は前七八〇年までにおさまる可能性はあるのかといえば、答えは

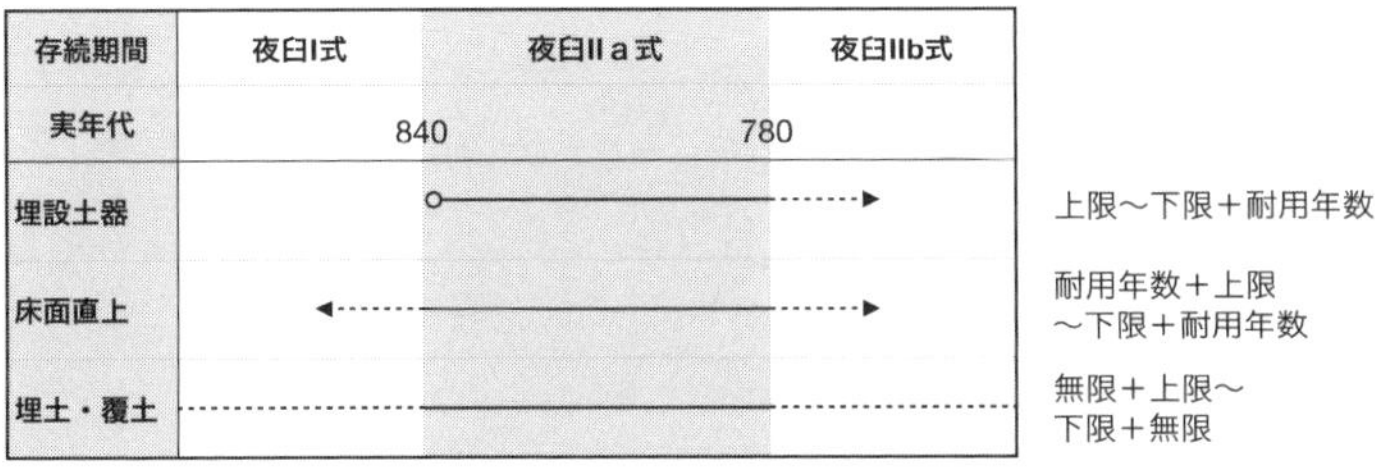

図44　出土地点別の住居の存続期間

ノーである。たとえば前七八〇年に造られたとすると住居の耐用年数（点線の矢印）の分、次の土器型式である夜臼Ⅱb式の段階まで下がることになるからである。したがって埋設土器からわかる住居の年代は、夜臼Ⅱa式〜夜臼Ⅱb式ということになる。実年代では前八四〇〜前七八〇＋（耐用年数）の間のどこか、ということになる。

　次に床面に貼りついて出土した土器からわかる年代である。床直の土器は居住中に使用中の土器が貼りついたものなので、基本的には床面の土器型式の存続幅におさまるが、住居の耐用年数分は、前後の土器型式にはみ出す場合がある。例えば前八四五年に造られてから一〇年後に夜臼Ⅱa式が貼りついた場合の上限年代は夜臼Ⅰ式の存続幅に食い込む。逆に前七八五年に造られて夜臼Ⅱa式が貼りつき、一〇年後の夜臼Ⅱb式の段階で廃棄されることもあり得るので、下限年代は夜臼Ⅱb式に食い込むことになる。

　最後は埋土や覆土《ふくど》から出土した場合だが、これは時期を特定することはできない。住居の居住期間以前の土器型式も以後の土器型式も混じり込む可能性があるからだ。

それでもまだ土器型式だけで同時併存かどうかを決めていられた時代はよかった。同じ土器型式に属する土器が床面に貼りついた状態で見つかれば、同じ時期の住居と見なしてきたし、連続する土器型式が貼りついて見つかった住居同士は、連続して営まれたと見なしてきたからである。

こうしたおおらかな弥生集落研究に警鐘を鳴らした藤田憲司《ふじたけんじ》の研究（「単位集団の居住領域」『考古学研究』一九八四）もあったが、一型式＝一世代という弥生土器研究特有の前提で議論されるのが常であった。実際それで困らなかったし、それしか方法がなかった。いや、そうした基礎的な方法論を詰めていくことよりも、集落の分析を通じた社会組織や社会構造の復原という研究テーマに対する魅力の方が勝っていた。古墳時代成立のメカニズムを知るために、土器型式という段階ごとの変遷、もしくは同じ時期の地域間の比較を行ってきたのが、これまでの弥生集落論だったのである。まさに一型式＝一世代という前提の上に成り立っていた研究だったのである。

以上まとめてみると、住居跡から出土する土器は埋設土器、床面直上、埋土など出土位置に限らず型式の存続幅の間に完全におさまる場合はなく、上限年代が存続幅の上限と一致するのは埋設土器のみで、下限に至っては三つのケースとも型式内に正確に収まるとはいえないことがわかった。住居の耐用年数の分だけ誤差はどうしても生じてしまう。こうした時期の特定がきわめて困難な状況は縄文集落の例からもわかる。

縄文中期前半〜中葉の千葉県草刈《まづかり》貝塚では検出された一七七棟の住居のうち、覆土出土土器しかない住居が六割、埋設土器で建造の上限年代を推定できるのは二割、床面直上で廃絶年代をある程度絞り込めるのは七％で、実質的に使用期間を特定できるのは約二五％にとどまっている（林謙作「連載講座：縄紋時代史二五―縄紋人の集落（五）―」『季刊考古学』五一、一九九五）。埋設土器のない弥生集落ではさらに特定できる割合は下がることが予想される。

土器型式の存続幅の求め方

では、存続幅がわかっている土器型式に属する土器同士が同時に存在していたとか、時期差があるとかはどのようにして求めていけばよいのであろうか。この問題を考える前に歴博年代研究グループがどのようにして土器型式の存続幅を求めているのか、弥生最古の土器である山ノ寺・夜臼Ⅰ式を例にその方法を説明しよう。

図45は、縄文時代最終末の土器型式である黒川式新段階の土器（左側の山）と山ノ寺・夜臼Ⅰ式土器（右側の山）の境界を統計的に示したものである。図中の矢印を下ろしたと

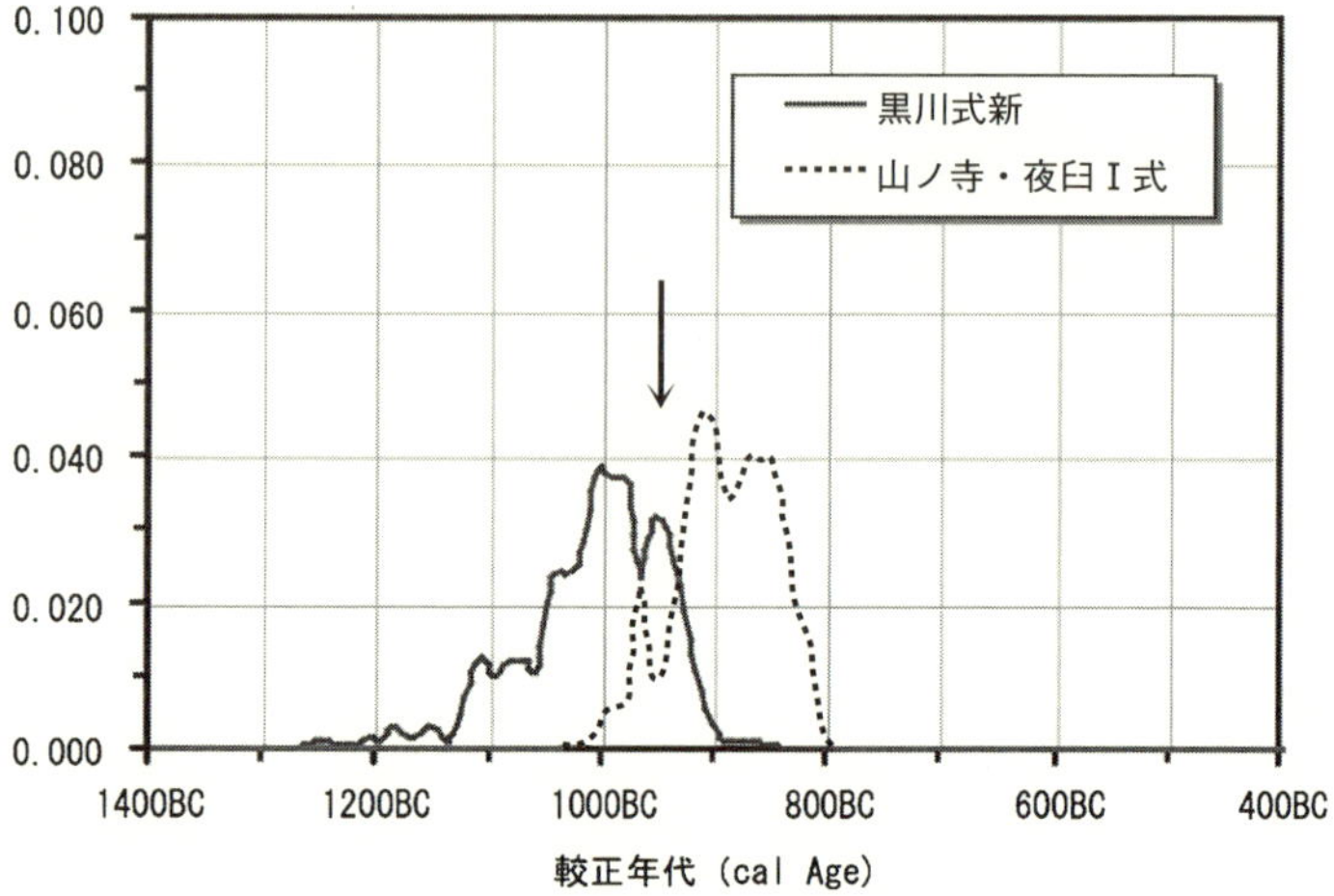

図45　山ノ寺・夜臼Ⅰ式の出現年代の求め方
矢印は955BCから935BCの間のどこかにくることを意味する

ころが二つの土器型式の境界にあたり、数字で示すと前九五五年から前九三五年の間のどこかに来ることになる。すなわち弥生時代最古の土器の上限年代、弥生時代の始まりが前一〇世紀後半であることの根拠である。

夜臼Ⅰ式の存続幅を求めるには、あと何がわかればよいだろうか。そう、夜臼Ⅰ式の下限年代、すなわち夜臼Ⅰ式と夜臼Ⅱａ式の境界の年代がわかればよいのである。結論だけ述べると両土器型式の境界は、前八四〇年から前八三五年の間にくることが統計的に確かめられているので、夜臼Ⅰ式の存続幅は前九五五〜前九三五年と、前八四〇〜前八三五年の間、およそ一二〇年間ということになるので

表３　土器型式の存続幅（弥生早期～前期末）

土器型式	相対年代	炭素14年代	出現年代（ＢＣ）と存続期間
山ノ寺・夜臼Ⅰ式	早期前半	2700 ^{14}C BP 台	955～935　約120年間
夜臼Ⅱａ式	早期後半	2600 ^{14}C BP 台	840～835　約70年間
夜臼Ⅱｂ・板付Ⅰ式共伴期	前期初頭	2500 ^{14}C BP 台	790～785　約110年間
板付Ⅱａ式	前期中頃	2400～2300 ^{14}C BP	680～580　約130年間
板付Ⅱｂ式	前期後半	2400～2300 ^{14}C BP	625～475　約170年間
板付Ⅱｃ式	前期末	2300 ^{14}C BP 台	380～350　約30年間

ある。

こうした作業を繰り返すことで求めた九州北部の弥生早期から前期末までの土器型式の上限年代と存続幅を示したのが表３である。前期末のように従来の年代幅と同じ三〇年続くものから、板付Ⅱｂ式のように約一七〇年続くものもある。人の一世代から六世代にわたるものまで存続幅が大きく異なる弥生早～前期の集落論を、これまでのように床直の土器型式が同じだからという理由で同時に存在したと仮定して議論することは、もはやできないことがおわかりいただけたと思う。

同時併存と時期差のモデル化

統計的に求めた型式ごとの存続幅を使って、どういう場合に同時併存、時期差と認定できるのか、九州北部の弥生前期末から中期後半を例に模式的に示したのが図46である。

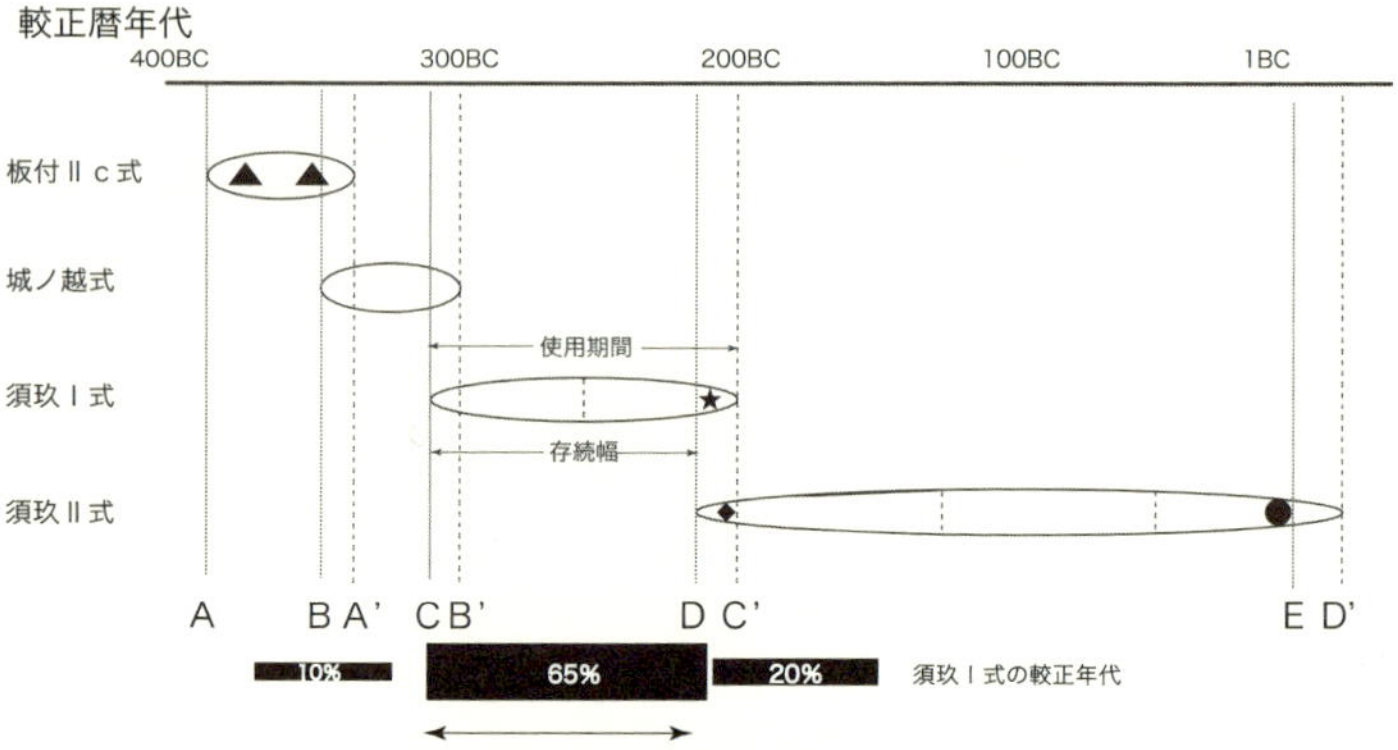

図46　型式間境界と土器型式の存続幅

従来の年代観との最大の違いは、存続幅が型式ごとに異なる点と、長いもののなかには一世代を大きく超えて二〇〇年にも達するものがあるという点である。こうした違いをふまえて同時併存の認定をどのようにして行っていくのか説明する。

前期末の板付Ⅱc式が前四世紀の前半（A）に出現し、使用期間がA～A'だったとしよう。中期初頭の城ノ越式がどこで出現するかが問題だが、板付Ⅱc式が完全に終わった時点（A'）で城《じょう》ノ《の》越《こし》式《しき》が出現すると考えるよりは、板付Ⅱc式がすたれかけた頃（B）に城ノ越式が成立したと考えた方が、実態を反映していると考古学者は考えている。なぜなら隣接する土器型式は一緒に見つかることが多いからである。BとA'の間を板付Ⅱc式から城ノ越式への移行期、もしくは新旧の共存期と考えることができる。すると、先ほど図45で示した縦の矢印が示していた型式の境界とは図46のBだったわけである。したがって型式の存続幅はA～B、使用期間はA～A'となり、使用期間の方が型式の存続幅よりも若干長くなる。

では同時期の認定はどのように行えばよいのであろうか。再び図46を使って説明しよう。たとえば板付Ⅱc式土器が床面から見つかった住居跡が二棟（▲）あったとしよう。板付Ⅱc式の存続幅は約三〇年なので、これまでの前提を適用すればこの二棟は従来通り同時併存ということになる。次に約二〇〇年の存続幅をもつと考えている須玖Ⅱ式の場合、同じ須玖Ⅱ式であっても古式（◆）と新式（●）を同時併存とみることはできない。もちろん須玖Ⅱ式を細別できれば考古学的に時期差と判断することができる。逆に土器型式が異なっていても須玖Ⅰ式（★）と須玖Ⅱ式（◆）が図のような関係にある場合は、同時併存とみることができる。

以上のように住居の床面から出土した土器一点ごとに炭素14年代を測定して較正年代がわかれば、同時併存か時期差かを、かなりの精度で認定できるが、そうそう運良く付着炭化物が遺っているわけではないし、たとえ遺っていたとしてもすべての住居の時期を決めるためには測定数が膨大なものになるので、よほど財政的に豊かでなければすべての住居の実年代を求めることは不可能に近い。できるところではやったらいいが、実際、そこまでできるところはほとんどないのだから、延べ軒数（累積結果）をどのように理解して利用していく方が建設的であろうという意見が出てくるのももっともである。

弥生集落論で何を明らかにするのか

縄文集落研究では何を目的としているかによって大きく二つの立場に分かれて研究が進められている。一つは集落の形成過程、住居の建築から廃絶までの過程、ある瞬間の規模や人口を明らかにする研究で、土器型式の細分と炭素14年代を駆使して徹底的に同時併存住居を求めていく、いわゆる「横切り派」とよばれるグループである。

もう一つは当時の社会構造や集団関係を推定する研究で、ある一定の時間幅における住居や掘立柱建物の累積軒数を求める、いわゆる「縦切り派」とよばれるグループである（谷口康浩「縄文時代の生活空間―「集落論」から「景観の考古学へ」―」、『縄文時代の考古学』八、同成社、二〇〇九）。

縦切り派の場合、土器型式というある一定の時間幅に造られた遺構群の累積結果を私たちは見ているのであって、ある瞬間の集落構造や規模とは一致しないし、村の景観と同じではない。それでも累積結果という最終的な配置や構造を見ることによって人びとの血縁関係や社会関係、そしてそれらの変化を大別として把握できる、という点を重視する研究である。

これまでの弥生集落論の場合は、土器型式の存続幅を数十年の均等幅と仮定して行ってきたので、同じ土器型式に属する遺構群は、ある瞬間の集落構造や規模と一致すると仮定して行われてきた。しかし、これからはある一定の時間幅の累積結果であることを意識した研究と解釈が必要になってくる。

これまでの弥生村とこれからの弥生村

宝台遺跡の弥生村

福岡市宝台《たからだい》遺跡は、弥生中期の集落構造を明らかにした遺跡として、弥生集落論の研究史上に位置づけられる遺跡である（高倉洋彰編『宝台遺跡』日本住宅公団、一九七〇）。この報告書には九州北部における一九七〇年代の弥生集落論にみられた「同時期」の認定法を余すところなく発揮して復原された弥生村の景観案が示してある。私も学生時代、この報告書を弥生集落研究を学ぶ教科書として勉強したものである。ここにこの報告書を紹介し、従来の年代観に基づく弥生集落論の方法をおさらいしておく。

宝台遺跡には尾根を異にするB地区、C地区、D地区という三つの地区があり、各地区から二つの土器型式に属する住居跡や住居状遺構、ピットなどが検出された（図47・48）。

図47　福岡市宝台遺跡（高倉編1970より転載）

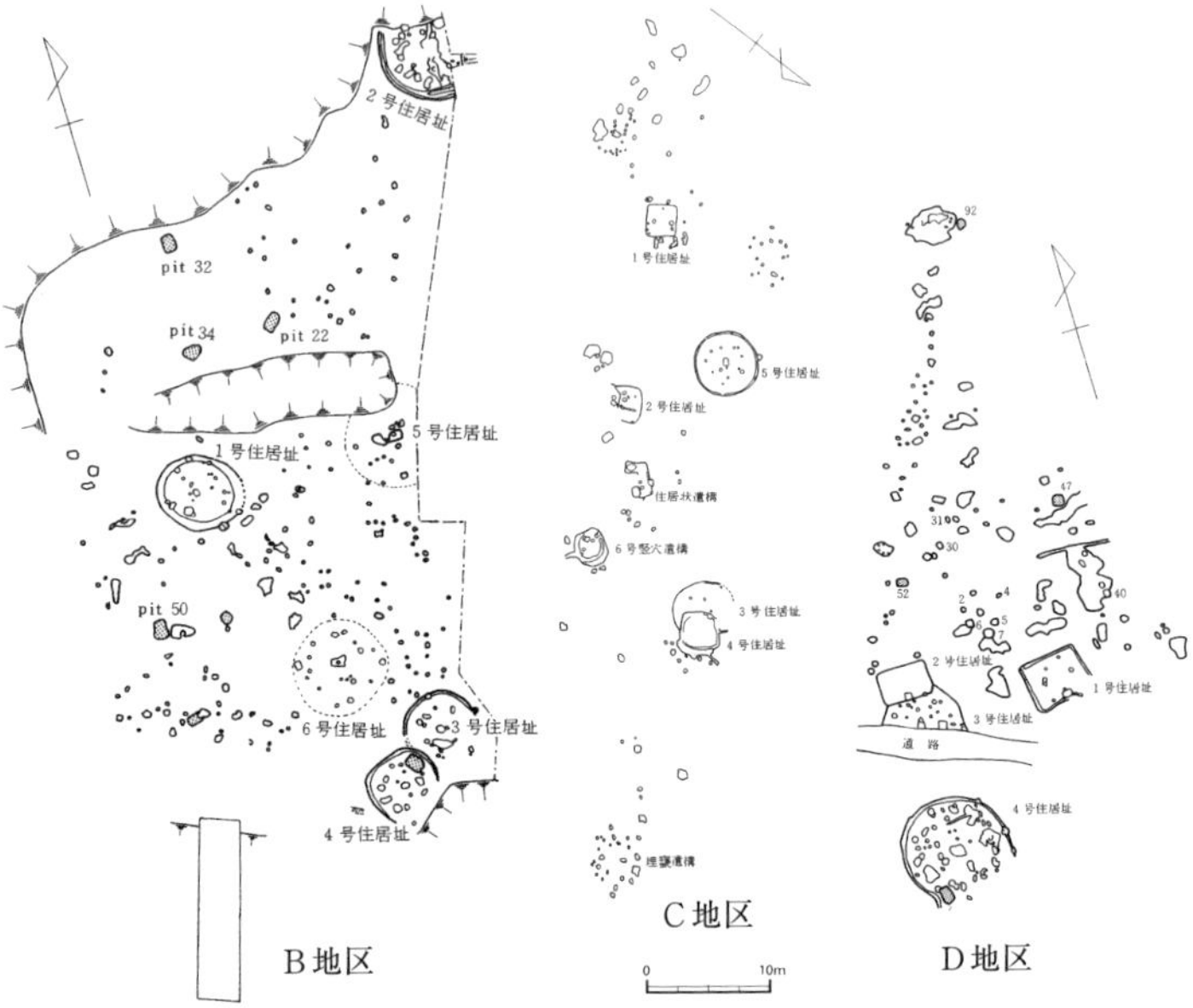

図48　各地点の遺構配置図（高倉編1970より転載）

表4に各住居跡から出土した土器の出土状況と住居の重複関係、時期の目安を示した。基本的に床直から出土した土器型式の年代を住居の下限年代と見なしている。床面から浮いた状態で土器が見つかった住居や覆土から土器が見つかった住居の場合は、D地区三号住居跡のように「存続期間の一点」を見つかった土器の相対年代の一点に求めている。

その結果、同じ土器型式に属する土器が床直から見つかった住居は基本的に中期中葉か中期後葉に同時併存していたこと、中期中葉と後葉の住居は連続して存在して時間的な断絶はないと考えられた。実際にはB地区一号住居のように建て増しされた住居や、B地区三号住居と四号住居、C地区三号住居と四号住居のように、同じ土器型式（中期中葉）のなかで時間差をもつ住居もある。

以上の結果、中期中葉にはB地区には六軒、C地区に六軒、D地区に二軒。中期後葉にはC地区に一軒、D地区に二軒の住居が建っていたことになり、宝台村は中期中葉に三つの尾根で居住が始まり、中期後葉にはC地区とD地区に一～二軒ずつの住居が継続して営まれていたという集落変遷が把握された。重複関係は同じ土器型式同士にしか見られないうえ、中期後葉の住居は中葉の住居と重ならないように建てられていることからも、断絶することなく継続していた可能性が高いと考えられている。

宝台Ⅰ・Ⅱ式土器

宝台村から見つかった宝台Ⅰ式は中期中葉、Ⅱ式は中期後葉でも後期に近いと考えられている。一九七〇（昭和四五）年当時、九州北部弥生中期の土器編年は、城ノ越式（初頭）、須玖式（中葉）、御床《みとこ》式（後葉）の三つに編年されていた。中期は前一〇〇年から後一〇〇年までの二〇〇年間継続したと考えられていたので、一型式あたり七〇年ぐらいの存続幅になる。

そうなると宝台Ⅰ式が仮に須玖式に併行する型式で存続幅が七〇年ならば簡単に同時に存在していたとは言いにくくなる。実際、B地区五号住居から出土した宝台Ⅰ式は、古い様相をもっていると書かれているし、一号住居や四号住居のように建て替えや重複が認められることを考え合わせると、宝台Ⅰ式のなかでも二つの時期に分かれる可能性がある。しかしこれ以上は確かめようのない時代のことである。では宝台Ⅰ・Ⅱ式に較正年代を適用すると、宝台村の集落景観は変わるのであろうか。

宝台Ⅰ・Ⅱ式の較正年代

まず宝台Ⅰ式とⅡ式に較正年代を適用してみよう。歴博年代研究グループは一九七二（昭和四七）年に設定された小田富士雄《おだふじお》の土器編年案に基づいて較正年代を求めている（小田「入門講座：弥生土器―九州3―」『考

住居跡の時期
建て増しされた住居の下限が宝台Ⅰ式（中期中葉）
下限が中期中葉
構造が似ているので中期中葉
下限が中期中葉
下限が中期中葉
構造が似ているので中期中葉
併存期間の１点が中期中葉
下限が中期中葉
中期中葉
中期中葉
下限が中期中葉
下限が中期後葉
下限が中期中葉
下限が中期中葉
存続幅の１点が中期中葉にあり
下限が中期中葉にあり

表4　宝台遺跡の住居跡一覧（高倉編1970より転載，一部改変）

	住居跡No.	出土した土器型式	出土状況	重複関係
B地区	1	宝台Ⅰ式	第2次床面と屋内ピット	2軒か建て直し
	2	宝台Ⅰ式	床面から表土まで	
	3	なし	時期の決め手となる土器は出ていない	
	4	宝台Ⅰ式	床直	3号を切る
	5	宝台Ⅰ式	床直と中央ピット	
	6		削平のため不明	
C地区	1	宝台Ⅰ式	床面から浮いて出土	
	2	宝台Ⅰ式	床直	
	3	宝台Ⅰ式	出土地点不明	4号に切られる
	4		確実に伴う土器なし	4号を切る．3軒内外が複合か
	5	宝台Ⅰ式	床直	住居跡とは考えられない
	6	宝台Ⅱ式	床直	住居跡とは考えられない
	7	宝台Ⅰ式	床直	
D地区	1	宝台Ⅱ式	床直	
	2	宝台Ⅱ式	床直	
	3	宝台Ⅰ式	覆土	半掘．上部に多くの須恵器出土
	4	宝台Ⅰ式	床直	

古学ジャーナル』七九、一九七三)。小田編年は中期を前半と後半の二つに分け、前半は初頭の城ノ越式と須玖Ⅰ式に、後半は須玖Ⅱ式に分類しているので較正年代を適用するには、まず宝台Ⅰ式とⅡ式が小田編年のどの土器型式に対応するのかを求める必要がある。

まず小田編年と一致している城ノ越式には較正年代をそのまま付与できる。しかし小田編年の須玖Ⅰ式とⅡ式に宝台Ⅰ・Ⅱ式を対応させるには一工夫が必要である。田崎博之が、小田の須玖Ⅰ式を中・新段階の二つに、須玖Ⅱ式を古・新段階の二つに細分しているので(図49)、これを利用すると(田崎「須玖式土器の再検討」『史淵』一二二、九州大学文学部、一九八五)、田崎編年の須玖Ⅰ式新と須玖Ⅱ式古が宝台Ⅰ式に、須玖Ⅱ式新が宝台Ⅱ式におおむね相当するので、これなら宝台Ⅱ式(中期後葉)が後期に近いという報告書の記述とも一致する。

よって宝台Ⅰ式は田崎編年の須玖Ⅰ式新と須玖Ⅱ式古、宝台Ⅱ式は田崎編年の須玖Ⅱ式新と対応するものとして、宝台Ⅰ式、Ⅱ式の較正年代を求めてみよう。

筆者と今村峯雄《いまむらみねお》は、長崎県原《はる》の辻《つじ》遺跡出土の弥生前~中期土器に付着した炭化物の炭素14年代を測定し、須玖Ⅰ・Ⅱ式土器を中心とする三六点の較正年代を求めた(藤尾・今村「弥生時代中期の実年代」『国立歴史民俗博物館研究報告』第一三三集、二〇〇六)。その結果、須玖Ⅰ式の較正年代を前三二五―前三〇〇~前二三〇―前二〇〇年、須玖Ⅱ式を前二三〇

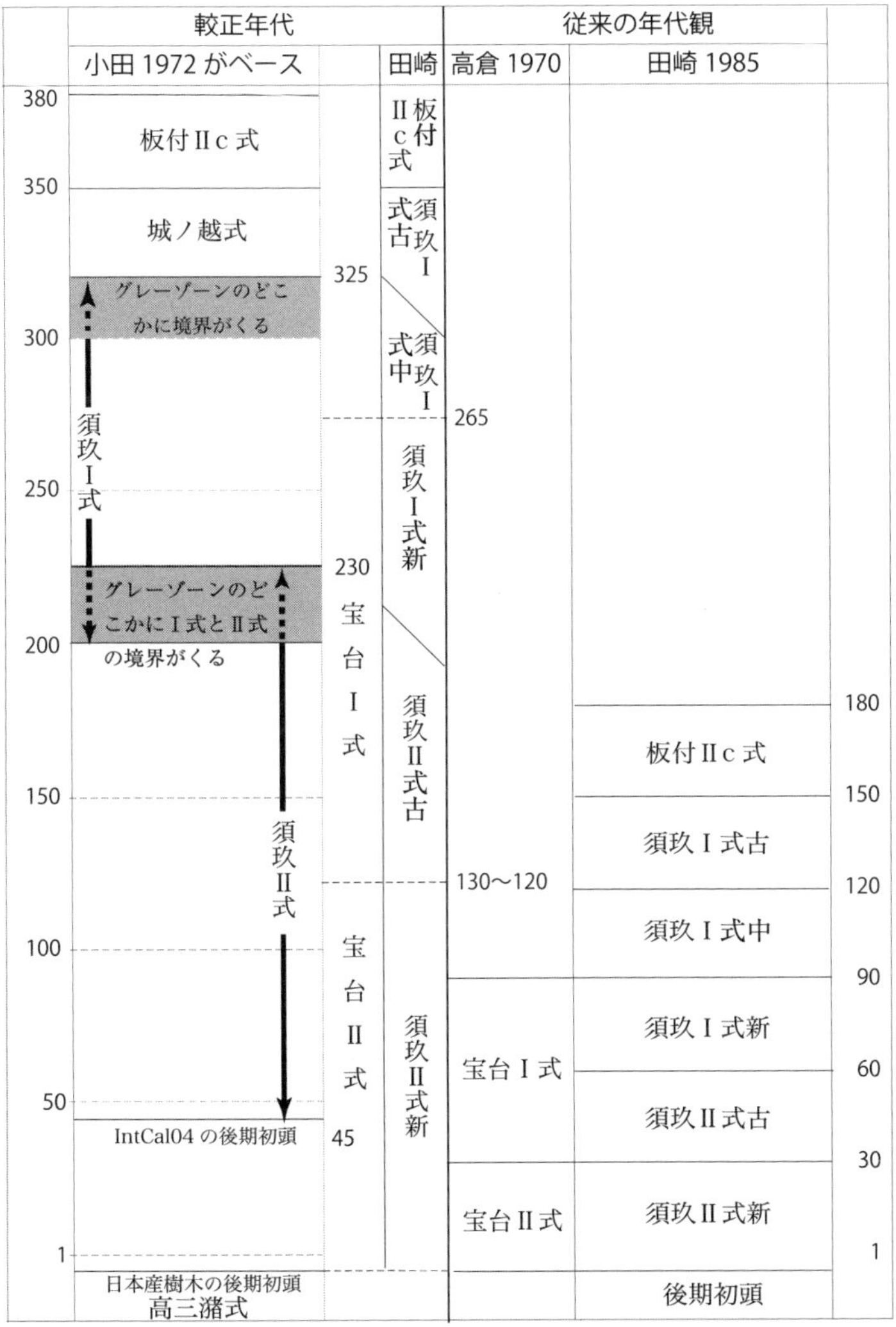
較正年代
従来の年代観
小田 1972 がベース
田崎
高倉 1970
田崎 1985
380
板付Ⅱc 式
板付Ⅱc式
350
城ノ越式
須玖Ⅰ式古
325
グレーゾーンのどこかに境界がくる
300
須玖Ⅰ式中
265
須玖Ⅰ式
250
須玖Ⅰ式新
230
グレーゾーンのどこかにⅠ式とⅡ式の境界がくる
200
宝台Ⅰ式
須玖Ⅱ式古
180
板付Ⅱc 式
150
150
須玖Ⅱ式
須玖Ⅰ式古
130〜120
120
須玖Ⅰ式中
100
宝台Ⅱ式
90
須玖Ⅰ式新
宝台Ⅰ式
須玖Ⅱ式新
60
50
IntCal04 の後期初頭
45
須玖Ⅱ式古
30
宝台Ⅱ式
須玖Ⅱ式新
1
1
日本産樹木の後期初頭
高三潴式
後期初頭

図49　九州北部の弥生土器編年と較正年代（前期末〜後期初頭）

—前二〇〇〜前四五年ごろに比定した。現在では年輪年代を測った日本産樹木の炭素14年代測定が進んだことによって、後一世紀まで須玖Ⅱ式の下限が下ることが確かめられている。したがって、弥生後期の始まりは、炭素14年代でも後一世紀であるといえよう。

この較正年代をもとに宝台Ⅰ・Ⅱ式の較正年代を求めてみよう。須玖Ⅰ式の途中で出てくる宝台Ⅰ式の上限年代は他に手がかりもないので須玖Ⅰ式（前三二五〜前二〇〇年）のほぼ中間である前二六五年前後に始まると機械的に仮定した。また宝台Ⅱ式は須玖Ⅱ式の中間点である前二世紀前半ごろ（前一三〇〜前一二〇年）に始まると機械的に仮定した（図49）。すると宝台Ⅰ式の存続幅は前二六五〜前一三〇—前一二〇年の約一三〇年間、宝台Ⅱ式の存続幅は前一三〇〜前一二〇—後五〇年の約一八〇年前後ということになる。

いずれも一五〇年前後という、従来の七〇年幅に比べても倍以上の長い存続幅をもつことになる。今後、日本産樹木の炭素14年代測定が進めば、須玖Ⅰ式、須玖Ⅱ式の上限・下限年代とも修正される余地を残しているとはいえ、従来の七〇年幅よりもかなり長くなることは確実であろう。

弥生中期中頃の較正曲線の特徴

それにしても宝台遺跡に人が住んでいた弥生中期中葉〜後葉の土器型式の存続幅はどうしてこれほど長いのであろうか。それは前四〜前三世紀ごろの較正曲線の形状に原因がある。板付Ⅱc式から須玖Ⅱ式古に相当する炭素14年代値、すなわち二三四〇～二〇九〇¹⁴CBPの間では、較正曲線が大きくV字状に波打っているからである（図50）。たとえば須玖Ⅰ式新～Ⅱ式古の炭素14年代値（二一二〇±四〇¹⁴CBP）を較正年代に換算すると前四～前一世紀までと四〇〇年近い存続幅をもつことがわかる（図51：A～B）。統計的にはこれ以上、絞り込むことはできないが、同時併存住居を認定するにはあまりにも長すぎて使い物にならない。そこでもう少し絞り込めないか、ということで考えたのが土器型式の順番を利用して、測定した土器の炭素14年代値を較正曲線上に並べていく方法である。

土器型式は相対的に古い、新しいという順番が決まっているので、それを参考に矛盾のないように較正曲線上の位置を決めるのである。図51をみてほしい。二一二〇という炭素14年代値は、較正曲線とはCの一ヵ所でしか交差していないが、±四〇という誤差を入れると、実に二一五〇から二〇七〇まで、すなわちAからBまでのすべての点で交差することを意味している。この交差する範囲をできるだけ縮めることができれば較正年代も少しは幅が短くなるという理屈である。こうした方法を「土器型式を用いたウィグルマッチ法」というが、詳細は拙稿（藤尾・今村前掲書）を参照していただきたい。図50にはこうして位置が決まった板付Ⅱc式、城ノ越式、須玖Ⅰ式、須玖Ⅱ式などの炭素14年代の中心値を落としている。

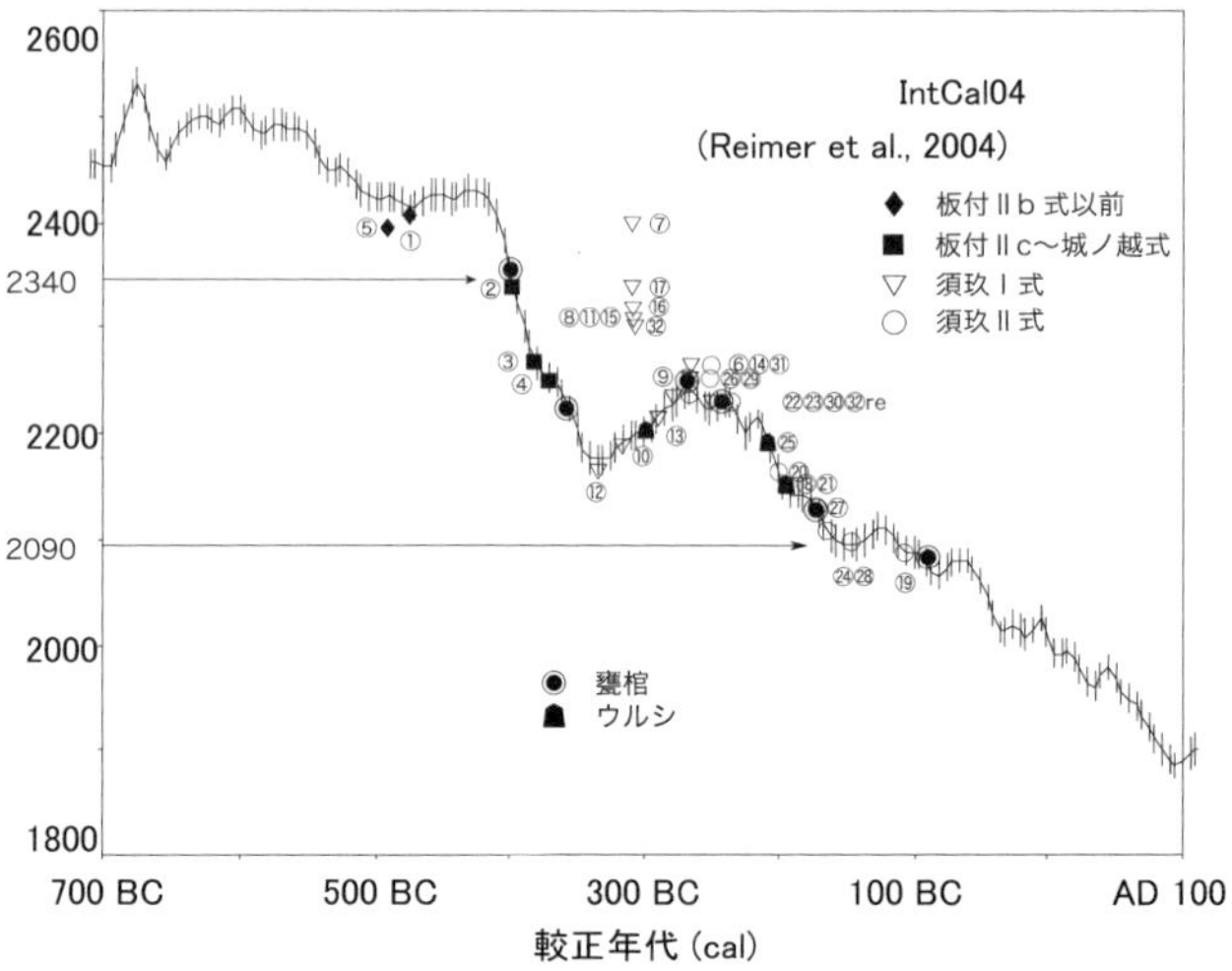

図50　弥生中期付近の較正曲線（IntCal04）

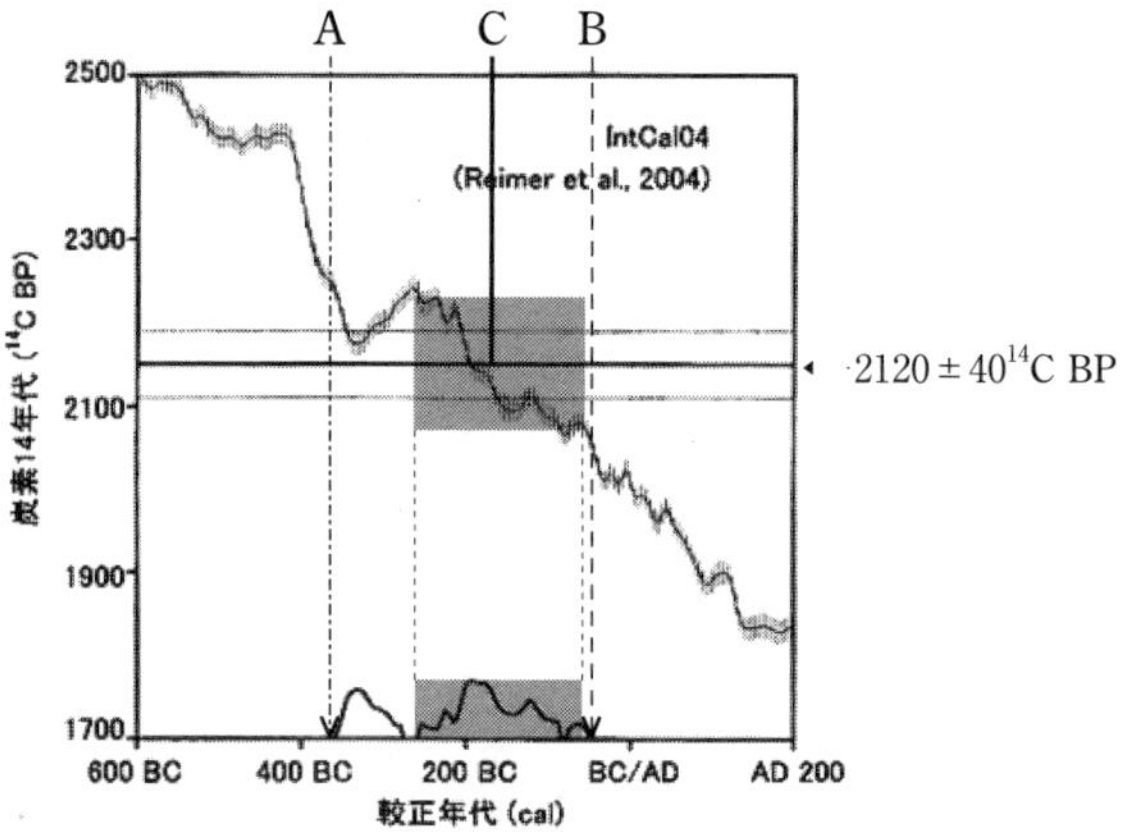

図51　須玖Ⅰ式新〜Ⅱ式古の確率密度分布図

したがって確実にいえることは、宝台I式の存続幅である約一三〇年の間に、B地区には延べ五軒の住居が建てられたことである。だから五軒の住居が切り合いのある一軒を除いて宝台I式が成立した最初の三〇年間に四軒建ってしまえばあとの一〇〇年間は無人だった可能性もある。また二〇年ごとに一軒ずつ建築された可能性だってある。可能性は幾通りもあって、どれか一つに決めることは簡単でない。

考古学的に推定できるB地区の集落構造

宝台I式に比定された二号住居跡の覆土から宝台I式土器が見つかっているから、二号住居跡の廃絶後も、B地区には宝台I式段階の人びとが住んでいた可能性を指摘できるので、宝台I式の存続期間である約一三〇年間にB地区には何期かにわたって人びとが住んでいたと予想される。決して一時期に六軒全部が建っていて、廃絶後、宝台II式段階には一気に無人になったとまでは言えそうもない。

さらにB地区一号住居跡は建て増しの可能性が指摘されているし、五号住居跡出土の宝台I式は中期中葉のなかでも古い様相をもつなど、宝台I式土器には古い様相をもつものと新しい様相をもつものがあることが予想されている。B地区から生活が始まり、C・D地区へ拡大したと考えられていることなどから判断すれば、一三〇年の存続幅をもつ宝台I式段階に、五棟すべての住居が存在していた可能性の方が低い。むしろ、数軒ずつ、何期かに分けて建てられつづけ、その過程でC・D地区にも住居が建てられるようになったと解釈することもできよう。

以上のように、同じ土器型式に属する土器が床面直上から出土した遺構なら同時併存、という考え方から離れれば、宝台I式期に複数の時期があった可能性も十分に出てくる。そうなれば、五軒の住居が単位になって一つの村を形成していたという弥生村のイメージや、土器型式の存続幅である一五〇年の間に、数軒ずつの住居が建てられ、結果的に通算五軒が数えられた弥生村のイメージもあるなど、複数の景観が想定できる。

もし住居群が広場を取り囲むように円形に配されていたような状態で検出されたとしても、存続幅である一三〇年の間に順次住居が建てられていって、結果的に円形構造をもつに至ったかもしれない。その場合は弥生人の頭の中に最初から住居を円形に並べて建てるという構想があって、それに基づいて順次、建物を建てて、最終的に円形構造として遺った、と考えることもできよう。つまり新年代に基づけば五軒の住居が円形に並んでいた村が存在したとは断言できなくなるために、これまでのように五軒の住居が円形に立ち並ぶ村の復原模型を作ることはできないが、円形の住居配置と構造を見ることによって弥生人の頭の中に円形に建ち並ぶ村がイメージされていたことはわかる。また弥生人の血縁関係や社会関係などを把握することも可能となるだろう。要は累積数で議論していることをお互いが認識してさえいれば、累積数と同時併存を取り違えることなく理解することができると考えられる。

機械的分割法

存続幅が一五〇年を越える土器型式は宝台遺跡で見た中期以外に前期にもあるので、今後の研究は累積結果をどのように解釈していくのかにかかっているといえよう。一時期に何軒存在していたのかといった規模や村の構造を復原することはきわめて難しいからである。

こうした場合、従来から行われてきた方法に一型式のなかを細別型式の数で均等に分割して、同じ存続幅をもつ複数の集落の累積軒数同士を比較し、村の規模や構造、人口などの問題を考える際の手がかりにしようとする研究がある。住居一軒一軒の詳細な時期を特定するわけではないので、ある瞬間の景観や規模は復原できないが、次に述べる人口を推定する際によく使われる方法である。

村の人口の推定

縄文・弥生時代の人口

「弥生時代の人口はどれくらいですか?」「一つの村にどのくらいの人びとが住んでいたのですか?」という質問をよく受ける。昔の日本列島にどのくらいの人びとが住んでいたのか、市民の関心が高いことがわかる。市民が知りたいのは、同時に住んでいた人びとの数である。一五〇〇年間の延べ人数を知りたいわけではない。龍馬が生きていた時代の日本の人口が知りたいわけで、幕末から平成までの日本の延べ人口が知りたいわけではないことは明らかである。

しかし、これまで述べてきたように、考古学で明らかにできるのはほとんどの場合が延べ人数であったとすれば、そのことを正確に伝え、それがどういう意味をもつのかを理解できるようにしておかなければならない。

私たちは延べ人数ではない人口を、今後、どのように推定していけばよいのであろうか。福岡県小郡市三国《みくに》丘陵の遺跡を例に、従来の年代観と新しい年代観ではどのくらいの差が出るのか、見てみることにしよう。いずれの場合も累積結果であって、ある瞬間の人口ではないことはいうまでもない。

人口推定の方法

小郡市三国丘陵は水田稲作の開始に伴う弥生時代の人口増加の実態を調べるために、数多くの研究者が取り上げてきたフィールドである。従来の年代観では前期前葉から中期初頭までの約二〇〇年間にわたって、五つの土器型式ごとの住居跡数に一住居あたり五人という居住人数をかけ、存続幅が均等な土器型式ごとの人口を調べて増加率を計算してきた。

しかし新しい年代観では倍の約四〇〇年間にわたって、しかも存続幅を異にする土器型式ごとの人口と増加率を調べなければならない。しかも土器型式ごとの住居の数が累積結果であることを明確に認識した上でである。

小郡市教育委員会の片岡宏二《かたおかこうじ》と九州歯科大学の飯塚勝《いいづかまさる》が、従来の年代観と新しい年代観を使って人口シミュレーションを行っている（片岡・飯塚「数理的方法を用いた渡来系弥生人の人口増加に関する考古学的研究」『九州考古学』八一、二〇〇六）。

この論文の意義は、初めて新年代を使った人口推定を行ったことである。人口を推定するにあたって片岡らは土器一型式を一律三〇年幅という従来の年代観と一律一〇〇年幅という新しい年代観にもとづく二つの存続幅を用意した。論文の構想時に、歴博年代研究グループは土器型式ごとの存続幅をまだ発表していなかったため、片岡らは便宜的に一律一〇〇年幅を用意したのである。

　では片岡らのシミュレート結果と歴博年代研究グループの存続幅にもとづくシミュレート結果を比較してみよう。当該期の土器型式ごとの住居の数と推定人口を表5に示した。住居の数は実際に調査で見つかった数の四倍がもともと存在していたと推定した延べ軒数。人口は一軒あたり五人という数字を前提にした延べ人数。年代幅は従来の三〇年均等幅、片岡らの推定は一〇〇年の均等幅。歴博年代研究グループの年代幅は各型式、三〇年から二〇〇年まで不均等幅、長短のある存続幅を示す。

　見つかっている住居の延べ軒数は、存続幅が三〇年でも一〇〇年であっても同じ土器型式なら変わらない。ただ同じ一〇〇軒でも三〇年かかって一〇〇軒の住居が建てられた方が、一〇〇年かかって一〇〇軒の住居が建てられた方より、集中して建てられたという印象を受ける。ではシミュレーション結果を示そう。方法の詳細は拙稿（「較正年代を用いた弥生集落論」『国立歴史民俗博物館研究報告』第一四九集、二〇〇九）をご参照いただきたい。

表５　三国丘陵の時期区分と較正年代にもとづく人口変遷

	延べ軒数	延べ人数	従来の年代幅	新年代（均等）	新年代（不均等幅）
板付Ⅰ式新	16	80	30	100	30-50
板付Ⅱａ式	52	260	30	100	150-200
板付Ⅱｂ式	232	1160	30	100	170-200
板付Ⅱｃ式	332	1660	30	100	30
城ノ越式前半	336	1680	30	100	25
城ノ越式後半	356	1780	30	100	25

均等幅と不均等幅

図52は、縦軸が延べ軒数、横軸が三〇年の均等幅を表している。数値は表５に示した。三〇年も一〇〇年も均等幅であることは変わらないので、増加率のグラフの形状は同じである。ただ一〇〇年幅だと傾きが緩くなる点だけが異なる。均等幅の場合、最初の段階ほど増加率が高く、人口はある程度増えるが、感染症や食料不足で増加が抑制されることによって、実質的に途中で増加率が鈍り、ある有限の値で頭打ちになるという。それでは不均等幅だとどうなるのか。飯塚氏にお願いして特別にグラフ化していただいたのが図53である。

飯塚氏によると土器型式ごとに存続幅が異なる場合は、単純な増加モデルがもっとも適合するという。均等幅のグラフにみられるような、当初の急激な人口増加現象は認められず、緩やかな上昇カーブを描き、人口増加率は〇・八％だという。

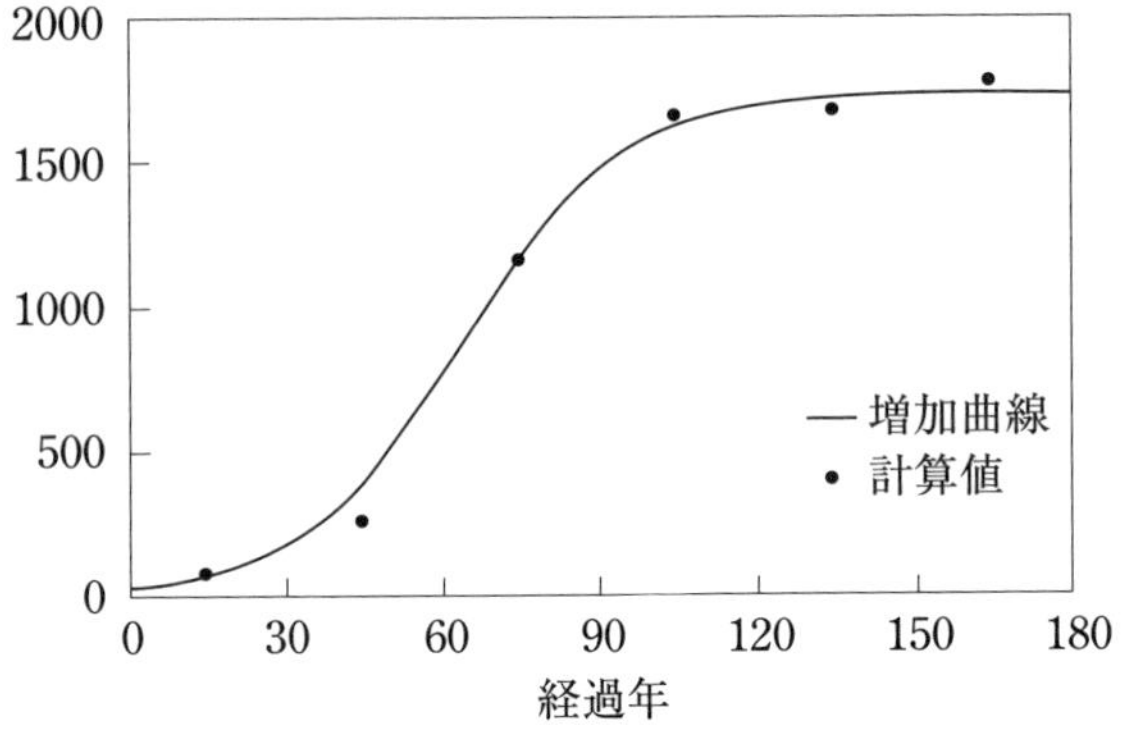

図52　発掘住居数から計算された人口：均等幅
（片岡・飯塚2006より転載）

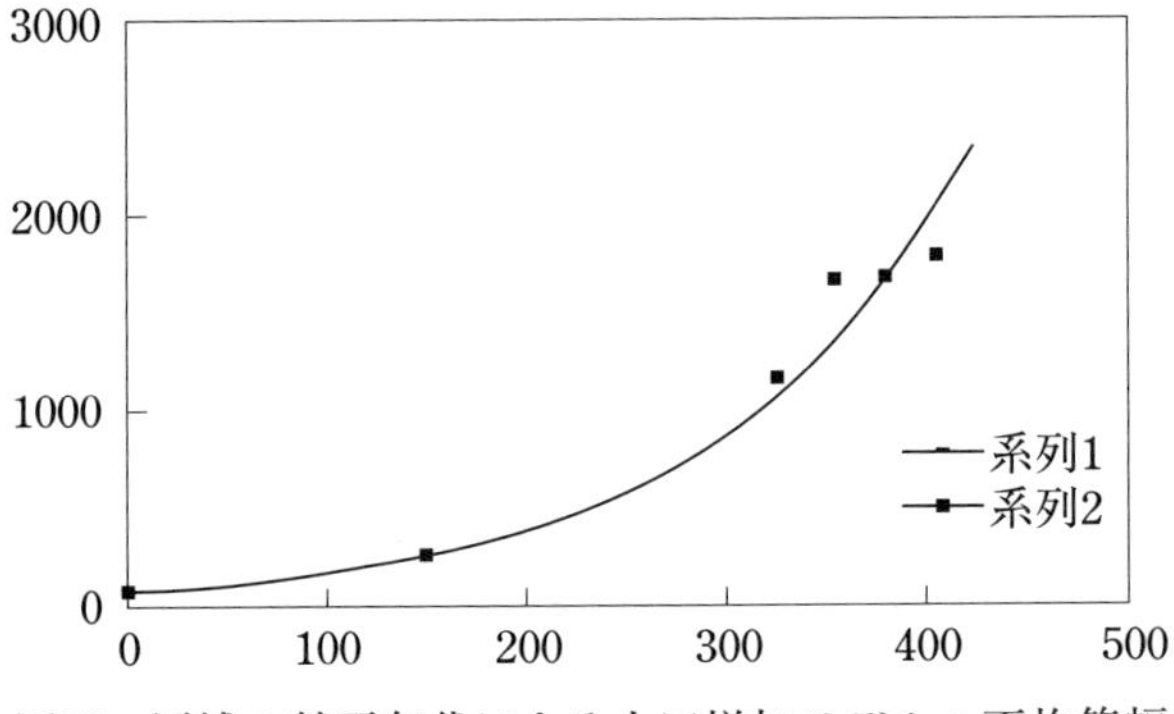

図53　歴博の較正年代による人口増加モデル：不均等幅
（飯塚勝氏提供）

三国丘陵の場合は、水田稲作民が現れてから最初の二～三型式までは土器型式の存続幅が一五〇年以上と長く、前期末以降は三〇年以下と極端に短くなるので、この影響もグラフに現れている可能性もある。いずれにしても従来の年代観では一％を超えていた人口増加率が、較正年代の不均等幅に基づくと〇・八％になるという結果は興味深い。

弥生時代が始まった頃は渡来系の人びとより縄文系の人びとの方が多かったと予想されるものの、約五〇〇年後の前期末の甕棺から見つかる人骨は九九％が渡来系弥生人であるという調査結果がある。つまり、わずかだった渡来系の割合が数百年後に十割近くを占めるようになるためには、渡来系弥生人の人口増加率をどのくらい見積ればよいのかという計算結果がある（中橋孝博・飯塚勝「弥生時代の人口増加率」『縄文vs弥生』歴博・国立科学博物館、二〇〇五）。それによると、土着民一〇〇人が住んでいるところに一〇人程度の渡来人が来たとした場合、従来の年代観だと三〇〇年後に一・三％の増加率で渡来系弥生人の割合が八割を占めるようになるという。しかし新年代だと六〇〇年後に〇・六～〇・八％の増加率でも十分だという。今回のシミュレーションはこれに近い〇・八％だったので、後者と同じ低い人口増加率でも説明できることがわかった。

以上のように延べ軒数を前提としたシミュレーションではあっても、新年代にもとづく不均等な存続幅の場合、従来の年代観で想定された増加率よりも低い増加率で説明することが可能であることがわかった。それでも世界の農耕民の増加率である〇・一〜〇・二%に比べればまだまだ高い増加率であるといえよう。

この高い増加率が累積効果によって高止まりしているのかどうかを調べるために、従来の年代観の時と存続幅が変わらない前期末と中期初頭の存続幅である約三〇年で計算してみよう。前期末と中期初頭以外の存続幅が一五〇年以上ある土器型式も、三〇年に細別できるように機械的に均等に割って考えることにする。例えば存続幅が一五〇年の土器型式なら五つに細別すれば三〇年単位になる。この三〇年に細別したものを細別型式という。

たとえば表5をもとに機械的に細別型式を見積ると表6のようになる。板付Ⅱa式段階に三〇年で五〇人以下であった人口が、板付Ⅱb式段階には細別型式でも三〜四倍の二〇〇人弱となり、さらに板付Ⅱc式や城ノ越式段階には一集落の人口が一〇倍の一七〇〇人前後になることがわかる。三国丘陵における前期末〜中期初頭の爆発的人口増加には改めて驚かされる。

もちろんこの方法も一五〇年の存続幅のうち、三〇年間切れ目なく人が住んでいたという前提のもので、一五〇年のうちの一時期にしか人が住んでいなかった可能性も十分に考えられる。しかし、従来考えてきた土器型式の存続幅と変わらない板付Ⅱc式と城ノ越式の人口が、存続幅が五倍以上の板付Ⅱb式の人口に近かったことが、一体何を意味するの

表6　人工的に同時併存住居を認定

土器形式	細別時期	1型式の人数	1細別時期あたりの人口
板付Ⅱa式期	5～7	260人	37～50人
板付Ⅱb式期	6～7	1,160人	166～193人
板付Ⅱc式期	1	1,660人	1,660人
城ノ越式前半・後半	各1	3,460人	1,780人

か、背景を探ることの方が重要である。

前期末～中期初頭の人口増加の背景

従来から前期末～中期初頭における人口増加現象は指摘されてきたが、この現象の背景に、何があったのかについて改めて考えておく必要がある。従来は水田稲作が始まって二〇〇年あまり経過すると順調に農業生産も安定して人口が増えたのではないかと考えられてきた。この時期の九州北部には甕棺葬が確立して青銅器の副葬が始まったり、鉄器の見直しのところで見たように弥生人が鉄器を国産化するなど、九州北部社会の一大画期として位置づけられてきた。すでに見たように鉄器の国産化こそ否定されてしまったが、それでもこの時期が弥生時代でも有数の画期であることには変わりがない。

急激な人口増加をもたらした背景として二つあげよう。一つは太陽活動の変動、もう一つは集団の大規模移動である。まず太陽活動の変動を較正曲線との関連で見てみよう。前期中頃から後半にかけて較正曲線が水平になる時期の環境と、前期末から中期初頭にかけての較正曲線が右下がり四五度ぐらいで傾斜する時期の環境は、大きく異なっている。前期末から中期初頭にかけての時期は炭素14が大気圏上部で安定的に一定の割合で作られたあと、規則的にβ線を出しながら窒素に変わっていくので、炭素14濃度も一定の割合で減少するから、較正曲線は右斜め四五度で傾斜している。太陽の黒点運動が安定していると丘陵上における人口増加は活発になる。

それに対して前期中頃から後半にかけての時期は、宇宙線が強まったり弱まったりと安定的に届かないため、炭素14が同じ割合で作られていないことを意味する。その最大要因は太陽の黒点運動にある。黒点運動が活発になったり弱まったりすることで、太陽の磁場に強弱が生じ、宇宙線の地球への到達を妨げたり、妨げなかったりする。宇宙線が不規則になれば窒素14が規則的に炭素14に壊変《かいへん》しないので、生成される炭素14濃度が不安定となり、不規則で複雑な較正曲線として表示される。そのもっとも有名な時期が弥生前期に見られる炭素14年代の二四〇〇年問題なのである。そしてこの時期にあたる板付Ⅱa式、板付Ⅱb式段階の三国丘陵上には、約三〇〇年の延べ軒数でも二八四軒の住居しか作られていないと予想されている。わずか三〇年の存続幅しかない板付Ⅱc式段階の三三二軒に比べるときわめて少ない。太陽の黒点運動が安定していると丘陵上における人口増は活発になるということであろうか。

次が平野部の遺跡から三国丘陵への集団移動の可能性である。二〇〇八年秋に三国丘陵と東の宝満川に挟まれた水田の下から直径一〇〇メートルクラスの二重環壕をもつ集落が見つかった。大保横枕《おおほよこまくら》遺跡は、板付Ⅱa式段階に造られ板付Ⅱb式段階までが盛期で、板付Ⅱc式段階には衰退する。住居跡七軒と貯蔵穴一〇〇基近くが環壕の内側から見つかった。中期初頭以降は墓地として利用されているため、大保横枕遺跡の廃絶後に人びとの生活の場が南側の大板井《おおいたい》遺跡群や西側の三国丘陵方面に移動していたとしたら、前期末以降に三国丘陵に見られる人口増加の背景と考えることもできよう。すなわちこの地域の水田稲作はもともと河川沿いの後背湿地でも始まったが、前期末になると平野部の環壕集落を捨て丘陵上などに移住した。その時期は較正曲線が急激に傾き寒冷化した時期にあたる。人びとが低地から丘陵上へと居を移す契機となった理由は何であろうか。同じ時期、三国丘陵上には朝鮮半島から海を越えて青銅器工人がやって来る。彼らが渡海した理由も含めて、今後の研究が期待される。

炭素14年代測定が寄与できること

以上、較正年代を用いた場合の弥生集落論を中心に検討してきた。メリットは実態に即した土器型式ごとの存続幅で議論できることである。これまでのように、すべての土器型式の存続幅を一律三〇～五〇年と均等に仮定することがなくなれば、今までの弥生集落論の意味は変わってくる。

例えば同じ一〇〇軒の住居跡が見つかった場合でも、三〇年の存続幅で累計一〇〇軒の住居が営まれた板付Ⅱc式と、一〇〇年以上の存続幅で累計一〇〇軒の住居跡が営まれた板付Ⅱa式段階では、その背景にあるものが当然、異なってくるため、これまでと同じ解釈では説明できなくなる。つまり延べ軒数と最終形態を前提とした解釈である。人口シミュレーションも不均等幅の累積人数が前提になる。

デメリットとしては従来と同じ三〇年ぐらいの存続幅をもつ前期末〜中期初頭を除けば、一時期に何軒の住居跡が存在していたかという横切り派的な弥生集落論は、炭素14年代を測ることなしには基本的にできなくなることである。

ただ、それも物理的にはきわめて限られた好条件のもとでしか実現しない。すなわち床面直上から出土した同じ土器型式の土器に付着した炭化物を測定し、住居の年代を決定した上で、同時併存の可能性のある住居を特定する。その場合、耐久年数は二〇年ぐらいを目安とする。また洪水や火災など同時に壊滅した集落をモデルとする研究は有効である。

しかしそれができなければ、一時期、何軒の住居が建っていましたとはいえなくなるため、一時期何軒という前提から出発する集落論は軌道修正せざるを得ない。一つの基本的な単位が五軒で、人口が二五人で、それが複数集まって地域集団を作り……という集団論はもはや展開できない。また同時併存住居の平面分布が円形だとか、一〇〇平方《メートル》を超える大型の竪穴住居跡と中小の竪穴住居が組み合って一つの村が構成されるという同時併存を前提とした遺跡構造論も厳密には無理である。模型や復原遺跡公園も「これは一〇〇年間の累積結果です」というキャプションなしには展示できない。

さらに何百年も続いた継続型集落とか、断絶型集落といった分類も難しい。一型式の耐用年数の四〜五倍を超える存続幅を持つから、存続幅一〇〇年の中の、どの部分に存在していたかを特定できない限り、一型式内ずっと存続していたとか、型式をまたがって継続していたことを証明できないからである。

一時期に何軒という前提から出発する集落論から、共通する時間幅をもつ、ある期間同士の累積何軒という前提から出発する集落論への転換を改めて提唱したい。

また累積結果を用いれば本書でも紹介した人口動態の研究が可能である。土器型式ごとの動態変化を見ることができ、しかも存続幅が違うのであるから、同じ棟数が検出されていても意味するところはまったく異なってくるので、そこに歴史的意味を読み取ることができる。

つまり、炭素14年代測定によって明らかになった時間的側面を有効に用いた特徴的な研究を進めていくほかはないというのが筆者の結論である。

弥生文化の輪郭

前三〜前一世紀における日本列島内の諸文化

弥生文化と同じ時期の諸文化

多文化列島

前一〇世紀から後三世紀までの日本列島に広がっていたのは弥生文化だけではないことを、読者の皆さんはご存じだろうか。私たちは学校の授業で、日本の歴史は、旧石器文化から始まり、縄文、弥生、古墳、奈良をへて現代まで、順に変遷したと習う。しかし、この中で日本列島全域に広がっていたのは明治以降を除くと、旧石器文化だけであることをご存じの方は少ないだろう。縄文文化でさえ、沖縄県宮古・八重山地方までは広がっていなかった。ましてや弥生文化や古墳文化は九州島、四国島、本州島の一部に広がっていたにすぎないのである。奄美・沖縄地方や北海道地方には、その間、ずっと別の文化が広がっていた。奄美・沖縄地方や北海道地方に別の文化が広がるきっかけになった出来事こそ、本書のテーマである弥生文化の始まりである。

弥生文化が始まると、しばらくして北海道には続縄文文化、南には貝塚後期文化が広がった。真ん中の水田稲作を行う地帯を挟むように、北と南に水田稲作を行わない採集狩猟文化が広がるという、三つの文化からなる基本構造は古墳時代以降も続き、最終的には形を変えながら江戸時代まで続く。藤本強《ふじもとつよし》は、こうした日本歴史を通じて見られる基本構造を構成する三つの文化を、北から「北の文化」、「中の文化」、「南の文化」と表現した（藤本「続縄文文化と南島文化」『縄文文化の研究』六、雄山閣、一九八二）。さらに藤本は、「中の文化」と「北の文化」の間にある東北北部と、「中の文化」と「南の文化」の間にある九州南部と薩南諸島に、両方の中間的様相を見せる文化として「ボカシ」の地域を設定した（藤本『もう二つの日本文化』UP選書、東京大学出版会、一九八八）。

このように「中の文化」として弥生文化が成立する以降の日本列島には、「北の文化」と「南の文化」、北の「ボカシ」の地域と南の「ボカシ」の地域の、あわせて五つの文化が存在していたことになる（図54）。教科書にははっきりと書かれていない事実である。弥生文化の成立によってできあがる五つの文化からなる基本構造は、水田稲作が五〇〇年早く始まると、五〇〇年早く造られることになる。弥生文化を除く四つの文化の初現年代も数百年さかのぼるので存続期間は当然、長くなる。各文化の存続期間が長くなることの意味を知ることが第一の目的である。

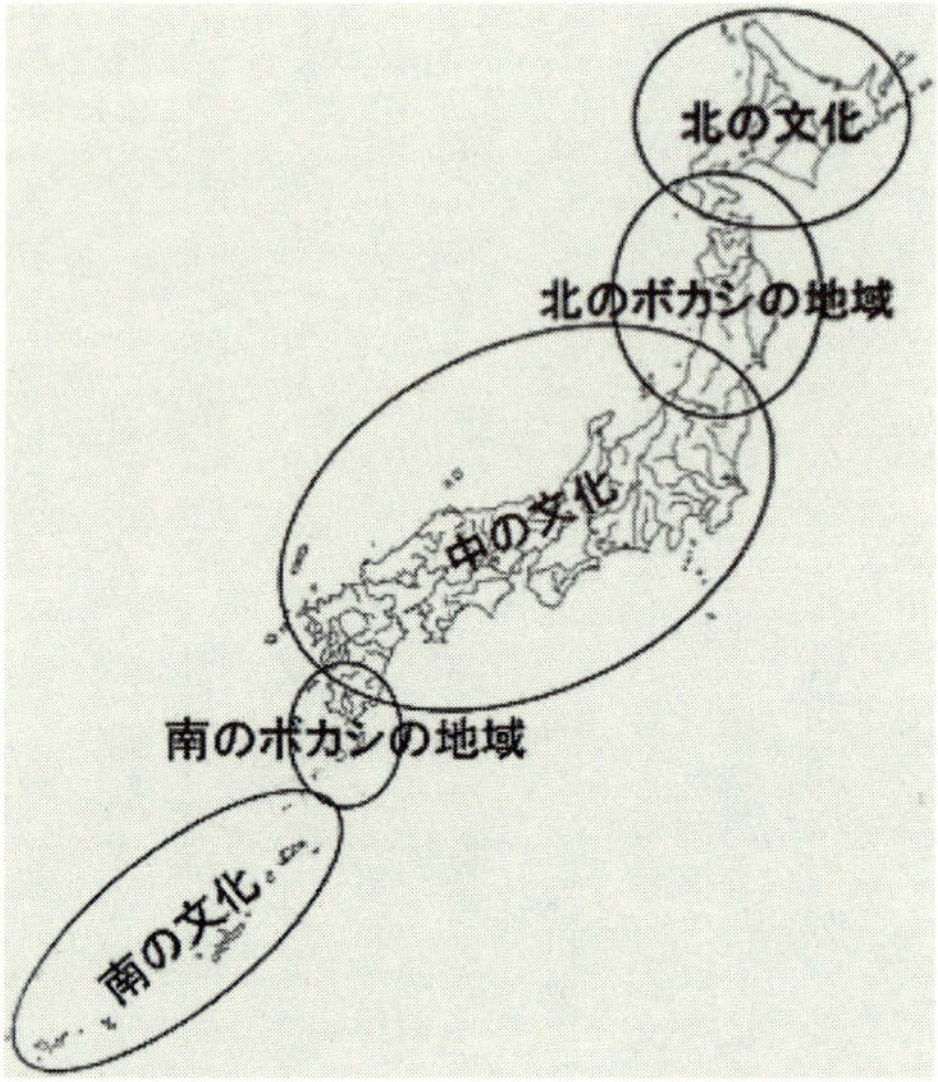

図54　弥生時代以降の日本列島の文化（藤本2009より転載）

ボカシの時期

次に九州北部で水田稲作が五〇〇年早い前一〇世紀に始まると、たとえば中部地方で水田稲作が始まるまでにかかった時間は、これまでの約三〇〇年から約六〇〇年へとほぼ倍になる。すると九州北部で水田稲作が始まってから中部地方で水田稲作が始まるまでの間に広がっていたのは、どのような文化だったのか、という疑問が出てくる。「縄文晩期文化に決まっているだろう」という声が聞こえてきそうであるが、そう簡単な話ではない。確かに九州北部で水田稲作が始まってからも縄文晩期文化が五〇〇年にもわたって継続していた東北北部のような地域もあるが、縄文晩期文化や弥生文化とは明らかに異なる文化が六〇〇年近く続いた中部地方など地域によってさまざまなあり方を見せる。

こうした地方に広がっていたのがどのような文化だったのかを知ることが第二の目的である。いずれにしても「中の文化」の中に水田稲作を生活の基本とする弥生文化（西日本）と、基本としない文化（東日本）が六〇〇年近くにわたって並存していたことになる。「中の文化」のなかに数百年にもわたって異文化並存状態が見られるのは、まさにこの時期だけなので、「中の文化」における異文化並存状態の実態解明は、弥生文化の見なおしにもつながると考える。

このように縄文晩期文化と弥生文化の間に挟まれて六〇〇年もの間つづいた甲信関東地方の文化は、縄文と弥生の両方の要素をもつ、まさに「ボカシ」の文化と考えることができないだろうか。藤本が指摘した「ボカシ」の地域の文化が、東北北部や九州南部・薩南諸島のように地域的に設定された、いわば横の「ボカシ」の地域だとすれば、甲信関東地方の弥生前・中期前半併行期に見られる文化は、いわば時間的に設定された縦の「ボカシ」の時期と見ることができる。

従来の年代観でも縦の「ボカシ」の時期は存在していたが、弥生文化の始まりが五〇〇年古くなったことによって「ボカシ」の時期も長期化したために、より目立つようになったのである。実はこの縦の「ボカシ」の時期が見られるのは甲信関東地方だけではない。瀬戸内や近畿など「中の文化」の各所に見られるのである。本格的な水田稲作が始まるまでの準備段階としても位置づけられる縦の「ボカシ」の時期について検討する。

ボカシの地域

第三の目的は横の「ボカシ」の地域の見直しである。特に「北のボカシ」の地域である東北地方北部には、西日本の弥生文化に併行する一二〇〇年もの間、いろいろな文化が入れ替わり立ち替わり現れる。五〇〇年つづいた縄文晩期文化のあと、三〇〇年にわたって水田稲作が行われ、そのあとは採集狩猟文化が四〇〇年つづく。数百年ごとに生業が大きく変わる北の「ボカシ」の地域。人が入れ替わったのか。一度始めた水田稲作をやめる人びとの存在は日本歴史ではあまり知られていなかったので興味は尽きない。

さらに弥生文化が五〇〇年古くなると連動して「北の文化」の続縄文文化は約三〇〇年、「南の文化」の貝塚後期文化は約五〇〇年、開始年代がさかのぼる。両文化ともここ数年、文化内容の見直しが進んできただけに、上限年代がさかのぼることによって文化内容にどのような影響が現れるのか、気になるところである。

以上のように三つの目的を解き明かして弥生文化をとりまく日本列島上の諸文化の内容が明確になれば、逆に弥生文化の特徴（定義）を浮き彫りにして、輪郭を明らかにすることにもつながるであろう。弥生文化の定義はこれまでいろいろな指標があげられてきたが、農業や金属器といった基本的な指標はほとんど変わっていない。ただ調査の進展や研究をとりまく社会情勢の変化によって、重点の置き所が少しずつずれてきたことは否定できないであろう。

そこに今回の弥生開始年代が五〇〇年さかのぼるという説である。これがどのように関係してくるのか。鉄器を除くと大きく変わることはないにしても、弥生文化の存続幅がこれまでの倍になったことが与える影響は小さくないと思われる。

本書では最後に一二〇〇年もの間つづいた弥生文化と四つの文化の消長を巨視的に捉えてみる。すると弥生文化だけを取り上げて縄文から弥生をへて古墳時代へという「中の文化」の歴史を叙述するだけでは、日本の歴史を知ることにはならないことに改めて気づかされる。日本の歴史とは、五つの文化の変化について考えることに他ならないことを、もう一度思いおこしていただければ幸いである。

弥生文化の登場を機に

ここではまず弥生文化の定義を、佐原　真《さはらまこと》の「日本で食糧生産を基礎とする生活が開始された時代」の文化と仮定した上で話を進める（佐原「農業の開始と階級社会の形成」『岩波講座日本歴史』一、一九七五）。水田稲作が九州北部玄界灘沿岸地域で始まる前一〇世紀後半から、定型化した前方後円墳が近畿地方に成立する後三世紀中頃以前の日本列島に存在した文化には、食糧生産を基礎とする生活を行う弥生文化のまわりに縄文晩期後半の文化、続縄文文化、貝塚後期文化、そして先述し

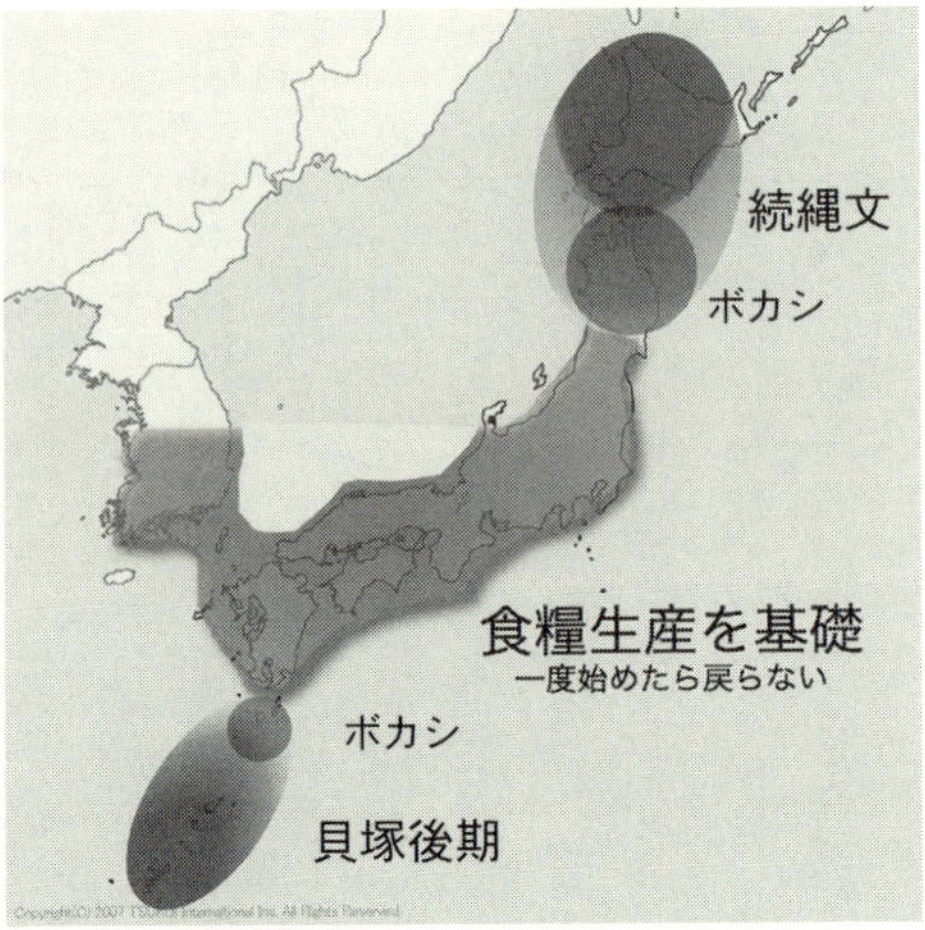

図55　食料生産を基礎とする生活を送る地域と諸文化

た縄文と弥生の両方の特徴を持つボカシの地域が北と南にある（図55）。弥生文化が存在する一二〇〇年間の全期間にわたって存在するのは貝塚後期文化だけで、縄文晩期文化は前四世紀前葉までには見られなくなるし、入れ替わるように続縄文文化が北海道に成立するといった具合である。

また前四〜前二世紀には水田稲作を行うが前一世紀には止める東北北部の北の「ボカシ」の地域、後二〜三世紀の種子島に見られる南海産の貝製品を副葬する墓制に特徴をもつ南の「ボカシ」の地域が見られる。このように「ボカシ」の地域とは、まだこの段階では弥生文化と「北の文化」、弥生文化と「南の文化」が接触したときに限定的に見られる文化である。

さらに先述したように縄文晩期文化と弥生文化の間にも両方の文化要素をもつ縦の「ボカシ」の時期が、中国、四国、近畿の突帯文《とったいもん》土器段階や、甲信関東地方の条痕文《じょうこんもん》土器文化段階に見られる。弥生文化は常時、四～五つの文化によって時間的にも空間的にもとり囲まれていたことになる。縄文文化が先島諸島を除く日本列島の隅々に広がっていたのに対し、弥生文化の範囲は著しく狭く、かつ広くなったり狭くなったり変動していたことがおわかりであろう。これは弥生文化だけではなく次の古墳文化以降にも引き継がれるわけで、弥生文化の出現は日本列島内諸文化が多様化しはじめる契機になったと位置づけることができるのである。

では、まず弥生文化の成立が五〇〇年さかのぼることによって、併行する諸文化にどのような影響が見られるのかを見てから、最後に弥生文化を再定義することにしよう。

単に縄文文化がつづいたのではない続縄文文化

続縄文文化は弥生前期末併行の北海道で成立した狩猟採集文化として山内清男《やまのうちすがお》が設定した（山内「日本遠古之文化七－四、縄紋式以後(完)」『ドルメン』二－二、一九三三）。新年代では、約二〇〇年さかのぼって前四世紀前葉に成立したことになる。続縄文文化は、その後の擦文《さつもん》文化やアイヌ文化へとつづく「北の文化」の出発点として位置づけられている。

もともと水田稲作ができないという経済的側面を基準に弥生文化と区別されたと単純に考えられがちだが、生育条件の厳しい北海道ではイネを育てるよりも、北海道の生態環境に適した縄文以来の漁撈という生業を改良した方がはるかに合理的であったと石川日出志《いしかわひでし》はいう（石川『農耕社会の成立』岩波新書、二〇一〇）。「続縄文」というよび名も、弥生文化と同じく縄文文化を母体として北海道に生まれた一類型という意味であって、単に縄文文化の伝統を引き継いだという意味ではない。東北の弥生文化とも種々の関係を結び、すでに変質している文化であるから、縄文晩期文化の範疇からは逸脱しているという。

近年の研究では交易という側面でも縄文文化や弥生文化と区別できるという指摘がある。鈴木信は続縄文文化の特徴として「生業の特化」、「威信的狩猟漁撈の盛行」、「第二の道具の広域交換」の三つをあげる（鈴木「続縄文文化と弥生文化」『弥生時代の考古学』一、同成社、二〇一〇）。生業は縄文時代と同じく採集・狩猟・漁撈などあらゆる生業にまんべんなく依存するという意味の網羅的生業構造を維持するが、縄文時代とまったく同じか、というとそうではなく、漁撈活動にかなり重点を置いているために「生業の特化」といわれる理由がある。続縄文人は、鉄やイネに対しても受け入れるかどうか、明確な選択基準の下に受け入れる必要がないと判断しているので、従来から考えられているように決してイネを作りたいけれども寒くて作ることができなかったわけではないとする。

このように続縄文文化は、その名称から単に縄文文化につづく文化と捉えられがちだが、生業的にも流通的にも北海道という地理的環境にもっとも適応した漁撈採集文化であったことがわかる。しかも副葬品をもつ個人墓が発達するなど、併行する関東や中部地方には見られないほど階層分化が進んだ文化だったのである。

貝塚後期文化

奄美・沖縄諸島に広がる珊瑚礁という生態系に特化し、九州はもちろん、先島諸島や朝鮮半島との直接・間接の交渉で必要物資を入手していた漁撈採集文化である。貝塚後期文化は後一〇世紀ぐらいまでつづくため、弥生文化に併行するのがどの部分なのかを知ることはむずかしいが、手がかりとなる主な考えが三つある。

まず高宮広衛《たかみやひろえ》は、貝塚文化を縄文文化と弥生文化にほぼ対応させるため前期と後期の二つに分け、後期の始まりを弥生文化の始まり（弥生前期初頭）と一致させた（高宮「沖縄における新石器時代の編年（試案）」『南島考古』第六号、一九七八）。この説だと貝塚後期文化の始まりは新年代で前八世紀ということになる。しかし近年では板付Ⅰ式に併行すると見られていた土器が、ずっと時代の下がるものであることが明らかにされたため、理論的根拠を失っている。

高宮と同じく二期に分けるのが新里貴之《しんざとたかゆき》である（新里「貝塚時代後期文化と弥生文化」『弥生時代の考古学』一、同成社、二〇一〇）。新里は、前期Ⅴ期（仲原式《なかばるしき》）の最終末が弥生早期の土器の突帯文土器と併行するので、貝塚前期文化の終わりごろが弥生文化の開始期に相当するとみている。したがって貝塚前期最終末は前一〇世紀後半頃となる。また水田稲作の開始と貝塚後期文化の始まりは一致しないことを意味している。

ところが三時期区分案だと、弥生文化の始まりは貝塚文化中期の終わりごろに併行するという（沖縄考古学会編『石器時代の沖縄』新星図書、一九七八、三八頁）。後期の始まりの土器型式を浜屋原式《はまやばるしき》（浜屋原C式）土器の成立に求めた場合、浜屋原式は九州北部弥生土器編年の中期前半に併行すると考えられているので（木下尚子「琉球列島の人びとの暮らしと倭人」『倭人をとりまく世界』山川出版社、二〇〇〇）、較正年代では前三世紀から貝塚後期文化が始まることになる。つまり三時期区分でも貝塚時代後期の始まりと水田稲作の開始とは連動しないことを意味している。

このように九州北部で水田稲作が始まった前一〇世紀が貝塚文化のどこにあたるのか、高宮説を除けば、貝塚時代前V期最終末説と貝塚中期の終わり頃という説があって、まだ固まっていないのが現状のようである。沖縄から出土する土器に付着した炭化物の炭素14年代測定を行えば年代は決まるが、少なくとも砂丘上の遺跡から出土する沖縄の土器は、炭化物が砂とこすれて取れてしまっているので、いまだに年代測定値を得るには至っていない。貝製品の未製品などの年代測定を行うなど検討していただければと思う。

貝塚文化と九州北部の弥生文化との間で行われていたもっとも特徴的な交易は、南海産の貝を対象としたもので、前九世紀の弥生早期後半にはすでに始まっていたことがわかっている。佐賀県宇木汲田《うきくんでん》貝塚から夜臼Ⅱa式に伴って出土したのは南海産の貝で作った臼《うす》玉《だま》であった。このころ沖縄と交易していたのは沖縄から出土した弥生土器から見て、佐賀県唐津から長崎県五島列島にかけての西北九州弥生人であると予想されている。

南海産の貝を交換財にした必要物資を手に入れるための交流、交易関係は、前四世紀以降、本格化する。このとき、奄美・沖縄地方の人びとがとった対外戦略について新里が論じている（新里前掲論文）。

ゴホウラやイモガイなど南海産の大形巻貝の産地として圧倒的優位を誇っていた沖縄諸島の人びとは、九州北部で前四世紀以降に高まった貝製品の需要に目をつけ、貝輪製作体制をシステム化して効率よい供給システムを構築。これをフル回転させて必要な物資の入手に努める戦略をもっていたという。必要な物資とは絹、コメ、雑穀、鉄などの必要物資と、鏡、鏃、古銭、ガラスなど大陸系の文物である。

合理的な交易体制構築の一方で、奄美・沖縄地方には社会の複雑化（階層化や不平等化）を示す証拠は乏しく、交易をスムーズに進める統括者の存在は予想できても、特定個人の集権化を物語る墓や遺物は認められないという。

同じ時期の北海道に広がっていた続縄文文化には特定個人墓があって副葬品が納められているのに対して、貝塚後期文化には何も見られないという対照的な様相を見せる原因はなんだろうか。どちらも水田稲作を行わないという点で共通しているが、漁法の違いをあげるのが林謙作《はやしけんさく》である（林「クニのない世界」『みちのくの弥生文化』、大阪府立弥生文化博物館、一九九三）。大型魚を対象とする続縄文文化の刺突漁は、その勇敢さや技術の高さから尊敬を得やすく何よりも目立ちやすい。一方、珊瑚礁のリーフで行われる貝塚後期文化の集団の網漁は、刺突漁のような個人技が目立つことはない。この指摘は示唆に富んでいる。いずれにしても「中の文化」に属する九州北部と、「北の文化」に属する続縄文文化だけに特定個人墓と副葬品という特徴をもつ厚葬墓が見られるのは、いずれも朝鮮半島や沿海州など大陸に最も近い位置にある、といったような地理的位置以外の要因も影響している可能性を示すものである。

以上、北の文化と南の文化の近年の研究状況を見てきたが、成立年代は確かに上がったものの、そのことによって何かが大きく変わったとか、特に影響は認められなかった。

北の「ボカシ」の地域

一六二頁の最北端の水田稲作民のところで説明したように、東北北部で水路を備えた水田でコメが作られていたことは確かだが、生業構造の中における水田稲作の位置づけは西日本とは異なる。石川日出志は、採集や狩猟に稲作を取り込んだ複合的（筆者の網羅的）な生業形態であると述べている（石川前掲書）。農具や農具製作用の工具を除く石器類には縄文晩期と比べて大きな変化はない。

また晩期以来の土偶などの祭儀用の遺物は激減するとともに、儀礼の場で盛んに用いられていた漆器類も姿を消している。生業の一部に加えられただけの水田稲作ではあったが、確実に縄文時代の伝統を変質させていたことは間違いない。

東北北部の人びとが水田稲作を始めた理由も西日本とは異なっていて、集住化の達成こそが目的であったと高瀬克範《たかせかつのり》が指摘している（高瀬『本州島東北部の弥生社会誌』六一書房、二〇〇四）。藤本強はこうして始まった水田稲作をやめてしまい、前一世紀には元の採集狩猟生活に戻ってしまう文化を、弥生文化ではなく「ボカシ」の文化として位置づけたのである。

南の「ボカシ」の地域

弥生後期のおわり頃になって種子島の広田遺跡に副葬品をもつ特定個人墓が現れる。沖縄諸島のような大形巻貝の産地ではなく仲介地である種子島に現れることについて新里は、九州の農耕社会に接したこの地域は、西日本の首長層の動向に接し、仲介で蓄えた財を貝に転化して膨大な量を使用することで、南西諸島のなかでももっとも壮麗な貝製装身具文化を生み出したと説いている。

以上で弥生文化をとりまく四つの文化について述べたが、次は「中の文化」の見直しによって明らかになった弥生文化をとりまく五つ目の文化、縦の「ボカシ」の時期について見ていこう。

「中の文化」の見直しと弥生文化

縦の「ボカシ」の時期

前一〇世紀に水田稲作が始まると「中の文化」にどのような影響が出てくるのであろうか？「中の文化」とは、本来、水田稲作を生産基盤としてムラを作り、やがてムラを集めて小さなクニが生まれ、クニ同士による連合を出現させて、古墳時代が始まる九州から東北中・南部までの文化をさす（藤本一九八二前掲）。この定義に当てはまるのはまさに弥生文化であるが、水田稲作を生産基盤として最終的に古墳時代が始まるまでの過程は、「中の文化」に含まれる地域のなかでも一様ではない。水田稲作を生産基盤とする、という経済的な側面こそ共通するものの、農耕社会が成立していたのかどうかや、どこまで複雑化していたのかという社会的側面、農耕祭祀から共同体祭祀にいたる祭祀的側面に至っては、さまざまな形態が見られるのである。

新年代になってもこの点に変化はない。ただそれぞれ時間が長くなったり、早く見られるようになったりという違いでしかない。古墳時代へといたる過程を図にしてみると、地域によってどのような過程をへて古墳時代へといたったのかがよくわかる（図56）。参考までに「中の文化」を取り巻く朝鮮半島青銅器文化などの諸文化も図示した。貝塚時代後期文化の開始年代は新里貴之の研究（新里二〇〇九前掲論文）を用いた。

まずわかるのは新年代になると、これまで縄文から弥生への単なる過渡期と考えてきた段階が、かなり長くなったことがわかる。図56のグラデューエーションに示したX・Y・Zである。九州北部の縄文晩期末（X）、瀬戸内～近畿の突帯文土器段階（Y）、甲信関東地方の条痕文土器段階（Z）は、いずれも園耕段階に水田稲作の要素である考古遺物が断片的に見られる時期なのである。

Xでは九州北部の晩期終末、黒川式段階に朝鮮半島青銅器文化前期に特徴的な石庖丁が見つかった北九州市貫川《ぬきがわ》遺跡や、九州南部晩期末の松添式《まつぞえしき》には湧水を利用する程度の水田遺構が見つかった宮崎県都城市黒土《くろつち》遺跡などがある（炭素14年代測定の結果、九州北部で水田稲作が始まった時期と同じであることがわかっている）。Yでは愛媛県大淵遺跡の石庖丁と石鎌、丹塗り磨研壺、香川県林・坊城《ぼうじろ》遺跡の木製農具、兵庫県口酒井《くちさかい》遺跡の磨製石庖丁と籾痕土器がそれぞれ突帯文土器に伴って見つかっている。またZでは神奈川県中屋敷《なかやしき》遺跡

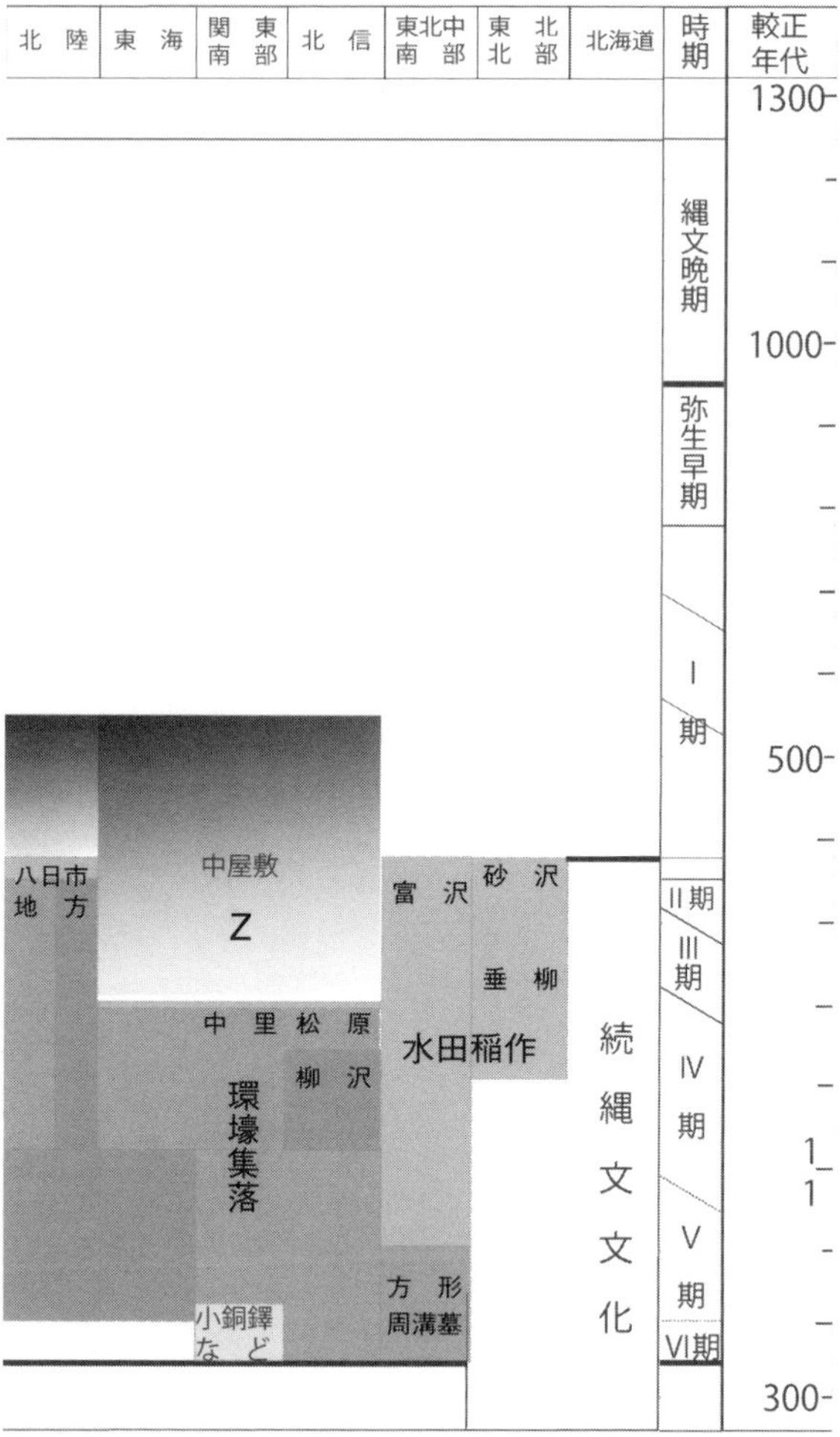
北陸
東海
関東南部
北信
東北中南部
東北北部
北海道
時期
較正年代
1300
1000
500
300
縄文晩期
弥生早期
I期
II期
III期
IV期
V期
VI期
八日市地方
中屋敷
Z
中里
松原
柳沢
環壕集落
小銅鐸など
富沢
砂沢
垂柳
水田稲作
方形周溝墓
続縄文文化

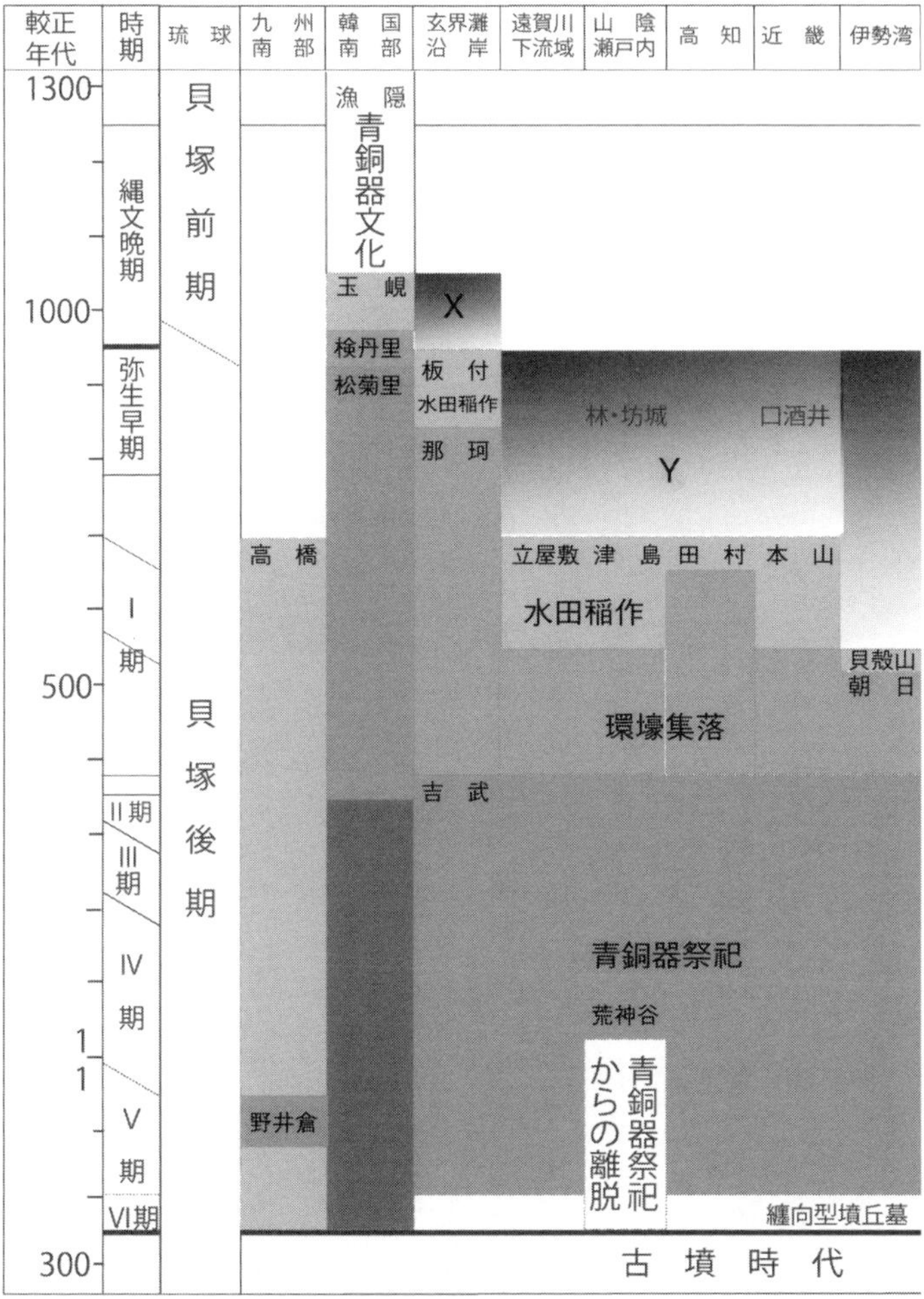

図56　弥生文化の三要素の時期別地域別分布

のコメや雑穀などをあげることができる。石川日出志はこれらのコメは遺跡近辺の水田で作られたと推測する（石川「東北日本の人びとの暮らし」『倭人をとりまく世界』山川出版社、二〇〇〇）。縄文後・晩期以来の多角的食料源獲得経済の一環として雑穀とコメを加えたと理解する（前掲書）。設楽博己《したらひろみ》も弥生前期前葉～中期前半に併行する中部・関東には縄文文化の伝統が強い農耕文化が存在したと理解した上で、「縄文系弥生文化」と名づけている（設楽「縄文系弥生文化の構想」『考古学研究』四七―一、二〇〇〇）。

水田稲作に伴う道具や作物が単品とはいえ出土した遺跡は、縄文晩期文化にも弥生文化にも含めて考えることには無理がある。いずれも農業を生産基盤とする隣接地域の影響を受けているという点で共通していて、Xは朝鮮半島青銅器前期文化の、Yは九州北部夜臼式文化の、Zは西日本遠賀川系文化の影響を強く見ることができる。

これらX・Y・Zに共通する経済的側面とは、縄文的な網羅的生業構造の一環として農耕という生業手段をもっている可能性である。水田稲作を行っていたとしても園耕段階にあることには変わりない。弥生文化の水田稲作は、選択的な生業構造の中で特化していることが必要なので、X・Y・Zは縄文文化の園耕とも弥生文化の水田稲作とも異なっており、そうした段階が九州北部、瀬戸内、近畿に五〇～一五〇年、関東甲信地方では二〇〇年も続いていたことになる。

このように新年代になると縦の「ボカシ」の時期がより長くなったことが大きな特徴であるといえよう。水田稲作が本格化する前段階に、網羅的な生業構造の中に水田稲作を位置づけていたと想定される段階が存在した。これを縄文文化と弥生文化の間に挟まれた縦の「ボカシ」の時期として設定するのである。

図57　三つの側面からみた日本列島

古墳時代への道のり

縦の「ボカシ」の時期に続いて「中の文化」に見られるのは、水田稲作を選択的な生業構造の中で特化させるという共通した経済的側面をもちながらも、古墳時代へ移行するまでの道のりには社会的側面や祭祀的側面を異にする三つの類型が見られることである。まずは三つの類型を明確にした上で、これらの類型が何を意味するのか考えることとしよう。

まず水田稲作→環壕集落→青銅器祭祀→古墳時代へと順をふむ類型は、九州中部から福井〜天竜川を結ぶ線までの地域と、鹿児島や長野に点的に見られる。これを仮に中の文化のA類型としよう。筆者がこれまでもっとも狭義の弥生文化と見なした類型である。

次に水田稲作→環壕集落→古墳時代へといたる青銅器祭祀欠落型といえる類型で、関東、中部、九州南部、越後などが相当する。これを「中の文化」のB類型としよう。

最後に水田稲作→古墳時代へといたる環壕集落も青銅器祭祀も欠落する類型で、利根川以北の北関東と東北南・中部が相当する。これを「中の文化」のC類型としよう。

以上のように、「中の文化」には古墳時代へといたる道のりを異にする三つの類型があることがわかる。これまで弥生文化の典型として語られてきたのはA類型だが、青銅器祭祀を行わなくても、また環壕集落を核とする経済・社会・祭祀体制が確立していなくても古墳はほぼ同時に造られるのである。

水田稲作を行っていても古墳が作られなかったのは東北北部地域しかない。藤本もこの地域を「中の文化」から外して「ボカシ」の地域に加えているが、それはこの地域が三〇〇年近く水田稲作を行ったにもかかわらず、その後はやめて、元の採集狩猟生活に戻っているからである。つまり「中の文化」は水田稲作を始めたらもう後戻りをしないという特徴ももつことになる（図57）。

ではA・B・C類型の詳細を見ていくことにしよう。

A類型（水田稲作→環壕集落→青銅器祭祀→古墳時代）

水田稲作が始まったことによって質的に転換した農耕社会が成立したことを示す環壕集落（図58）が成立し、戦いが行われるもので、八〇～九〇年代に行われた時代区分論争の中で重要視されるようになった社会的側面である。さらに加えて、精神的な質的変化も重要視するのが祭祀的側面であり、木の鳥や木偶、青銅器祭祀（図59）の要素が見られるもの

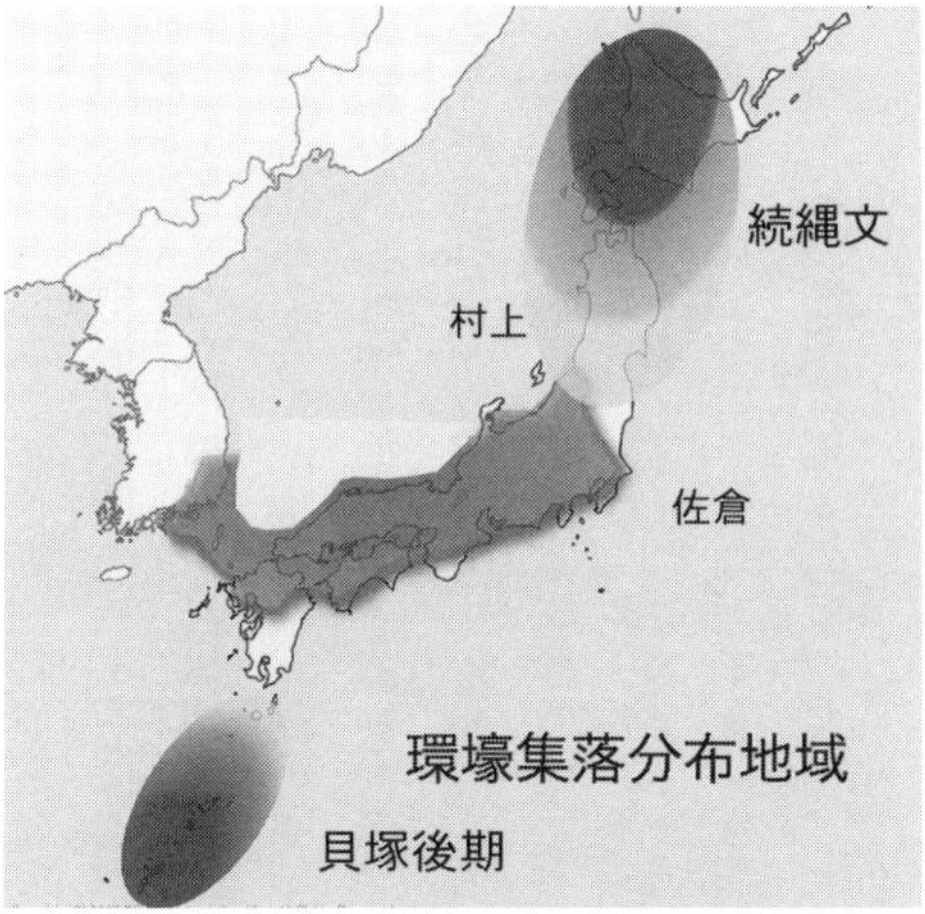

図58　環壕集落の分布

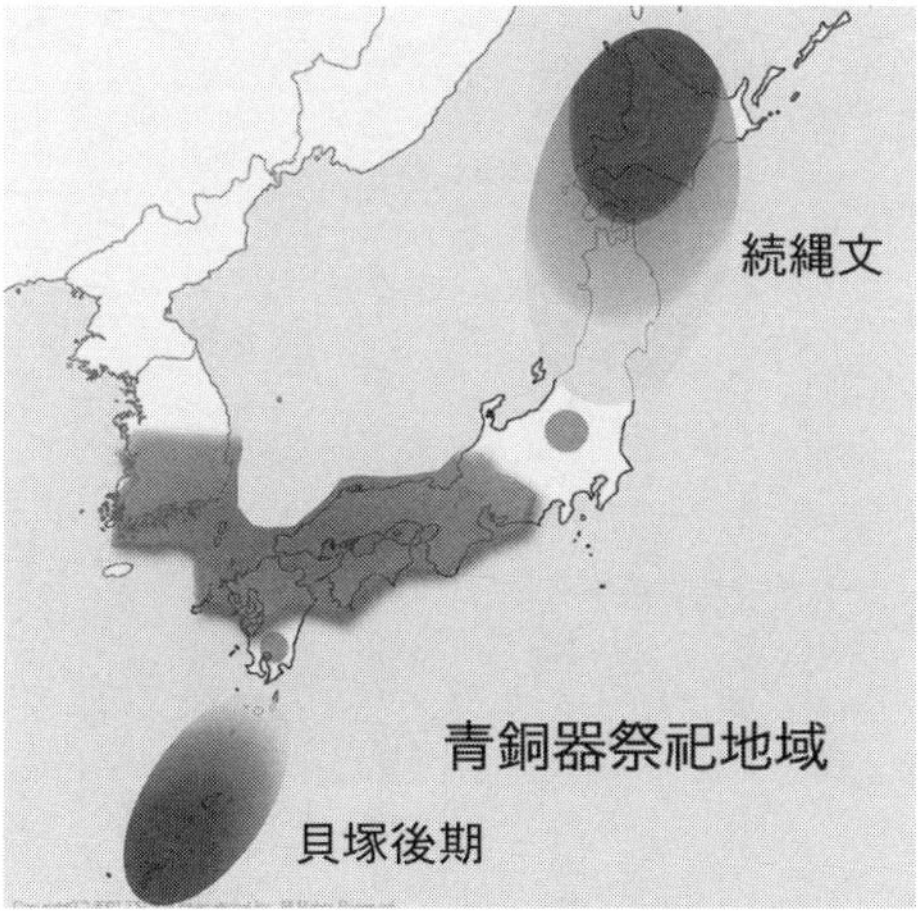

図59　青銅器祭祀の分布

で、もともと九〇年代の主体者論争の中で重要視されるようになった考え方である。

つまり水田稲作を選択的生業構造の中で特化させることは、単に経済的な現象なのではなく、縄文的な世界観、自然観、祖先観を放棄して、イネに対して経済的・社会的・精神的に特化した弥生的世界観、自然観、祖先観を含めて転換することを意味するという考え方である（藤尾『弥生変革期の考古学』同成社、二〇〇三）。木の鳥や木偶は弥生的世界観や祖先観に転換した祭祀で用いられた考古資料と考えられる。

こうした弥生祭祀の完成形といえるのが青銅器祭祀である。古墳という場を祭祀空間とする前方後円墳祭祀は、弥生的祭祀を行ってきた地域で培われてきた要素を統合して新たに創造されたものであり、まさにA類型の中から生み出された新しい祭祀形態だったのである。この類型を示すのは、熊本・大分から福井・静岡までの範囲と、九州南部や中部地方に点的に見られる。

B・C類型（環壕集落、青銅器祭祀欠落型）

A類型のような経験をへていないB・Cの類型しか見られない地域にもほぼ同じ時期に前方後円墳は造られる。つまり環壕集落が成立しなかったり共同体祭祀がはっきりしない、いわば農耕社会の成熟度や祭祀的側面に大きな差異がある地域でも古墳が一様に造られ始めることにこそ、全国的に古墳が造営される原因が隠されている。

水田稲作を一二〇〇年間行ってきた九州北部も、三〇〇年しか行っていない関東南部にもほぼ同時に前方後円墳は造られる。こうした経済的側面や農耕社会化の程度が異なるという社会的側面、祭祀的側面とは無関係に、「中の文化」各地の首長層が定型化した前方後円墳を築造するという汎日本的な共同幻想（土生田純之《はぶたよしゆき》「古墳文化と弥生文化」『弥生時代の考古学』一、同成社、二〇一〇）に取り憑かれて造り始めた点にこそ、古墳成立の意味を見いだす必要があろう。

もはや後戻りができない水田稲作を行っているにもかかわらず、どうしてこのような三つの類型が見られるのか。こうした類型は別に日本列島に限って見られるわけではない。大陸において農業が発生した地域を核とした東アジア世界を考えたとき、朝鮮半島にも沿海州にも見られる共通した類型なのである（図60）。

農業の拡散地としての弥生文化

温帯型の水田稲作が成立した山東半島を核とした東アジア世界を考えてみよう。山東半島にはイネの野生種こそ自生しないが、長江下流域から北上したイネをもとに温帯型の灌漑式水田稲作を作り出した地域である。南方起源のイネをある程度の寒冷化にも耐えうる水田稲作用の品種として作り上げ、もはや採集狩猟生活に戻ることができない生産基盤としての体裁を整えた地域である。その意味で朝鮮半島や日本列島など中緯度地帯における水田稲作文化の起源地といってよ

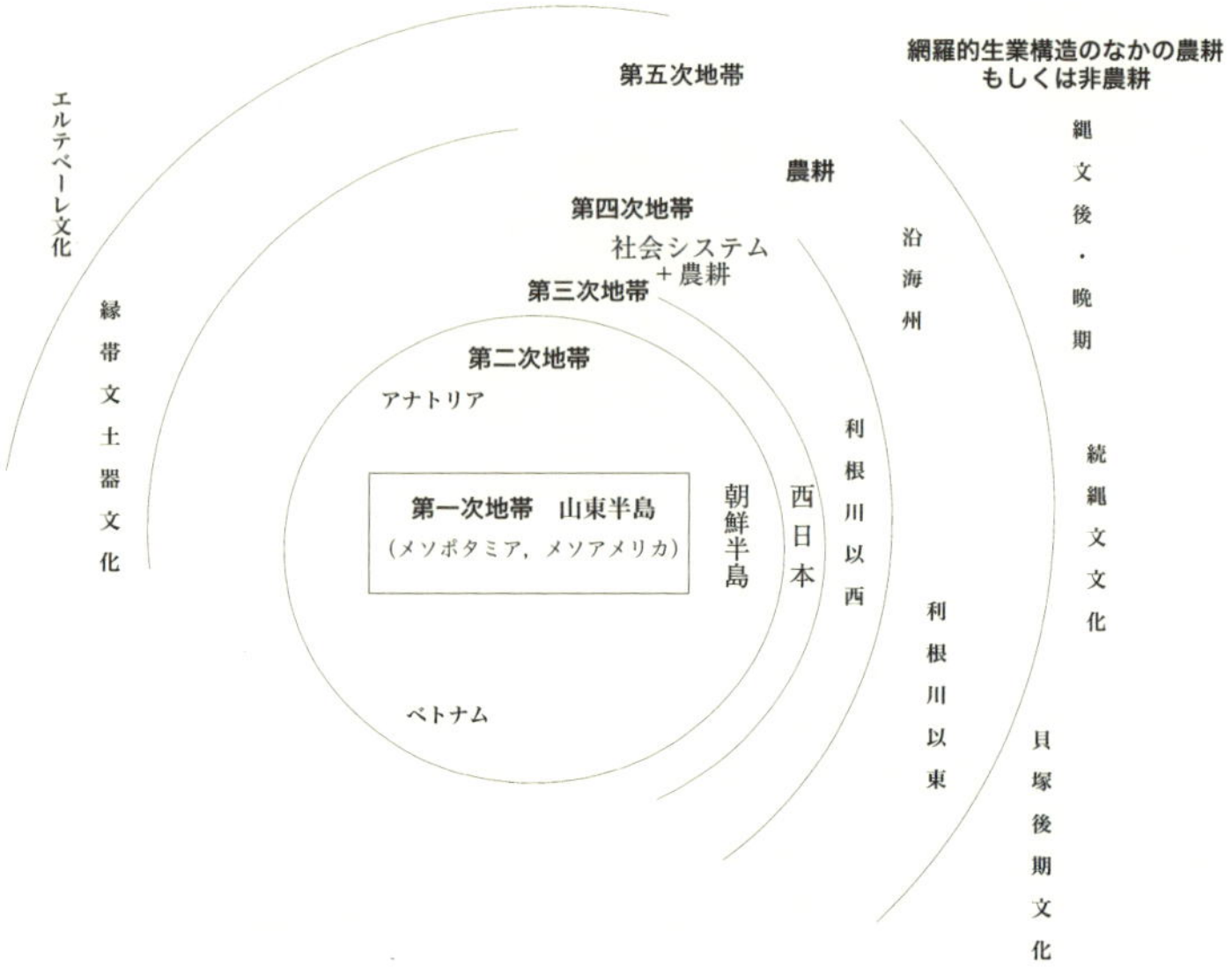

図60　東アジアの中の弥生文化

い。山東半島をメソポタミアやメソアメリカの農耕起源地と同様の第一次地帯としよう。

弥生文化に見られる社会的側面と祭祀的側面を温帯型水田稲作に結合させたのは朝鮮半島南部の青銅器文化である。この地域で水田稲作を生産基盤とする社会システムと北方系の遼寧式銅剣文化が結びつき、社会面と祭祀面が定型化した水田稲作社会が形成される。これを第二次地帯としよう。九州北部に入るのは、朝鮮半島南部で経済・社会・祭祀面が組み込まれて創造されたこの水田稲作文化である。

九州北部にはいった水田稲作文化は、在来の縄文文化と融合しながら列島独自の社会的側面を備えた農耕文化（弥生文化）が創造される。おそらく弥生早期一杯かかって完成をみたと考えられ、その象徴的存在が板付Ⅰ式土器である。祭祀面は日常の農耕祭祀レベルまでは完成していたが、より上位の共同体レベルまで整うのはさらに三〇〇年ぐらいの時間を要した。こうした高次の祭祀は前四世紀には北陸と伊勢湾沿岸を結ぶ線まで到達する。いわゆる大陸系弥生文化とよばれるものの東限である。これを第三次地帯としよう。

山東半島を出発点に朝鮮半島を経由して日本列島へといたるこうした図式は、中国東北部を出発点に草原地帯を越えて東北アジアに至る地域にも見ることができる。極東ロシア東部（ハバロフスク地方西部、沿海地方、サハリン州）の雑穀農耕＋牧畜文化は、防御装置を備えた集落の存在から社会的緊張が存在した可能性があると同時に、青銅器も断片的に見られる。共同体祭祀レベルの青銅器こそ見られないものの一定の複雑化した農耕社会をもつ農耕文化が広がっていたと考えられる（福田正宏「極東ロシア南部における農耕と金属器の受容」『弥生時代の考古学』一、同成社、二〇一〇）。こうした文化は経済的・社会的・祭祀的側面が利根川以西の中部・関東南部地方と共通しているので、極東ロシアも含めて第四次地帯と見ることができる。

第四次地帯の外側には、農耕という経済面の要素だけが伝わり、社会面や祭祀面の要素は欠落する、利根川以東の関東北部、東北中・南部や沿海州地域が該当する。これを第五次地帯としよう。さらにその外側には農耕を行わない続縄文文化がとりまいている。

まとめてみると、九州北部に成立した水田稲作社会は、灌漑式水田稲作という経済的側面を山東半島に、社会面や祭祀面の特徴を朝鮮半島南部で組み込まれた青銅器前期文化を祖とした社会である。伊勢湾沿岸から北陸を結ぶ線までは、経済・社会・祭祀面の要素はセットで拡散するが、利根川以西では祭祀面が、利根川を越えると社会面までもが抜け落ちながら、さらに北へと伝わっていく。最後は網羅的な生業構造に水田稲作を位置づけた東北北部で一時的に水田稲作を行うが、わずか三〇〇年で元の採集狩猟生活に戻ってしまう。さらにそこから先は農耕を行わない続縄文文化である。

南方方面は熊本県宇土半島から大分市内を結ぶ線までは社会的・祭祀的側面が欠落せずにセットで広がるが、そこから先は断片的となる。しかし東北地方北部のような「ボカシ」の地域は弥生後期終末の薩南諸島に見られる程度で、そこから南は農耕を行わない貝塚後期文化である。

以上、藤本が設定した「中の文化」には、X・Y・Zの「ボカシ」の時期と、古墳成立までの過程を異にするA・B・C三つの類型が見られることを指摘した。三つの類型をみせる諸地域は経済的側面や社会的成熟度、複雑度とは無関係に、九州から東北南部までの首長層が同じ古墳という墓制とそこで行う古墳祭祀を採ることになったのである。

灌漑式水田稲作の分布

食糧生産を基本とする生活が始まった時代の文化を弥生文化とする佐原の定義をもとに、これまで議論を進めてきたが、この定義だけでも弥生文化の範囲は時期によって拡大、縮小を繰り返してきたことがわかった。前一〇世紀後半に九州北部で灌漑式水田稲作（弥生稲作）が始まり、古墳が出現するまでの一二〇〇年間を四つの時期に分けて弥生稲作の範囲を図示した（図61～64）。

図61は、弥生稲作が九州北部だけに見られ、貝塚時代後期文化が成立する段階、図62は東北中部まで弥生稲作が広がり北海道には続縄文文化が誕生した段階、図63は本州・四国・九州島全体に弥生稲作が広がった段階、図64は東北中部まで弥生稲作の地域が後退した段階である。

弥生早期～前期後半

縄文文化が続いていた前一〇世紀後半、九州北部玄界灘沿岸地域で弥生稲作が始まる（図61）。この状態は前八世紀まで約一七〇年間続くが、九州北部以外には貝塚後期文化と縄文晩期文化が広がっている。ただし中には瀬戸内や近畿のように水田稲作が生業の一部に取り入れられていた可能性のある地域も見られる。西日本に現れる縦の「ボカシ」の時期である。前八世紀から前五世紀までの約五〇〇年間で弥生稲作が九州島を出て伊勢湾沿岸までの地域に広がると、西日本には弥生文

図61　前10～前８世紀

図62　前４～前３世紀

化、奄美・沖縄諸島に貝塚後期文化、甲信関東には縦の「ボカシ」の時期、東北地方と北海道には縄文晩期文化が広がる。

弥生前期末～中期前半

水田稲作が青森、仙台平野、福島県いわき地域など東北地方の数カ所で始まり、北海道では続縄文文化が成立する（図62）。甲信関東地方で水田稲作が始まっているかどうかは諸説あるが、畑稲作や雑穀栽培は確実に始まっている縦の「ボカシ」の時期が広がる。再葬墓や土偶形容器のように、もはや縄文晩期文化とはいえないような文化要素が見られることも確かである。東北北部は水田稲作を行うが、目的が異なることや網羅的生業構造のなかの一つとして位置づけられていることから、弥生文化の枠外として、北の「ボカシ」の地域に含まれる。

弥生中期中頃〜中期後半

弥生稲作が関東地方まで面的に広がることによって、本州・四国・九州の全域で弥生稲作が行われる（図63）。日本列島上には北から続縄文文化（北の文化）、北の「ボカシ」の文化、弥生文化（中の文化）、貝塚後期文化（南の文化）の四つが並立する。「中の文化」に見られた縦の「ボカシ」の時期は消滅するが、古墳時代へといたる過程を異にするA・B・Cの三つの類型に分かれるようになる。なお、前一〇〇年以降、弥生稲作をやめた東北北部には続縄文文化が広がる。

弥生後期〜弥生終末

弥生稲作を行う地域は山形から宮城を結ぶ線まで南下し、北海道から東北北部には続縄文文化が広がる。貝塚後期文化は後一〇世紀まで継続する（図64）。「中の文化」には前代からA・B・Cの類型が見られるが、三世紀になると青銅器文化は列島的に見られなくなり、卑弥呼という新しいシンボルのもとに結集する。貝塚後期文化と弥生文化の間の薩南諸島には、南の「ボカシ」の地域が顕在化する。

以上のように東北中部以南の地域に約七〜八〇〇年かけて広がる弥生稲作を生産基盤と

図63　前２～前１世紀

図64　前１～後３世紀

する弥生文化。弥生前期末に併行する前四世紀前葉に北海道に成立したあと、前一世紀に東北北部から山形と仙台を結ぶ線まで南下する続縄文文化。前一〇世紀ごろに奄美・沖縄地方に始まる貝塚後期文化という三つの文化が前一〇〇〇年紀~後三世紀の日本列島には横のボカシの地域を境界として北上と南下を繰り返しながら並立する。

　東北北部は縄文晩期文化、水田稲作文化、続縄文文化と文化がめまぐるしく数百年ごとに入れ替わる「ボカシ」の地域として位置づけられる。しかし人が入れ替わったのか、在来の人びとがさまざまな文化を採用したのかどうかは不明である。

日本列島上に見られる諸文化

まとめると表7のようになる。「中の文化」は先述したように、A類型は環壕集落→青銅器祭祀をへて古墳とそこで行われる祭祀を創造する東海・北陸から九州中部までのⅠ地域。B類型は青銅器祭祀を欠落しながらも古墳を造る甲信関東地方などのⅡ地域。C類型は環壕集落も欠落する東北中・南部、北関東地方などのⅢ地域である。

網羅的な生業構造の中に水田稲作を位置づけるとともに、石器の供給体制や労働編成の転換もないままに水田稲作を行ったのが東北北部の北の「ボカシ」のⅣ地域である。したがって水田稲作に不利な環境になれば、いつでも元の生活に戻ることができた。実際、三〇〇年行ってから続縄文文化が南下してくる。藤本の北の「ボカシ」の地域、鈴木信の「類続縄文文化」に相当する。

生業基盤は貝塚後期文化に近いが、副葬品をもつ個人墓が発達する点に九州との類似性を持つ。南のボカシの地域が弥生後期の終わりになって種子島に現れる。

最後は「北の文化」の続縄文文化（Ⅴ）と「南の文化」の貝塚後期文化（Ⅵ）である。水田稲作を受け入れずに生態系に適した漁撈活動に重きをおいた網羅的な生業構造をとる。とはいっても縄文文化ほど網羅的なわけではなく、漁撈活動にかなり傾斜しており、刺突

墓制(副葬)	祭祀的側面	後続文化
副葬制	青銅器祭祀，木偶，木の鳥	古墳
後期の北関東	有角石器，小銅鐸，顔面付き土器	
なし		
なし		続縄文
副葬制		続縄文
種子島のみ		貝塚後期

漁と網漁といった漁撈形態の違いが、副葬品を持つ個人の発生につながった「北の文化」と、つながらなかった「南の文化」という違いを見せる。

以上、水田稲作を始めるというスタート時点を同じくしながらも、古墳時代成立への道筋を異にするという視点で、「中の文化」をAからCの三つの類型に分けそれぞれをI・Ⅱ・Ⅲ地域とした。農耕社会が複雑化しなくても、共同体の祭祀が明確化しなくても、古墳を造営できた首長たちがいたことに古墳成立の実態が隠されていると見た。

「中の文化」に共通しているのは、選択的な生業構造の中で、灌漑式水田稲作を特化させた生活を送り、もう後戻りはしないという点だけであった。この点を重視すれば「中の文化」＝「弥生文化」ということになる。東北北部の前四～前一世紀に見られた、どんなに定型化した水田でコメを作っていたとしても、縄文以来の網羅的な生業構造の中の一つとして水田稲作を

表７　前３～前２世紀の日本列島上にみられる諸文化

地域	経済的側面	社会的側面
Ⅰ　東海・北陸以西～九州南部	水田，畑作	環壕・方形周溝墓，戦い
Ⅱ　南関東甲信越	水田，畑作	
Ⅲ　北関東，東北中・南部	水田，畑作	労働編成の質的転換
Ⅳ　東北北部	400年だけ水田（網羅的生業構造）	労働編成の転換なし
Ⅴ　北海道（続縄文）	漁撈に傾斜した網羅的生業構造	個人崇拝？
Ⅵ　奄美・沖縄（貝塚後期）		有力者は存在

位置づけるだけでは、いつでも採集狩猟生活に戻ることもできた。この種の水田稲作が明確に見られるのはまだ北の「ボカシ」の地域にあたる東北北部だけである。しかし将来的に縦の「ボカシ」の時期として設定した九州北部の縄文晩期末や瀬戸内・近畿の突帯文土器段階、甲信関東の条痕文土器段階に水田稲作が見つかったとしても弥生文化の中に含まれることはないと考えている。

弥生文化の輪郭

地域性か集合体か

筆者は二〇〇〇年以降、経済的側面、社会的側面、祭祀的側面の三つの側面から弥生文化を定義し（藤尾「弥生文化の範囲」『倭人をとりまく世界』山川出版社、二〇〇〇）、三つがそろっている北陸から東海を結ぶ線以西を弥生文化だと狭義に理解してきた。しかしこうした考えに対して設楽博己と石川日出志から厳しく批判されてきた。

両氏は経済・社会・祭祀という横断的な指標で弥生文化を特徴づけるのではなく、時間的に縦に貫かれた系譜、すなわち縄文系譜、大陸系譜、弥生系譜を重視する。弥生文化の中には縄文文化に系譜を求められるものもあれば、大陸文化に求められるものもある。さらに両者が交わって新たに創り出された弥生系の要素もあるわけで、環壕集落や青銅器祭祀など、大陸系譜の要素だけを重視して弥生文化を規定する筆者の方法に疑義を挟むのである。

石川は縄文文化の伝統と灌漑稲作でしか弥生文化を定義できないという（石川前掲岩波新書）。特に筆者が重要視する社会的・祭祀的側面が大陸系譜をもつ要素であるために、縄文的要素をあまりにも考慮しない定義だというわけである。

設楽も政治史的視点だけを強調する弥生文化観は、縄文系譜の要素をないがしろにしたものであって、政治的社会を形成しない農耕文化があってもそれは弥生文化の多様性と捉えるべきだと主張する（設楽「縄文系弥生文化の構想」『考古学研究』四七—一、二〇〇〇）。

本書でもとりあえず水田稲作を生産構造全体の中でどのように位置づけるのか、という経済的側面だけで弥生文化を考え、古墳時代へといたる道筋の違いはあるものの、同じ「中の文化」として九州南部から東北中部までの地域を一つにくくって説明してきた。

弥生文化の基準は単なる水田稲作の存否ではないので、北の「ボカシ」の地域の水田稲作や縄文文化、縦の「ボカシ」の時期に可能性が想定されている水田稲作とも区別できるが、これだけではまだ朝鮮半島南部の水田稲作文化との違いを説明することはできない。そこで筆者は同じく水田稲作を生産基盤とする青銅器後期社会と弥生社会を何で区別すればよいのか考えてみた（図60）。弥生文化の祖型となった朝鮮半島南部からの距離によって異なる大陸系要素の違いを重視したのである。

そこで農耕社会化の程度や共同体祭祀のあり方の違いといった社会的・祭祀的側面を含めて「中の文化」を定義しようとしたのだが、そのような違いはすべて縄文文化の伝統と灌漑式水田稲作を同じくする弥生文化の中の地域性だとして批判を受けている。

果たして「中の文化」内に見られるさまざまな特徴的な文化は、石川や設楽のいうように経済的側面を共通する文化の中の多様性なのか、経済・社会・祭祀的側面を異にする個別の文化なのか、読者の皆さんはどちらをとられるのだろうか。なかでももっとも評価が分かれているのは縦の「ボカシ」の時期と東北南・中部の水田稲作文化の位置づけであろう。これを弥生文化と見るのかどうかによって、個別性か地域性かが決まると言っても言い過ぎではないだろう。

縦のボカシと東北中・南部

「大陸系の文化がみかけは副次的な要素を占め、伝統的な、すなわち縄文的な文化要素が多く認められる。政治的社会化現象が希薄な弥生文化を「縄文系弥生文化」とする」という設楽見解（設楽前掲論文）が出された二〇〇〇年当時は、中部高地や関東地方における弥生前期併行の生業を水田稲作と考えていた。すなわち、西日本遠賀川《おんががわ》系《けい》文化と共通する生産経済という下部構造の上に、再《さい》葬墓《そうぼ》の存在、縄文晩期以来の呪具の衰退、土偶型容器に見られる男女像の分化といった上部構造が変化した文化には、縄文的な要素が強く残るところに特徴があったものの、縄文文化の範囲にはおさまりきれない文化に変容していた、という前提があったのである。

現在、中部高地や関東地方においては本格的な水田稲作が始まるのは弥生中期中頃以降の前三世紀のどこか（Ⅲ期後半）であることが明らかにされている。したがって西日本の弥生前期から中期前半にかけての時期に併行する段階の中部高地や関東地方は、西日本の遠賀川系文化の影響を受けて上部構造が動揺しはじめた段階にあたり、その意味では櫛目《くしめ》文《もん》土器文化の影響を受けて上部構造が動揺した九州縄文後・晩期と同じ位置づけができると筆者は考えたのであった。

そこで弥生文化と縄文後・晩期文化の中間的な様相をみせると判断し、縦の「ボカシ」の時期として弥生文化の枠外と結論づけたのである。

水田稲作の目的

弥生文化かどうかを判断するためには、水田稲作を行う目的がどこにあったのかも重要と考える。水田稲作が生活の中心に位置づけられることはもちろんだが、食料の中心に位置づけられるだけにはとどまらない。弥生文化にとってのコメは、余剰生産物、税、交換財、儀礼・祭祀の対象（稲魂《いなたま》）など、あらゆる側面において中心的な存在だったと予想されるからだ。図65のⅠの地域ではコメがこうした存在であり続けたのは確実だが、Ⅱ・Ⅲの地域はよくわからず、さらにⅣではギフトや食料、

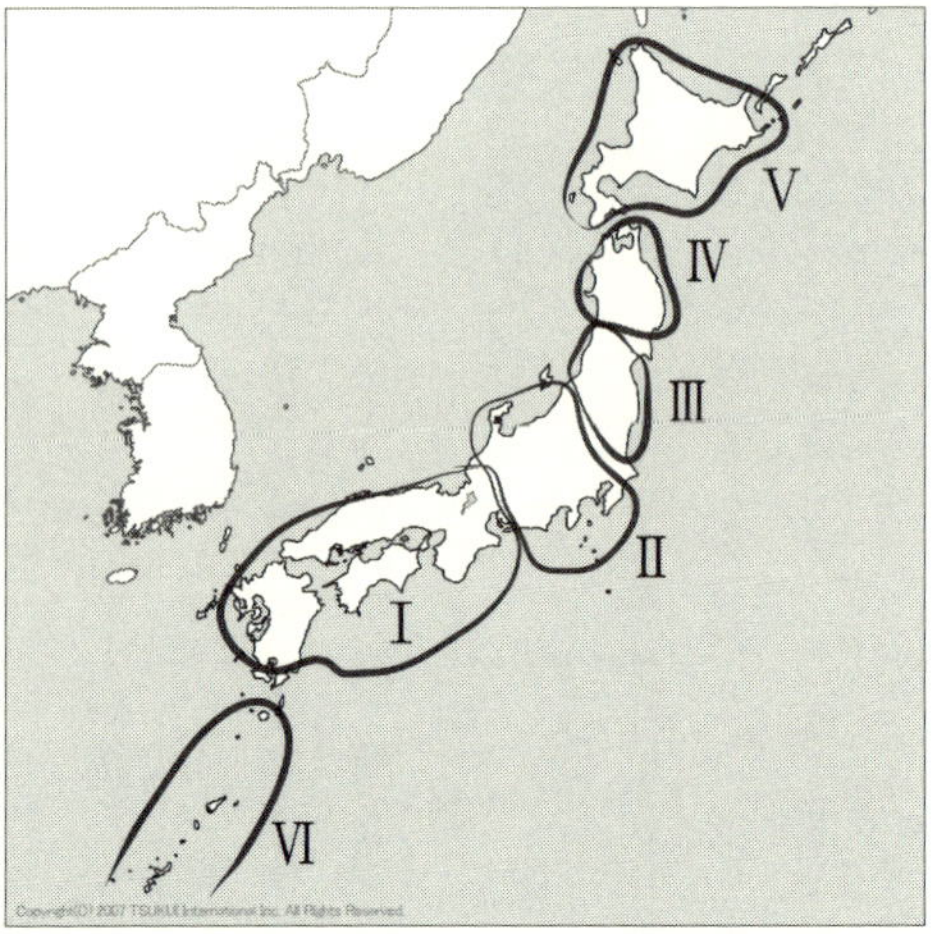

図65　前３～前２世紀の諸文化

集団を結びつけるための手段（高瀬前掲書）としての性格や、食料の一部にとどまっていた可能性が高いと考えられている。縄文以来の網羅的な生業構造のなかで、食料獲得手段の一つとして水田稲作が位置づけられていたとしたら、それはまだ園耕段階に相当すると言っても過言ではない（藤尾「日本列島における農耕の始まり」『文化の多様性と二一世紀の考古学』考古学研究会、二〇〇四）。

考えようによっては環壕集落や青銅器祭祀が断片的に認められる中部・南関東と北海道の続縄文文化との間に、中間的な様相を見せる北の「ボカシ」の地域（Ⅳ）や東北中・南部（Ⅲ）が存在することはあたりまえなことである。利根川を越えると環壕集落や青銅器祭祀が欠落しつつも水田稲作を継続して前方後円墳を築造する東北中・南部をへて、一度は水田稲作を行うもの約三〇〇年後に元の採集狩猟生活に戻り続縄文文化に覆われる東北北部は、水田稲作文化と続縄文文化が一進一退を続ける位置にあたっていた。こうした文化内容についての共通認識は研究者同士にあるので、要はそれぞれの地域の文化を何とよぶかの問題なのである。

このような続縄文文化と利根川以西の弥生文化に挟まれた関東北部から東北中部にかけての地域（Ⅲ）では、どのような文化が育まれていたのであろうか。斎野裕彦《さいのひろひこ》は東北中部の水田稲作について、寒冷地に適応した水田であっても成人一日あたりの熱量は八～二二％で補助的な役割を果たしているにすぎないため、狩猟活動が減った分、漁撈活動が再編成され水田稲作の不足分を補ったと考えている。そのため漁撈活動は専業化することになり、東北中部以北では土器製塩が盛行するという。これなどはまさに水田稲作が網羅的な生業構造の一つとして位置づけられていたことを意味すると考えられるのである。ただ労働組織など水田稲作を行うのに適した体制に移行していたがために、もうあとには戻れなかった点が東北北部と異なっていたのである。とすれば、やはり社会的側面の違いが水田稲作を継続するかしないかの分かれ目であることもまたいえるのである。逆にいうと、経済的側面だけでは弥生文化か弥生文化ではないのかも判断できなくなっていると考えるのだがいかがであろうか。

ゴールと古墳文化

縄文晩期末から関東南部で水田稲作が始まるまでの約七～八〇〇年間の東日本の文化をどのように理解するのか、水田稲作以外に環壕集落などの社会的側面を示す要素を加えて弥生文化を捉える筆者に対して批判的な石川は、弥生文化は縄文文化の伝統と灌漑稲作でしか定義できないと主張する。

石川とこのような考え方に違いが出るのは、弥生文化とは何かという基本的な認識が異なっているからであろうと考える。水田稲作という経済的側面だけで弥生文化を規定するのか、社会的側面や祭祀的側面まで含めて規定するのかという基本的な立場の違いである。大陸文化系統の文化要素を重視するのは古墳時代に継承されるものを重視する見方だとして石川は批判するが、土生田純之《はぶたよしゆき》が指摘しているように弥生文化と古墳前半期の文化を経済的側面で区別することができないこともまた明らかである。弥生文化と縄文文化を区別するだけでなく、古墳文化とも区別するためにも少なくとも社会的側面を重視しなければならないのは、東北中・南部のあり方をみれば明らかである。

前一〇〇〇年紀の九州・四国・本州に見られる文化のすべてを縄文文化の伝統と灌漑式水田稲作を同じくする弥生文化の中の地域性と見るのか、水田稲作を行う異なる文化の集合体と見るのかは、結局のところコメの性格や機能を食料としてだけで位置づけるのか、それとも食料以外の経済価値や祭祀の対象として位置づけるのかという問題とも関わってくるのである。

たとえば経済的・社会的・祭祀的側面もそれぞれ縄文系譜・大陸系譜・弥生系譜で構成

されているが、地域によってその比重が異なっている。水田稲作という経済的側面は、九州北部であっても東北中・南部であっても大陸系譜の要素が強いという点で変わりはない。しかし祭祀的側面や社会的側面の場合は、西ほど大陸系譜が強まり、東ほど縄文系譜が強いことからわかるように、三つの側面のすべてにおいて三つの系譜を同等に捉えられるものではないと考えるのである。石川や設楽は三つの系譜を同等に評価して弥生文化を理解しようとしているのに対して、筆者は残りゆく縄文系譜を重視するのではなく、弥生文化になって新たに登場する大陸系や弥生系譜により重点をおいて理解すべきだと考えるのである。それが歴史的評価と言えるのではないだろうか。

ゆえに大陸系譜の要素が強い西日本では縄文から弥生へと転換、変革したのであり、縄文系譜が強くみられる東日本は縄文から弥生へと緩やかに時間をかけて移行したのである。縦の「ボカシ」の時期が甲信関東地域では五〇〇年にも及んだことがそれを如実に物語っている。縄文人たちは水田稲作の目的まで含めてしっかりと理解した上でないと弥生へと移行することはできなかったのである。

おわりに

前一〇世紀後半に九州北部の玄界灘沿岸地域で始まった灌漑式水田稲作を選択的な生業構造の中で特化させた水田稲作文化は、約八〇〇年かけて「中の文化」の全域に広がった。また平野単位でみると園耕民が弥生稲作をはじめるまでに一〇〇年から二〇〇年もの時間を必要とした。その間は当然、水田稲作民と園耕民との住み分け状態が生まれる。

弥生稲作に転換するということは、網羅的な生業構造から選択的な生業構造へと転換する経済的側面だけの変化ではない。祭祀やイデオロギーなどの祭祀的側面の転換も同時に進行する。コメという単一の対象に対して祭祀の対象を特化していかなければならないからである。自然や動物、人などありとあらゆるものを祭祀の対象とするアニミズム的な縄文文化の祭儀から弥生的な祭儀へと転換が進む過程で、旧来の上部構造は動揺していくのである。

九州中部縄文後期前半に見られた有文深鉢の粗製化と土偶祭祀の活発化。瀬戸内の縄文晩期突帯文土器段階に見られた石棒祭祀の活発化。中部・関東の条痕文土器段階に見られた壺棺再葬墓の流行や土偶型容器の成立。これらはすべて経済的側面の変化に伴う社会の動揺を防ぐための新しい祭儀の装置であった。

経済的側面における転換が進むのと併行して人びとの意識が縄文的世界観から弥生的世界観へと転換したとき、名実とも園耕民は水田稲作民へと転換して弥生文化が始まる。しかし、この弥生的世界観への転換度が地域によって異なっていたことが、農耕社会の複雑化や成熟度を異ならせ、共同体祭祀のあり方を規定したと考えられる。

これを弥生化の深度とよぶとするならば、環壕集落を造り青銅器祭祀を行うにいたった類型が、もっとも深く弥生化が進んだA類型である。A類型は北陸~東海を結ぶ線から九州中部までの範囲に主に見られ、長野や鹿児島に点的に存在する可能性もある。かたや祭祀的側面まで十分に弥生化が進まなかったものの、環壕集落を造り農耕社会化を達成したのがB類型である。本類型は九州南部や甲信関東地域に見ることができ、ある程度、弥生化が進行したものと考えられるが、祭祀的な側面に縄文的な様相を強く残すこととなった。そして水田稲作以外の要素が見つからなかったC類型は弥生化があまり進まなかった地域で、東北中・南部と北関東にみることができる。その様相は先に斎野が指摘したとおりである。

A・B・Cのように弥生化の深度を異にしながらも「中の文化」の首長たちは前方後円墳を造るという集団催眠に陥っていく。ところが網羅的な生業構造のなかに水田稲作を位置づけただけの東北北部では、弥生化が深まることはなかった。それどころか前一世紀に襲ってきた寒冷化によって水田稲作を放棄してしまう。水田稲作を行っていた人びとが移動してしまったあとに、続縄文文化人が南下してきたのか、水田稲作民が採集狩猟経済段階に戻って再転換したのかはよくわからない。ただその時その時で条件にあった生業を行う、ただそれだけのことであったのではないだろうか。

東北北部と同じく寒冷化の影響を受けたであろう東北中・南部地域は異なる対応をとった。条件が悪くなったからといって、そう簡単に水田稲作を放棄することはできないほど、水田稲作を生産基盤とする労働組織や石器供給体制に転換してしまっていた。環壕集落を造るまでには深まらなかったが社会面の弥生化がある程度進んでいたのである。もう後戻りはできなかった。

東北北部の前四〜前一世紀に見られたような水田稲作を行い、しばらくあとに元の生活に戻った人びとが他にもいたとしたら、縦の「ボカシ」の時期に該当する可能性が最も高い。縦の「ボカシ」の文化は、まさにそうした試行錯誤の段階として捉えられるのではないだろうか。

弥生開始年代が五〇〇年さかのぼったことで、こうした大幅に長くなった縦の「ボカシ」の時期こそ、縄文人や園耕民が水田稲作を採用するにあたって試行錯誤を重ねた期間と捉えられるのである。

「イネと鉄」から「イネと石」の弥生文化へ――エピローグ

前一〇世紀に水田稲作を伝えたのは誰か

弥生時代の開始年代が前五～前四世紀から前一〇世紀に約五〇〇年さかのぼっても、水田稲作を伝えた人びとが朝鮮半島南部の青銅器文化に属する人びとであったことは変わらない。変わったのは彼らが海を渡った理由と所持していた道具である。

前五～前四世紀であれば、彼らは戦国時代末期の戦乱から逃れて南下する中国東北地方の人びとに押し出されるように海を渡った。それは彼らの意志ではなく、仕方なく玉突きにあって押し出されたという受け身的な行動であった。

しかし前一〇世紀の中国東北地方に国家間の戦乱はない。はるか遠く離れた中原《ちゅうげん》にこそ西周王朝が成立していたが、東北地方は中原系の青銅器文化を持ち畑作を行う諸民族が暮らす辺境の地である。国家間の戦乱とは無縁の世界であった。

彼らが海を渡った原因は朝鮮半島南部社会の中にあった。農耕社会の発展によって生じた首長制社会の諸矛盾を避け、自ら新天地を求めて青銅器時代人は海を渡ったと韓国の研究者は考える。決して受け身的な動機ではない。

彼らの利器は大陸系磨製石器である。鉄器などはまだ知らない。遼寧式《りようねいしき》銅剣をもっていたのかどうかは不明だが、青銅器を至高の威信財とする社会に生きていた人びとだけに、青銅器のもつ意味は知っていたであろう。水田稲作を行う上で必要な技術はもちろんのこと、社会の仕組みや規範、紛争を解決するための政治的手段としての戦いと武器、祭祀の目的や方法に通じていたことは想像に難くない。前一〇世紀に九州北部玄界灘沿岸地域の園耕民が出あったのは、こうした青銅器文化に生きていた人びとだったのである。

したがって水田稲作民と園耕民という、単に生業手段を異にする人びととの出あいではない。玄界灘沿岸地域の園耕民は水田稲作を行うための道具や技術だけでなく、水田稲作を順調に進め、豊作を祈るために必要なありとあらゆる社会的、祭祀的な仕組みと知識を、青銅器時代人から直接受け継いだ。

海を渡った青銅器時代人は、戦乱に追われて海に漕ぎだしたボート・ピープルではなく、新天地を求めて海へ乗り出したニュー・フロンティアだったのである。

弥生の鉄文化

前五〜前四世紀に始まる弥生文化は、農業が始まった当初から鉄器を使用した世界で唯一の先史文化であった。鉄器を知った弥生人はわずか一〇〇年で、脱炭や鍛錬鍛冶など高度な技術を駆使して利器に適した鋼を国産化。農業の開始後わずか四〇〇年で達成された鉄器化は、世界でも稀に見るスピードで古代化を達成する大きな原動力となった。まさに右肩上がりの高度成長を支えた鉄神話の弥生版である。

しかし前一〇世紀に始まる弥生文化は、大陸系磨製石器を利器として農業が始まる。鉄器が使われ始めるのは、燕での鉄器生産が本格化する前五〜前四世紀になってからで、弥生文化が始まってからすでに六〇〇年を過ぎた頃である。

弥生人は燕の鋳造鉄斧を使い始めるとほぼ同時に、使えなくなった輸入鋳造鉄斧を素材に小形の鉄器を作り始める。しかしそれは加熱処理を伴わない、石器製作技術を駆使した鉄器の国産化であった。こうした現象は、沿海州など弥生文化と同じく東北アジアの縁辺部に位置する文化にも共通して見られる。

弥生人が鍛冶や脱炭など加熱処理を伴う高度な技術を駆使して鉄器を作り始めるのは、朝鮮半島南部で鉄製錬が始まる前三世紀以降である。九州北部では前二〜前一世紀ごろには九州北部を中心とした地域で鉄器が利器の中心になり、紀元後には西日本も次第に鉄器化が進んでいく。

同じ金属器である青銅器は鉄器より四〇〇年ほど早い前八世紀に現れているが、銅剣の破片を再加工して作った小形のノミが一点見つかっているだけで、しかもその後は数百年間にわたって見られない時期が続く。青銅器が本格的に出現するのは、個人墓の副葬品や祭器・礼器の性格をもつ武器形青銅器や鏡、銅鐸などが現れる、前四世紀前半頃である。

このように弥生文化の金属器は、水田稲作を始めて約六〇〇年間の石器時代を経たあと、前四世紀前半に利器としての鉄器が、中ごろには祭器としての青銅器が出現して始まる。これは鉄器と青銅器を利器と祭器・礼器として使い分ける東アジア金属器文化の特質を弥生文化が引き継いでいることを意味する。

農業の始まりと同時に鉄器が使われ、鉄器の急速な普及を根拠とした弥生版の高度成長物語は、いずれも根拠を失った。弥生文化は六〇〇年余りの石器時代、二〇〇年余りの金石併用期をへて、前二世紀（中期後半）の九州北部を皮切りにようやく初期鉄器時代へと突入するのである。

水田稲作の拡散

九州北部で始まった水田稲作がわずか一〇〇年もたたないうちに伊勢湾沿岸地域まで広がった理由は、食料不足に悩んでいた西日本の縄文人が我先にと水田稲作を採用したからだ、というのがこれまでの考え方である。新年代では伊勢湾沿岸地域まで広がるのに五〇〇年余りかかっていたことが明らかになったが、この間、西日本各地で何が起こっていたのかを福岡平野と大阪平野を例に考えた。また、東北北部の人びとが状況次第で水田稲作を始めたり止めたりする理由について考えた。

最初の水田稲作民が現れてから、平野全体に水田稲作が広まるまでに、福岡平野では二五〇年から三〇〇年、大阪平野では一五〇年から二〇〇年ぐらいかかっていることがわかった。

以上の点から、両平野とも最後の園耕民が水田稲作へ転換するまでの間は、水田稲作民と園耕民が二〇〇年近くにわたって住み分け状態にあったことがわかるし、素早く水田稲作に転換した人びとと、なかなか転換しなかった人びとがいたことを明らかにした。

すなわち新年代になって水田稲作が伊勢湾沿岸まで広がる時間が五倍になったのは、九州北部から伊勢湾沿岸地域へと広がるという横方向の時間が長くなっただけではなく、各平野内に水田稲作が広がるという、いわば縦方向にも時間がかかったという、横と縦の二つの時間が長くかかったことを意味していたのである。

しかも玄界灘沿岸地域で最後の園耕民が水田稲作を始めるまでは、玄界灘沿岸地域の外に出ることがなかった水田稲作が、瀬戸内・山陰・近畿では地域内の隅々まで広がるのを待たずに、東接する平野へと広がっていたことを指摘した。この二つの違いは水田稲作が広がる実態の違いを反映している可能性がある。

東北中部から九州南部までの水田稲作民は、一度始めた水田稲作をやめることはなかったが、東北北部には前四世紀に始めて約三〇〇年間つづけた水田稲作を放棄して、前一世紀に再び採集狩猟生活に戻った人びとがいた。

このことから私たちは、水田稲作民の中には、水田稲作を続けざるをえなかった人びとと、とりまく環境が変われば水田稲作をやめる人びとの二者がいたことの意味を改めて知ることとなったのである。

変わる弥生の村

新年代の登場によって弥生集落論も縄文集落論と同様に、累積結果をもとに社会組織や集団構造を明らかにする研究と、同時併存住居をもとに住居の建築から廃棄までの変遷を探ったりする研究や集落景観を復原したりする研究の二つに分かれて行われる段階に入ったといえるだろう。

累積結果をもとにした研究のなかでも、最終形態の集落構造をもとに、社会構造や集団構造を復原する研究は、これまでにも累積結果であることをあまり意識することなく行われてきた。五軒程度を一つの単位とする単位集団がいくつか集まってより上位の地域集団を作っていくという集団発展論や統合論は、今後、同時併存という前提から累積結果という前提への転換をいかに説明していくかにかかっている。また弥生村の復元模型や復原公園も何年間の累積結果であるという説明版をつけない限り観覧者に誤解を与えることになるであろう。

一方、縄文住居のような埋設土器もない弥生住居の場合、同時併存住居を特定するための作業は、いくら炭素14年代を測ることができたとしても、弥生早期後半や前期末〜中期初頭などの、較正曲線が急激に傾くところを除いては基本的には難しくなる。したがってある瞬間の住居の数、人口推定、村景観の復原は難しく、やはり延べ軒数を前提とした研究へとシフトせざるをえない。

累積結果の数を手がかりに人口を推定する研究は、弥生前期末〜中期初頭など存続幅の短い期間を参考にしながら発展させていく方法が基本となっていくだろう。弥生時代の開始年代が五〇〇年さかのぼったことによって、人口増加率はこれまでよりは〇・五%ほど低い、〇・七〜〇・八%程度の人口増加率であったことがわかった。しかしここにも累積結果の影響が増加率を押し上げている可能性があるので、高止まりしている可能性は否定できないが、それを勘案したとしても世界の農耕民の人口増加率である〇・一〜〇・二%よりははるかに高いと考えられる。

以上のように、累積結果であることを意識することなく、全国で復原されている弥生の村の姿を変更するのは容易なことではないが、同時に火災にあった焼失集落などを対象に炭素14年代測定を組み合わせて、ある瞬間の村の姿を復原することに努めなければならない。

弥生文化の輪郭

前一〇世紀後半に始まった灌漑式水田稲作によって、九州北部玄界灘沿岸地域に弥生文化が成立すると、それまで網羅的な生業構造をもつという点で等質的だった縄文文化は分裂して生業構造を異にした多文化列島の時代に入る。前四世紀の日本列島には従来から知られていた北海道の続縄文文化、東北北部の「ボカシ」の地域、東北中・南部から鹿児島に至る「中の文化」、奄美・沖縄諸島の貝塚後期文化のほかに、関東・中部地方に縦の「ボカシ」の時期を新たに設定した。

そして前七〜前三世紀の日本列島には、続縄文文化（Ⅴ）と貝塚後期文化（Ⅵ）は網羅的な生業構造を引き継いだ水田稲作を行わない文化、東北北部（Ⅳ）は網羅的な生業構造のなかで水田稲作を含む農耕を行ったが、いつでも撤退できた文化、そして東北中南部以南には灌漑式水田稲作を選択的な生業構造のなかで特化させ、どんなことがあっても水田稲作を継続する文化が並存していたことを経済的側面から定義した。

この間、本州島には生業構造を異にした人びとが数百年にわたって並存していたことになる。これらの人びとの違いは生業面だけでなく、社会面や祭祀面にわたってもおおいに異なっていたことが予想される。

水田稲作が五〇〇年早く始まっていたことでより目立ってきたのは、水田稲作が各地で本格化する前段階に見られる、縄文とも弥生ともいえない過渡的な文化の存在である。縄文以来の網羅的な生業構造のなかの一つとして水田稲作を位置づけた前四～前二世紀の東北北部のようなあり方が、前七～前三世紀の甲信関東地域の条痕文系土器文化や、前一〇～前八世紀の瀬戸内や近畿の突帯文土器文化などにも存在した可能性がある。今回、このような段階を、藤本強が設定したいわば横のボカシに対して、縦のボカシとして設定し、水田稲作を本格的に始める前段階とした。

さらに「中の文化」のなかに、朝鮮半島南部社会からの距離に応じて古墳成立への道筋を異にする三つの類型を設定し、水田稲作の継続年数、農耕社会の複雑度、そして祭祀的統合度を異にしながらも、後三世紀中ごろには前方後円墳が同時に成立することに、古墳成立の真実が隠されていると理解した。

単に縄文文化と時間的に画するだけであれば灌漑式水田稲作の始まりを指標にすればよいが、弥生文化を同時代の東アジア各地の農耕文化や後続する古墳文化とも画するとすれば、それだけでは不十分である。生業構造の中における水田稲作の位置づけや社会的・祭祀的側面の特徴を明確にしてこそ識別が可能である。時代区分と文化区分とは異なる指標によって行われることを改めて指摘しておきたい。

あとがき

筆者が炭素14年代にかかわり始めてから今年で十一年目にはいった。二〇〇一(平成十四)年十月十八日、私は佐賀県唐津市の西九州自動車道発掘調査事務所にいた。弥生早期の水田の水路が見つかっていた梅白遺跡から出土した水路用杭と土器付着炭化物の年代測定用試料を採取するためである。担当の小松讓さんとは旧知の間柄だけに、こんな話をした。

「弥生早期が前八世紀にさかのぼることとなんて、ないですよね!」実は、小松さん。私が訪れる前に自ら行った木炭の年代測定結果を測定機関から受け取っていたのである。それでも「念のためですから」といって試料を持ち帰ったことから、十年にもわたる研究が始まったのである。私の恩師、九州大学の岡崎敬先生の言葉を想い出す。「まあ、十年」。まさにその通りである。

次の日訪れた福岡市教育委員会の常松幹雄さんからは、福岡市雀居遺跡などの試料を採取させてもらった。

もともと弥生時代が始まったとされる前五〜前四世紀は、本文中にも書いたように炭素14年代の二四〇〇年問題といわれているように、年代を絞りにくいので測定しても無駄であるといわれていた時期にあたる。「それなのになぜ、測ろうと思ったのですか？」とNHKクローズアップ現代の担当ディレクターにも言われたことがあるが、ダメ元で測ってみようと考えただけである。もしこの時、止めていたら今の研究はなかった。

半年後、結果が出た。弥生早期後半の年代が前九世紀、弥生時代の始まりは前一〇世紀までさかのぼる可能性があるというものであった。私も同僚の春成秀爾さんも第一声は、「そんなことはありえない」であった。しかし今村峯雄さんの自信は揺るがない。ならばと引き続き追加測定を行うが、結果は何度やっても変わらない。こうして腹をくくった春成さんと筆者は、弥生開始年代前一〇世紀説を確かなものとするために走り始めたのである。本書は私だけの仕事ではなく、西本豊弘さんを研究代表（文部科学省科学研究費補助金・学術創成研究「弥生農耕の起源と東アジア」二〇〇四〜二〇〇八）とする歴博年代研究グループ全員の仕事の賜である。

今や発掘調査報告書には、必ず年代測定結果の報告が載るようになった。日本だけでなくお隣韓国も同様である。毎年、膨大な数のデータが蓄積されていく。これらを生かすも殺すもまさに私たち考古側にかかっているといえよう。

現在、歴博では坂本稔さん中心に紀元前一五〇〇年から後五〇〇年までの約二〇〇〇年間にわたる日本版較正曲線を構築しつつある。世界に冠たる高精度の土器編年に裏打ちされた日本版の早期公表に期待が高まっている。

本書を草するにあたっては先に紹介した方がたを含め、自らの年代観とは違うにもかかわらず測定だけは続けていこうという意志のもと、資料を提供してくださった数多くの仲間がいる。彼らがいたからこそ本書がなったのである。記してここに感謝の意を表したい（順不同、敬称略）。

堂込秀人・東和幸（鹿児島）・桒畑和博（宮崎）・廣田静学（熊本）・安楽勉・本多和典（長崎）・仁田坂聡（佐賀）・前田義人（福岡）・高橋徹・坪根伸也・井ノ口あけみ（大分）・出原恵三・曽我貴行（高知）・伊藤実（広島）・柴田昌児（愛媛）・安在晧・趙榮済・李弘鐘（韓国）・飯塚勝（福岡）。

二〇一一年七月

藤尾慎一郎

著者紹介
一九五九年、福岡県に生まれる
一九八六年、九州大学大学院博士課程単位取得退学
現在、国立歴史民俗博物館・総合研究大学院大学教授、博士(文学)

主要著書
『縄文論争』(講談社、二〇〇二年)
『弥生変革期の考古学』(同成社、二〇〇三年)
『弥生文化の輪郭』(弥生時代の考古学1、共編著、同成社、二〇〇九年)

歴史文化ライブラリー
329

〈新〉弥生時代
五〇〇年早かった水田稲作

二〇一一年(平成二十三)十月一日 第一刷発行
二〇一三年(平成二十五)四月二十日 第二刷発行

著者 藤《ふじ》尾《お》慎《しん》一《いち》郎《ろう》
発行者 前田求恭
発行所 株式会社 吉川弘文館
東京都文京区本郷七丁目二番八号
郵便番号一一三―〇〇三三
電話〇三―三八一三―九一五一〈代表〉
振替口座〇〇一〇〇―五―二四四
http://www.yoshikawa-k.co.jp/

印刷＝株式会社 平文社
製本＝ナショナル製本協同組合
装幀＝清水良洋

ISBN978-4-642-05729-5

歴史文化ライブラリー

1996.10

刊行のことば

現今の日本および国際社会は、さまざまな面で大変動の時代を迎えておりますが、近づきつつある二十一世紀は人類史の到達点として、物質的な繁栄のみならず文化や自然・社会環境を謳歌できる平和な社会でなければなりません。しかしながら高度成長・技術革新にともなう急激な変貌は「自己本位な刹那主義」の風潮を生みだし、先人が築いてきた歴史や文化に学ぶ余裕もなく、いまだ明るい人類の将来が展望できていないようにも見えます。このような状況を踏まえ、よりよい二十一世紀社会を築くために、人類誕生から現在に至る「人類の遺産・教訓」としてのあらゆる分野の歴史と文化を「歴史文化ライブラリー」として刊行することといたしました。

小社は、安政四年（一八五七）の創業以来、一貫して歴史学を中心とした専門出版社として書籍を刊行しつづけてまいりました。その経験を生かし、学問成果にもとづいた本叢書を刊行し社会的要請に応えて行きたいと考えております。

現代は、マスメディアが発達した高度情報化社会といわれますが、私どもはあくまでも活字を主体とした出版こそ、ものの本質を考える基礎と信じ、本叢書をとおして社会に訴えてまいりたいと思います。これから生まれでる一冊一冊が、それぞれの読者を知的冒険の旅へと誘い、希望に満ちた人類の未来を構築する糧となれば幸いです。

吉川弘文館

歴史文化ライブラリー

考古学

- 農耕の起源を探る イネの来た道 —— 宮本一夫
- 縄文の実像を求めて —— 今村啓爾
- O脚だったかもしれない縄文人 人骨は語る —— 谷畑美帆
- 吉野ケ里遺跡 保存と活用への道 —— 納富敏雄
- 〈新〉弥生時代 五〇〇年早かった水田稲作 —— 藤尾慎一郎
- 交流する弥生人 金印国家群の時代の生活誌 —— 高倉洋彰
- 古　墳 —— 土生田純之
- 銭の考古学 —— 鈴木公雄
- 太平洋戦争と考古学 —— 坂詰秀一

古代史

- 邪馬台国 魏使が歩いた道 —— 丸山雍成
- 邪馬台国の滅亡 大和王権の征服戦争 —— 若井敏明
- 日本語の誕生 古代の文字と表記 —— 沖森卓也
- 日本国号の歴史 —— 小林敏男
- 古事記の歴史意識 —— 矢嶋　泉
- 古事記のひみつ 歴史書の成立 —— 三浦佑之
- 日本神話を語ろう イザナキ・イザナミの物語 —— 中村修也
- 東アジアの日本書紀 歴史書の誕生 —— 遠藤慶太
- 〈聖徳太子〉の誕生 —— 大山誠一
- 聖徳太子と飛鳥仏教 —— 曾根正人
- 倭国と渡来人 交錯する「内」と「外」 —— 田中史生
- 大和の豪族と渡来人 葛城・蘇我氏と大伴・物部氏 —— 加藤謙吉
- 古代豪族と武士の誕生 —— 森　公章
- 飛鳥の朝廷と王統譜 —— 篠川　賢
- 飛鳥の宮と藤原京 よみがえる古代王宮 —— 林部　均
- 古代出雲 —— 前田晴人
- エミシ・エゾからアイヌへ —— 児島恭子
- 古代の蝦夷《えみし》と城柵《じょうさく》 —— 熊谷公男
- 悲運の遣唐僧 円載の数奇な生涯 —— 佐伯有清
- 遣唐使の見た中国 —— 古瀬奈津子
- 古代の皇位継承 天武系皇統は実在したか —— 遠山美都男
- 持統女帝と皇位継承 —— 倉本一宏
- 古代天皇家の婚姻戦略 —— 荒木敏夫
- 高松塚・キトラ古墳の謎 —— 山本忠尚
- 壬申の乱を読み解く —— 早川万年
- 家族の古代史 恋愛・結婚・子育て —— 梅村恵子
- 万葉集と古代史 —— 直木孝次郎
- 古代の都はどうつくられたか 中国・日本・朝鮮・渤海 —— 吉田　歓
- 平城京に暮らす 天平びとの泣き笑い —— 馬場　基

歴史文化ライブラリー

すべての道は平城京へ 古代国家の〈支配の道〉——市 大樹
都はなぜ移るのか 遷都の古代史——仁藤敦史
聖武天皇が造った都 難波宮・恭仁宮・紫香楽宮——小笠原好彦
古代の都と神々 怪異を吸いとる神社——榎村寛之
平安朝 女性のライフサイクル——服藤早苗
平安京のニオイ——安田政彦
平安京の災害史 都市の危機と再生——北村優季
天台仏教と平安朝文人——後藤昭雄
藤原摂関家の誕生 平安時代史の扉——米田雄介
安倍晴明 陰陽師たちの平安時代——繁田信一
源氏物語の風景 王朝時代の都の暮らし——朧谷 寿
古代の神社と祭り——三宅和朗
時間の古代史 霊鬼の夜、秩序の昼——三宅和朗

中世史

源氏と坂東武士——野口 実
鎌倉源氏三代記 一門・重臣と源家将軍——永井 晋
吾妻鏡の謎——奥富敬之
鎌倉北条氏の興亡——奥富敬之
都市鎌倉の中世史 吾妻鏡の舞台と主役たち——秋山哲雄
源 義経——元木泰雄
弓矢と刀剣 中世合戦の実像——近藤好和
騎兵と歩兵の中世史——近藤好和
その後の東国武士団 源平合戦以後——関 幸彦
声と顔の中世史 戦さと訴訟の場景より——蔵持重裕
運 慶 その人と芸術——副島弘道
北条政子 尼将軍の時代——野村育世
乳母の力 歴史を支えた女たち——田端泰子
荒ぶるスサノヲ、七変化 〈中世神話〉の世界——斎藤英喜
曽我物語の史実と虚構——坂井孝一
日 蓮——中尾 堯
捨《すて》聖《ひじり》一 遍——今井雅晴
神風の武士像 蒙古合戦の真実——関 幸彦
足利尊氏と直義 京の夢、鎌倉の夢——峰岸純夫
東国の南北朝動乱 北畠親房と国人——伊藤喜良
中世の巨大地震——矢田俊文
大飢饉、室町社会を襲う!——清水克行
平泉中尊寺 金色堂と経の世界——佐々木邦世
贈答と宴会の中世——盛本昌広
中世の借金事情——井原今朝男
庭園の中世史 足利義政と東山山荘——飛田範夫

歴史文化ライブラリー

土一揆の時代 — 神田千里
山城国一揆と戦国社会 — 川岡　勉
一休とは何か — 今泉淑夫
中世武士の城 — 齋藤慎一
武田信玄 — 平山　優
歴史の旅 武田信玄を歩く — 秋山　敬
武田信玄像の謎 — 藤本正行
戦国大名の危機管理 — 黒田基樹
戦国時代の足利将軍 — 山田康弘
戦国を生きた公家の妻たち — 後藤みち子
鉄砲と戦国合戦 — 宇田川武久
よみがえる安土城 — 木戸雅寿
検証 本能寺の変 — 谷口克広
加藤清正 朝鮮侵略の実像 — 北島万次
北政所と淀殿 豊臣家を守ろうとした妻たち — 小和田哲男
偽りの外交使節 室町時代の日朝関係 — 橋本　雄
ザビエルの同伴者 アンジロー 戦国時代の国際人 — 岸野　久
海賊たちの中世 — 金谷匡人
中世 瀬戸内海の旅人たち — 山内　譲

近世史

神君家康の誕生 東照宮と権現様 — 曽根原　理
江戸の政権交代と武家屋敷 — 岩本　馨
江戸御留守居役 近世の外交官 — 笠谷和比古
検証 島原天草一揆 — 大橋幸泰
隠居大名の江戸暮らし 年中行事と食生活 — 江後迪子
大名行列を解剖する 江戸の人材派遣 — 根岸茂夫
江戸大名の本家と分家 — 野口朋隆
赤穂浪士の実像 — 谷口眞子
〈甲賀忍者〉の実像 — 藤田和敏
大江戸八百八町と町名主 — 片倉比佐子
江戸の武家名鑑 武鑑と出版競争 — 藤實久美子
武士という身分 城下町萩の大名家臣団 — 森下　徹
次男坊たちの江戸時代 公家社会の〈厄介者〉 — 松田敬之
宮中のシェフ、鶴をさばく 江戸時代の朝廷と庖丁道 — 西村慎太郎
江戸時代の孝行者 「孝義録」の世界 — 菅野則子
近世の百姓世界 — 白川部達夫
江戸の寺社めぐり 鎌倉・江ノ島・お伊勢さん — 原　淳一郎
宿場の日本史 街道に生きる — 宇佐美ミサ子
〈身売り〉の日本史 人身売買から年季奉公へ — 下重　清

歴史文化ライブラリー

江戸の捨て子たち その肖像 —— 沢山美果子
歴史人口学で読む江戸日本 —— 浜野 潔
京のオランダ人 阿蘭陀宿海老屋の実態 —— 片桐一男
それでも江戸は鎖国だったのか オランダ宿 日本橋長崎屋 —— 片桐一男
江戸の文人サロン 知識人と芸術家たち —— 揖斐 高
葛飾北斎 —— 永田生慈
北斎の謎を解く 生活・芸術・信仰 —— 諏訪春雄
江戸と上方 人・モノ・カネ・情報 —— 林 玲子
江戸店《だな》の明け暮れ —— 林 玲子
エトロフ島 つくられた国境 —— 菊池勇夫
災害都市江戸と地下室 —— 小沢詠美子
浅間山大噴火 —— 渡辺尚志
アスファルトの下の江戸 住まいと暮らし —— 寺島孝一
江戸の流行り病 麻疹騒動はなぜ起こったのか —— 鈴木則子
江戸幕府の日本地図 国絵図・城絵図・日本図 —— 川村博忠
江戸城が消えていく 『江戸名所図会』の到達点 —— 千葉正樹
都市図の系譜と江戸 —— 小澤 弘
江戸の地図屋さん 販売競争の舞台裏 —— 俵 元昭
近世の仏教 華ひらく思想と文化 —— 末木文美士
江戸時代の遊行聖 —— 圭室文雄
幕末民衆文化異聞 真宗門徒の四季 —— 奈倉哲三
江戸の風刺画 —— 南 和男
幕末維新の風刺画 —— 南 和男
ある文人代官の幕末日記 林鶴梁の日常 —— 保田晴男
幕末の世直し 万人の戦争状態 —— 須田 努
幕末の海防戦略 異国船を隔離せよ —— 上白石 実
黒船来航と音楽 —— 笠原 潔
黒船がやってきた 幕末の情報ネットワーク —— 岩田みゆき
幕末日本と対外戦争の危機 下関戦争の舞台裏 —— 保谷 徹

近・現代史

幕末明治 横浜写真館物語 —— 斎藤多喜夫
横井小楠 その思想と行動 —— 三上一夫
水戸学と明治維新 —— 吉田俊純
旧幕臣の明治維新 沼津兵学校とその群像 —— 樋口雄彦
大久保利通と明治維新 —— 佐々木 克
明治維新と豪農 古橋暉皃の生涯 —— 高木俊輔
文明開化 失われた風俗 —— 百瀬 響
西南戦争 戦争の大義と動員される民衆 —— 猪飼隆明
明治外交官物語 鹿鳴館の時代 —— 犬塚孝明
自由民権運動の系譜 近代日本の言論の力 —— 稲田雅洋

歴史文化ライブラリー

明治の政治家と信仰 クリスチャン民権家の肖像——小川原正道
福沢諭吉と福住正兄《ふくずみまさえ》 世界と地域の視座——金原左門
日赤の創始者 佐野常民《つねたみ》——吉川龍子
文明開化と差別——今西 一
アマテラスと天皇 〈政治シンボル〉の近代史——千葉 慶
明治の皇室建築 国家が求めた〈和風〉像——小沢朝江
明治神宮の出現——山口輝臣
日清・日露戦争と写真報道 戦場を駆ける写真師たち——井上祐子
博覧会と明治の日本——國 雄行
公園の誕生——小野良平
啄木短歌に時代を読む——近藤典彦
東京都の誕生——藤野 敦
町火消たちの近代 東京の消防史——鈴木 淳
鉄道忌避伝説の謎 汽車が来た町、来なかった町——青木栄一
家庭料理の近代——江原絢子
お米と食の近代史——大豆生田 稔
近現代日本の農村 農政の原点をさぐる——庄司俊作
失業と救済の近代史——加瀬和俊
選挙違反の歴史 ウラからみた日本の一〇〇年——季武嘉也
東京大学物語 まだ君が若かったころ——中野 実
海外観光旅行の誕生——有山輝雄
関東大震災と戒厳令——松尾章一
モダン都市の誕生 大阪の街・東京の街——橋爪紳也
マンガ誕生 大正デモクラシーからの出発——清水 勲
第二次世界大戦 現代世界への転換点——木畑洋一
激動昭和と浜口雄幸——川田 稔
昭和天皇側近たちの戦争——茶谷誠一
植民地建築紀行 満洲・朝鮮・台湾を歩く——西澤泰彦
帝国日本と植民地都市——橋谷 弘
稲の大東亜共栄圏 帝国日本の〈緑の革命〉——藤原辰史
地図から消えた島々 幻の日本領と南洋探検家たち——長谷川亮一
日中戦争と汪兆銘《おうちょうめい》——小林英夫
「国民歌」を唱和した時代 昭和の大衆歌謡——戸ノ下達也
モダン・ライフと戦争 スクリーンのなかの女性たち——宜野座菜央見
特務機関の謀略 諜報とインパール作戦——山本武利
首都防空網と〈空都〉多摩——鈴木芳行
陸軍登戸研究所と謀略戦 科学者たちの戦争——渡辺賢二
〈いのち〉をめぐる近代史 堕胎から人工妊娠中絶へ——岩田重則
戦争とハンセン病——藤野 豊
皇軍慰安所とおんなたち——峯岸賢太郎

歴史文化ライブラリー

日米決戦下の格差と平等 銃後信州の食糧・疎開 ― 板垣邦子
敵国人抑留 戦時下の外国民間人 ― 小宮まゆみ
銃後の社会史 戦死者と遺族 ― 一ノ瀬俊也
国民学校 皇国の道 ― 戸田金一
〈近代沖縄〉の知識人 島袋全発の軌跡 ― 屋嘉比 収
沖縄戦 強制された「集団自決」 ― 林 博史
太平洋戦争と歴史学 ― 阿部 猛
スガモプリズン 戦犯たちの平和運動 ― 内海愛子
戦後政治と自衛隊 ― 佐道明広
米軍基地の歴史 世界ネットワークの形成と展開 ― 林 博史
沖縄 占領下を生き抜く 軍用地・通貨・毒ガス ― 川平成雄
紙 芝 居 街角のメディア ― 山本武利
団塊世代の同時代史 ― 天沼 香
闘う女性の20世紀 地域社会と生き方の視点から ― 伊藤康子
女性史と出会う ― 総合女性史研究会編
丸山真男の思想史学 ― 板垣哲夫
文化財報道と新聞記者 ― 中村俊介

世界史

秦の始皇帝 伝説と史実のはざま ― 鶴間和幸
黄金の島 ジパング伝説 ― 宮崎正勝
琉球と中国 忘れられた冊封使 ― 原田禹雄
古代の琉球弧と東アジア ― 山里純一
アジアのなかの琉球王国 ― 高良倉吉
王宮炎上 アレクサンドロス大王とペルセポリス ― 森谷公俊
イングランド王国前史 アングロサクソン七王国物語 ― 桜井俊彰
イングランド王国と闘った男 ジェラルド・オブ・ウェールズの時代 ― 桜井俊彰
魔女裁判 魔術と民衆のドイツ史 ― 牟田和男
フランスの中世社会 王と貴族たちの軌跡 ― 渡辺節夫
スカルノ インドネシア「建国の父」と日本 ― 後藤乾一・山﨑 功
人権の思想史 ― 浜林正夫
グローバル時代の世界史の読み方 ― 宮崎正勝

各冊一七八五円〜一九九五円(各5%の税込)

▽残部僅少の書目も掲載してあります。品切の節はご容赦下さい。